図 解

電子申告・電子帳簿

税務手続の完全デジタル化への対応

税理士 **豊森照信** [著]

ぎょうせい

■■■ 改訂版について ■■■

　旧版の出版は2年前だが，テーマとした税務手続に関する電子化の内容は，その後に大きく進展している。適用の対象が広がり，多彩な操作の導入で利用の利便性は向上した。

　その背景には，政府が行政全般の電子化レベルが他国と比べて，いかにも低調にとどまる状況を憂慮して，全省庁に電子化移行のピッチを上げる指示が出されていることがある。

　税務手続の電子化では，大法人の税務申告に関して「電子申告での提出を義務化する」法改正が行われ（2020年（平成32年）4月以降），追って中小法人等に対しても義務化する傾向が深まっており，行政の執行は荷重を増している。個人，法人を通じて，広く税務手続の窓口を担当する税務当局は，すでに電子化による窓口サービスを展開しているが，さらなる課題の対処にはIT活用が不可欠だとしており，当面の重点施策に「利用者利便性の向上」を掲げている。例えば，電子申告に際して使用するマイナンバーカードの未取得の個人納税者に対しては，税務署が発行する「ID・パスワード方式」でe-Taxが利用できる便法を導入する（2019年（平成31年）1月以降）。これらの措置は増設が歓迎されるが運用の現場は輻輳化する。

　一方，電子データの利用拡大に伴って個人情報のセキュリティ確保が喫緊の課題となっている。e-Taxでは個人メッセージボックスの閲覧は本人の電子証明書を必要とする守勢に転じた（2019年（平成31年）1月以降）。その結果，上記の「ID・パスワード方式」によるe-Taxの利用者はメッセージボックスを直接閲覧できない不自由が出ている。

　あるいは，法人の電子申告では代表者の電子署名に代えて，委任を受けた役員等の代理署名が可能になったが，電子申告には電子委任状（代表者の電子署名の付与）の添付が必要となるので，代理署名の利用は期待薄になる。

　手続全般に複雑で電子技術に関した知識が必要になると，納税者は税理士に委任する流れが加速する。納税者が税務手続を「丸投げ」にするのでは税制の理解は遠のく。

　今回の改訂版も，手続の説明は図解を多用して理解しやすい編集方針を心掛けた。

　出版社各位のご協力を感謝申し上げる。

2018年　晩秋

税理士　豊森　照信

目次

改訂版について
法律の略称，用語の説明
よく使われる電子用語

序章　電子税務のあらまし

行政手続はデジタルファーストへ・・・・・・・・・・・・・・・・・・・・・・・・・・・ 2
1．電子記録でできる税務手続・・・・・・・・・・・・・・・・・・・・・・・・・・ 10
2．電子政府の取組み・・・・・・・・・・・・・・・・・・・・・・・・・・・・・・・ 14
3．電子文書は電子署名を使う・・・・・・・・・・・・・・・・・・・・・・・・ 22
4．公認のタイムスタンプを付与・・・・・・・・・・・・・・・・・・・・・・・ 32
5．マイナンバー制度・・・・・・・・・・・・・・・・・・・・・・・・・・・・・・・ 38
6．国税庁が電子税務に取組む・・・・・・・・・・・・・・・・・・・・・・・・ 60
7．電子税務に利用者はどう対処するか・・・・・・・・・・・・・・・・ 64
8．電子税務に関する情報源・・・・・・・・・・・・・・・・・・・・・・・・・・ 66

● 申告・納税の部 ●

Ⅰ章　国税の電子申告・申請等（e-Tax）

1．電子申告の普及促進の政策・・・・・・・・・・・・・・・・・・・・・・・・・ 72
2．e-Taxの概要・・・・・・・・・・・・・・・・・・・・・・・・・・・・・・・・・・・ 74
3．電子申告・申請等の対象・・・・・・・・・・・・・・・・・・・・・・・・・・ 76
4．電子証明書と電子署名の準備・・・・・・・・・・・・・・・・・・・・・・ 80
5．電子申告の開始届出・・・・・・・・・・・・・・・・・・・・・・・・・・・・・ 84
6．e-Taxソフトの導入・・・・・・・・・・・・・・・・・・・・・・・・・・・・・ 86
7．e-Taxの初期登録・・・・・・・・・・・・・・・・・・・・・・・・・・・・・・ 92
8．申告・申請等のデータ作成・・・・・・・・・・・・・・・・・・・・・・・・100
9．法定調書のデータ作成・・・・・・・・・・・・・・・・・・・・・・・・・・・108
10．添付書類の処理方法・・・・・・・・・・・・・・・・・・・・・・・・・・・・112
11．財務情報の共通語「XBRL」・・・・・・・・・・・・・・・・・・・・・・116
12．税理士の代理送信・・・・・・・・・・・・・・・・・・・・・・・・・・・・・・122

13. 電子申告で訂正・漏れの追加送信 ・・・・・・・・・・・・・・・・・・・・・・・・・・・132
14. 関連システムのデータを引継ぐ方式 ・・・・・・・・・・・・・・・・・・・・・・・136
15. ファイル形式の変換機能を備える ・・・・・・・・・・・・・・・・・・・・・・・・・142

Ⅱ章 電子納税の利用

1. 電子納税の手続・・148
2. 「ダイレクト納付」方式・・・・・・・・・・・・・・・・・・・・・・・・・・・・・・・・・・・・・150
3. インターネットバンキング納付・・・・・・・・・・・・・・・・・・・・・・・・・・・・・152
4. 源泉所得税の納付方式・・・・・・・・・・・・・・・・・・・・・・・・・・・・・・・・・・・・・158
5. クレジットカード納付を利用する・・・・・・・・・・・・・・・・・・・・・・・・・・160

Ⅲ章 その他電子手続のルート

1. e-Taxソフト（WEB版）の利用 ・・・・・・・・・・・・・・・・・・・・・・・・・・・164
2. e-Taxソフト（SP版）の利用 ・・・・・・・・・・・・・・・・・・・・・・・・・・・・・166
3. 確定申告書等作成コーナーの利用・・・・・・・・・・・・・・・・・・・・・・・・・・168
4. 法定調書を光ディスクで提出・・・・・・・・・・・・・・・・・・・・・・・・・・・・・・172

Ⅳ章 地方税の電子申告・申請等（eLTAX）

1. 地方税共同機構とeLTAX ・・・・・・・・・・・・・・・・・・・・・・・・・・・・・・・・・178
2. eLTAXの概要 ・・180
3. eLTAXの利用手順 ・・・・・・・・・・・・・・・・・・・・・・・・・・・・・・・・・・・・・・・184
4. eLTAX対応ソフト（PCdesk）の取得 ・・・・・・・・・・・・・・・・・・・・・190
5. 代理申告する場合のeLTAXの利用手順 ・・・・・・・・・・・・・・・・・・・・192
6. eLTAXで地方税の電子納税を行う ・・・・・・・・・・・・・・・・・・・・・・・・198
7. 国税，地方税の支払調書の処理をeLTAXで一元化 ・・・・・・・・・・200

● 帳簿・書類の部 ●

Ⅰ章　電子帳簿・書類の利用

1．電子帳簿保存法の制定・・・・・・・・・・・・・・・・・・・・・・・・・・・・・・・・・・・204
2．帳簿書類の電子記録による保存・・・・・・・・・・・・・・・・・・・・・・・・・・210
3．電子化の帳簿ファイル・・・・・・・・・・・・・・・・・・・・・・・・・・・・・・・・・・218
4．帳簿書類をCOMで保存・・・・・・・・・・・・・・・・・・・・・・・・・・・・・・・・224
5．監査ファイルの標準化を目指す・・・・・・・・・・・・・・・・・・・・・・・・・226
6．電子帳簿ファイルの保存・・・・・・・・・・・・・・・・・・・・・・・・・・・・・・・・228

Ⅱ章　書類のスキャナ保存

1．スキャナ保存の制度・・・・・・・・・・・・・・・・・・・・・・・・・・・・・・・・・・・・234
2．スキャナ保存の要件・・・・・・・・・・・・・・・・・・・・・・・・・・・・・・・・・・・・238
3．スキャン入力ができる会計ソフト・・・・・・・・・・・・・・・・・・・・・・・248
4．スキャナ保存ソフトの認証制度・・・・・・・・・・・・・・・・・・・・・・・・・254

Ⅲ章　電子取引の電子記録

■電子帳簿保存法の電子取引の記録・・・・・・・・・・・・・・・・・・・・・・・・・・・・・258

Ⅳ章　電子記録に対する税務調査

1．税務調査の対象範囲・対応策・・・・・・・・・・・・・・・・・・・・・・・・・・・・・268
2．電子データを監査する技法「CAAT」・・・・・・・・・・・・・・・・・・・・・274

Ⅴ章　源泉徴収手続の電子化

1．源泉徴収事務に関する社内手続の電子化・・・・・・・・・・・・・・・・・278
2．給与等支払明細の電子交付・・・・・・・・・・・・・・・・・・・・・・・・・・・・・・280
3．源泉徴収に関する申告書を電子データで提供する特例・・・・・・・284
4．年末調整手続での電子データ化（2020年10月以降）・・・・・・・・286
5．給与支払報告書（個人住民税）の提出・・・・・・・・・・・・・・・・・・・・288

法律の略称，用語の説明

電子帳簿保存法	電子計算機を使用して作成する国税関係帳簿書類の保存方法等の特例に関する法律
電子帳簿保存法規則	電子計算機を使用して作成する国税関係帳簿書類の保存方法等の特例に関する法律施行規則
e一文書法	民間事業者等が行う書面の保存等における情報通信の技術の利用に関する法律の施行に伴う関係法律の整備等の法律
電子署名法	電子署名及び認証業務に関する法律
番号法	行政手続における特定の個人を識別するための番号の利用等に関する法律
整備法	行政手続における特定の個人を識別するための番号の利用等に関する法律の施行に伴う関係法律の整備等に関する法律
個人情報保護法	個人情報の保護に関する法律
行政機関個人情報保護法	行政機関の保有する個人情報の保護に関する法律
独立行政法人等個人情報保護法	独立行政法人等の保有する個人情報の保護に関する法律
電子申告	申告書・申請書等をe-Taxで提出する方法，電子データでインターネットを通じた送信も可能である
電子記録	コンピュータで作成するデジタル形式の表示，電子帳簿保存法は電磁的記録の用語を使う
電子取引	紙文書に代えて電子記録で取引情報の送受信を行う。電子商取引，ペーパーレス取引ともいう
帳簿書類	帳簿と書類を含めたもの。電子帳簿保存法は国税関係帳簿書類という
帳　簿	会計処理で作成される帳票，仕訳帳，総勘定元帳，補助簿がある。電子帳簿保存法は国税関係書類の用語を使う
書　類	取引記録等で作成される書類，現場の発生記録で見積書，請求書，契約書，納品書，領収書等。電子帳簿保存法は国税関係書類の用語を使う
スキャナ保存	紙文書による記録を電子記録でイメージ書類に替える。作成にはスキャナ機器を使う
電子計算機出力マイクロフィルム	コンピュータによる電子記録の情報を直接マイクロフィルムに出力する

よく使われる電子用語

システム内

(ア)	ペーパーレス	情報の伝達，記録，保存は紙面によらず電子文書用に代えていく環境
(イ)	イメージデータ	見たままを映像で記録し映像で再現する。文字データは識別しない
(ウ)	光ディスク	電子情報の記録媒体，円盤状でCD，DVD等の使用が普及している
(エ)	MO	（MOディスク）薄い円盤状の記録媒体，FDの後継媒体で普及した
(オ)	FD	（フロッピーディスク）パソコンの急速な普及時に主力の電子記録媒体
(カ)	磁気テープ	主に大型機で使用された，磁気テープをリール状で使用する記録媒体
(キ)	COM	コンピュータから直接データを出力して生成するマイクロフイルム
(ク)	ディスプレイ	パソコンのデジタル情報を見読用に表示する映像画面
(ケ)	スキャナ	紙面の情報を画像情報（イメージ）で電子化した記録にする入力機器

PC内

①	e-Taxソフト	e-Taxを利用するのにデータの作成，交信の操作をするPC用ソフト
②	PCdeskソフト	eLTAX利用するのにデータの作成，交信の操作をするPC用ソフト
③	インストール	パソコンを稼動させる各種ソフトを組み込むこと

インターネット・Web

④	プロバイダ	インターネット接続事業者，利用に際し各種サービスの提供がある
⑤	アドレス	電子メールの宛先，発信元の所在を表す
⑥	ドメイン	インターネット利用で各パソコンを識別する名称，アドレスに組み込む
⑦	ログイン	システムの利用の際，入り口で受付の手順を踏んで通過すること
⑧	ID	システムの利用者が利用開始の登録で取得した番号
⑨	パスワード	暗証番号のこと，システムを利用できる対象者かどうかを識別する
⑩	ダウンロード	HP等から電子ファイル（ソフト，様式等）をPCにコピーすること
⑪	受付システム	e-Taxシステムを利用する入口，利用者の登録確認のチェックがある
⑫	ニューボタン	e-Taxの利用で目的別の作業を選択し指示する画面
⑬	メッセージボックス	e-Taxシステムで利用者宛ての配信メッセージを受けるポスト
⑭	データセンタ	膨大な電子データを記録，管理するため電子情報の基地である
⑮	サーバー	電子データを保存，管理する機能を主にする電子機器
⑯	データベース方式	入力データを個別で記録して検索機能を活用しやすくした方式
⑰	PDF形式	電子ファイルでデータ記載のフォーマット，パソコン用の世界標準
⑱	CSV形式	電子ファイルで記載のフォーマット，「,」等でデータを区切る方式

| 図1 | よく使われる電子用語と局面 |

システム
- (ア)ペーパーレス
- (イ)イメージデータ

デジタル記録媒体
- (ウ)光ディスク
- (エ)MO
- (オ)FD
- (カ)磁気テープ
- (キ)COM

周辺機器
- (ク)ディスプレイ
- (ケ)スキャナ

インターネット・Web
- ④プロバイダ
- ⑤アドレス
- ⑥ドメイン
- ⑦ログイン

- ⑧ID ⑨パスワード
- ⑩ダウンロード

PC

⑭データセンタ

e-Tax

 ⑮サーバー

①e-Taxソフト
②PCdeskソフト
③インストール

⑪受付システム
⑫ニューボタン
⑬メッセージボックス

DVD　ファイル形式

⑯データベース
(DB)方式

⑰PDF形式
⑱CSV形式

序章

電子税務のあらまし

Introduction

■行政手続はデジタルファーストへ

図2　電子政府の進展とITスローガン

高度情報通信社会推進本部 (IT 戦略本部)の発足(H12.11) e-Japan 戦略(H13.1)	電子政府の構築 行政手続のオンライン化基盤 整備
行政手続のオンライン化 (H15.2)	行政分野のICT 利活用 税務申告の電子化
IT 新改革戦略 (H18.1)	情報ネットワーク社会推進
新たな情報通信技術戦略 (H22.5)	世界最高水準のIT 利活用社会
マイナンバーカードの利用 (H27.10)	行政運営の効率化 個人情報の保護
官民データ活用の推進 (H28.12)	官民データ利活用 行政情報の電子的提供 行政コストの削減に向けて
デジタル・ガバメントの推進 (H29.5)	デジタルファースト ワンスオンリー オンライン・ワンストップ

「デジタルデータもOK」から「デジタルは原本」に

序章 電子税務のあらまし

図3　電子税務の拡張と何が変ったか

電子帳簿・書類で保存 (H10.7)	ペーパーレス化
電子取引の電子データ保存義務 (H10.7)	保存用記録の作成
電子申請・申告・納税の制度 創設	自宅や事業所からデータ送信可能 利用者識別番号・パスワードの登録 電子署名の付与
国税はe-Tax の運用を開始 (H16.2)	全国事業所のデータ受付が一元化
地方税はeLTAX の運用を開始 (H17.1)	税理士の電子署名で代理送信
書類はスキャナ保存ができる (H17.3)	電子署名・タイムスタンプ付与
スキャナ保存の要件が緩和 (H27.3)	電子署名廃止・早期入力方式 スマホ入力可能・紙原本の保存不要
大法人は電子申告が義務化 (H32.4)	**紙面の提出は無申告扱い**

3

Introduction

図4　電子データの認証（見えない化の対策）

■ 従来の文書を利用するスタイル

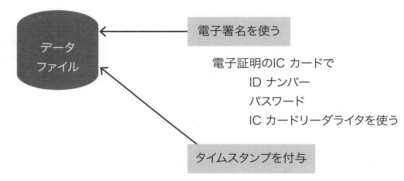

紙面 ← 紙面の自署, 押印を行う

■ 電子データファイルを利用するスタイル

データファイル ← 電子署名を使う

　　電子証明のIC カードで
　　　　ID ナンバー
　　　　パスワード
　　　　IC カードリーダライタを使う

← タイムスタンプを付与

　　公認のタイムスタンプ局がタイムスタンプ
　　の付与時の記録を証明する

図5 　　　　**電子申告データの受付（e-Taxのログイン）**

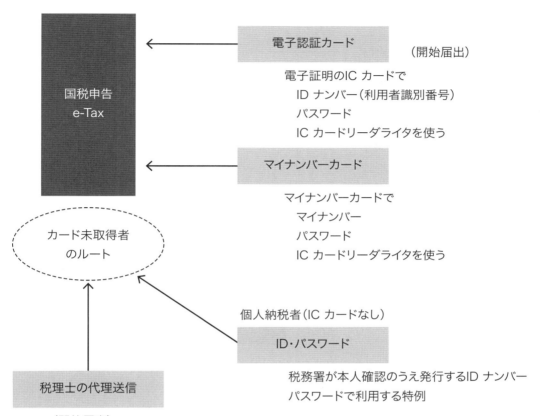

Introduction

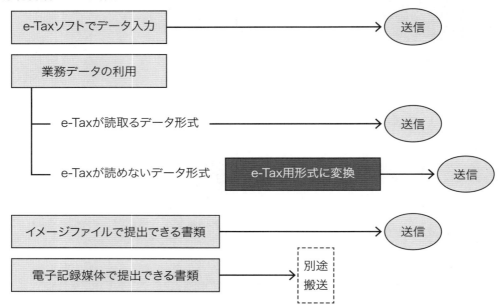

| 図7 | 電子データの提出パターン |

■ 従来の文書利用

■ 電子データで作成し，所定の様式で出力

■ 電子データで提出

データファイルの送信

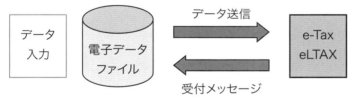

■ 光ディスク等の媒体で提出

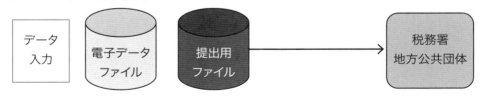

図8　電子帳簿・書類で保存

■ 従来の文書利用方式

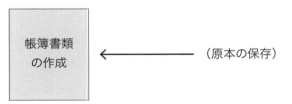

■ 電子データを作成し，プリント帳簿・書類で保存

■ 電子帳簿の利用

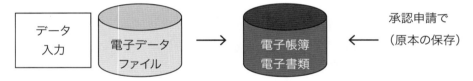

図9 書類のスキャナ保存と紙面原本の破棄

■ 書類の収受

■ 収受書類の電子化（スキャナ保存）

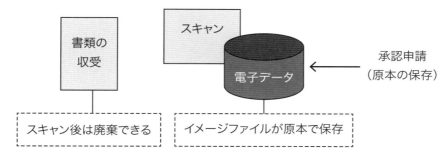

■ ペーパーレスの電子取引の記録

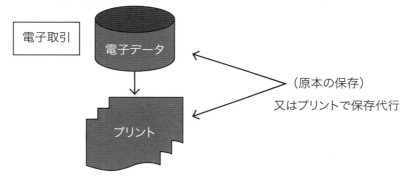

Introduction

 電子記録でできる税務手続

　税務行政における申告・申請等の手続は，従来からの紙文書の記述に代えて，電子記録で受け付ける制度が開設され，その範囲が拡張されている。いわゆる「電子政府の実現」を目指す政策が進行している。

　いずれも紙文書による原則的な手続に対する特例として設定されており，その特例を選択する利用者は，届出あるいは承認を得て行なうものが多い。

　税務行政が関連した手続等において電子化の方法で行える対象は次のとおりである。

1　電子的手続が開設されているもの

◆ 国　税

納税者が提出する書類関係	電子申告・申請等（e-Taxシステムにオンライン送信） 法定調書（電子データの提出）
納税関係	電子納税
納税者が作成する税務書類関係	電子帳簿書類 スキャナ保存 電子取引の記録保存
企業が支払う従業員の給与支払事務関係	給与支払明細の電子交付

◆ 地方税

納税者が提出する書類関係	電子申告・申請等（eLTAXシステムにオンライン送信）

◆ 電子申告・申請等の根拠法令

「行政オンライン化法」（行政手続等における情報通信の技術の利用に関する法律（平成15年2月施行））

　主務省令の定めるところにより，電子的手続で行うことができる。行政機関等は申請等のうち，書面等について電子計算機の情報通信技術が使用できる。行政機関は署名等を行うものについて電子署名の使用ができる。

◆ e-Taxシステムの設定の根拠法令

「国税関係法令に係る行政手続等における情報通信の技術の利用に関する省令」（平成15年7月14日　財務省令第71号）「国税庁告示第32号」

◆ eLTAXシステムの設定の根拠法令

「総務省関係法令に係わる行政手続等における情報通信の技術の利用に関する法律施行規則」（平成15年3月24日総務省令第48号）

序章 電子税務のあらまし

図10　電子税務の対象となる主な手続

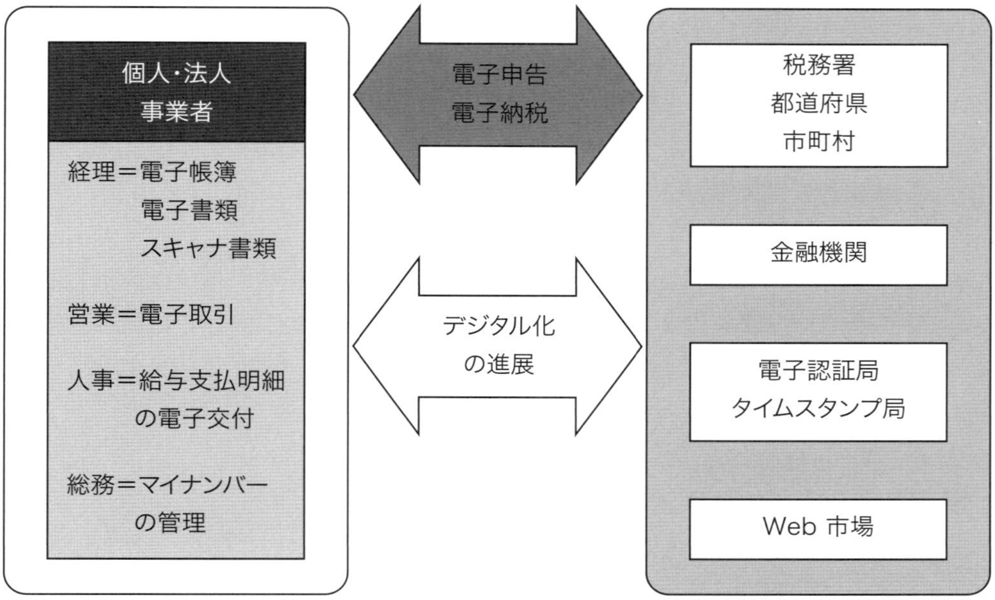

個人・法人事業者

経理＝電子帳簿
　　　電子書類
　　　スキャナ書類

営業＝電子取引

人事＝給与支払明細
　　　の電子交付

総務＝マイナンバー
　　　の管理

電子申告
電子納税

デジタル化
の進展

税務署
都道府県
市町村

金融機関

電子認証局
タイムスタンプ局

Web 市場

Introduction

② 電子税務とは

　税務に関する行政の手続等として定められているものの，実行は，紙文書の様式に記述して行政窓口へ提出，あるいは行政当局から通知書で届けられる。税務申告書の提出，承認申請に対する承認通知書等の書面が送達される。このような書面の手続は，各税法の規則等で定められている。

　「電子税務」とは，この書面による記述に代えた電子記録でオンライン送信あるいは電子記録媒体で提出する方法が，電子申告であり，電子納付や電子交付と呼ばれるものである。これらの電子記録によりできる手続を総称する。

　しかし，税法等に電子申告等の名称は使用されていない。紙文書による方法に代えて電子記録による方法を一般にそう呼んでいるのである。

　電子記録の利用であるから，コンピュータを使い，インターネットやe-mailの通信手段が使える。膨大なデータをコンパクトに格納できる電子記録媒体を使用する。その利用効果は各種電子機器の普及で，すでに周知されるところであり，行政手続において，その利用がようやく取り入れられたのである。

③ 電子署名とタイムスタンプの付与

　紙文書から電子記録への移行は，利便性の長所ばかりではない。当然，物理的な記録による弱点もあって，行政手続に取り入れる場合のリスク対策と安全性の確保の措置が不可欠である。そのための措置が所定の要件として定められている。所定の要件は，やはり厳格な内容で設定されるので，容易な実行を考えるわけにはいかない問題になる。

　紙面での手続では押印するが，電子記録に対して，それは不可能である。この押印に代えて電子記録に改ざんがない真正性の証拠に電子署名，あるいはタイムスタンプの技術が利用されるようになった。いずれも従来になかった手法の導入である。

④ 電子化で何ができるかの選択眼

　行政機関の手続で電子化の手続が開始されたが，従来の紙文書の受付は存続している。

　つまり，同じ目的の業務処理に２つのルートが常設された状態があり，電子化の手続がさらに複数の方法を設定しているものも少なくない。

　電子的な手順の構成は，紙文書の方法に準拠しており，出力の様式，記入項目の設定等を同じように設計している。電子化にとっては厄介な部分もあり，また，電子化の本領を発揮できない状況もあり，それぞれの利用者の状況に対処して，利便性のある方法とはいえないルートもある。利用者はどのような方法があって，なにができるのかを把握し，自身にとって，どの方法が適当であるのかを選択することが大事になる。

序章　電子税務のあらまし

図11　主な電子税務の寸評

電子申告(e-Tax)

国税に省力化が大, 企業は代理申告に依存傾向

電子政府の代表選手で目標値を掲げて組織をあげた普及策を取る。電子データの受入れで税務当局事務の効率化は大きい。

電子納税

すでに自動振込等で簡便化, さらに複雑な方法は敬遠される

納税の多くは, 金融機関の預金口座の振込で行われており, 納税者は自動化の利便を受けている。電子化の魅力は薄い。e-Tax のルートは重複的で, 効果が分かりにくい問題も重なる。

法定証書を電子データで提出

国税・納税者の双方にメリットが大

提出義務者と国税当局の双方に事務の効率化が大きい。定例の納税処理があり, 電子署名も不要な手続で, 税務処理よりも, 給与関係事務の合理化の見地で期待できる方法の選択がある。

電子地方税（eLTAX）

地方自治体の電子化が遅れ気味, e-Tax と共通性の確保が利便性の要素になる

申告書用紙も各自治体が独自に作成しているなど, 地方自治体の独立色が共通・統合化のハードルを高くしており, 電子化は進んでいない。eLTAX が全市町村の適用対象になったのも最近である。

電子帳簿・電子書類の保存

納税者・企業サイドにメリットが大

当然の法制でありながら取扱いの細部規制が厳しく煩雑で企業の受け入れは鈍い。

書類のスキャナ保存

現場の入力手続が順守できるか, 日数管理が徹底できるかが課題

現場のペーパーレス・経理の合理化になる・旅費, 経費精算システムに導入する

源泉徴収関係の電子化

通知の仕方等従業員の合意, 税務署の承認がいる

規程は煩瑣で分かり難いが, 便利な方法も見付かる。

Introduction

2 電子政府の取組み

　電子政府とは，行政内部や行政と国民・事業者との間で書類ベース，対面ベースで行われている業務をオンライン化し，情報ネットワークを通じて省庁の横断的，国・地方一体的に，情報を瞬時に共有・活用する新たな行政を実現するもの（「IT基本戦略」（2000年（平成12年）11月27日IT戦略会議決定））である。

　現在，利用者本位の，簡素で効率的な政府の実現に向けて，行政手続のオンライン利用の促進，行政情報の電子的提供・オープンデータ化の推進，業務・システムの最適化，情報システムに係る政府調達の改善，情報セキュリティ対策の推進等に取り組んでいる。

（出典：電子政府の総合窓口）

■行政手続をオンライン化した事績

◆組織基盤の創設

(1)「e-Japan戦略」（2001年（平成13年）1月22日高度情報通信ネットワーク社会推進戦略本部決定）

「2003年までに，国が提供する実質的にすべての行政手続をインターネット経由で可能とする」と定められたことを受け，国は行政手続等における情報通信の技術の利用に関する法律（平成14年法律第151号）等を制定し，行政手続のオンライン化についての基盤整備を進めた。

(2)「IT新改革戦略」（2006年（平成18年）1月19日IT戦略本部決定）

　国・地方公共団体に対する申請・届出等手続におけるオンライン利用率を平成22年度までに50％以上とする目標を掲げ，申請・届出等の電子化に取り組んだ結果，国が扱う申請・届出等手続のほとんどがオンライン化され，徐々にではあるが，オンライン利用が国民に浸透しはじめた。

◆2008〜2010年度（平成20〜22年度）

(3)「オンライン利用拡大行動計画」（2008年（平成20年）9月12日IT戦略本部決定）

　政府は，オンライン利用の更なる普及・拡大を図るため，オンライン利用拡大行動計画に基づき，国民や企業による利用頻度が高い手続や主として企業等が反復的又は継続的に利用する手続（重点手続）を中心として，オンライン利用の改善を進めるとともに，オンラインの利用が低調で今後も改善の見込みのない手続について，システムの停止を含めた見直しを進めた。

序章 電子税務のあらまし

図12　電子政府の取組の経過

社会全体の情報化	行政の情報化（電子政府）
↓	
高度情報通信ネットワーク社会形成基本法（IT基本法） （2000年（平成12年）12月）	
IT戦略本部（IT基本法に基づき設置）	
e-Japan戦略 （2001年（平成13年）1月IT戦略本部決定）	
	行政手続オンライン化法 （2002年（平成14年）12月成立, 2003（平成15年）年2月施行）
IT新改革戦略 （2006年（平成18年）1月IT戦略本部決定）	
	電子政府推進計画 （2006年（平成18年）8月決定）
新たな情報通信技術戦略 （2010年（平成22年）5月IT戦略本部決定）	
	政府情報システム刷新に当たっての基本的な考え方 （2012年（平成24年）11月, IT戦略本部・行革実行本部決定）

Introduction

◆ 2011～2013年度（平成23～25年度）

⑷ 「新たなオンライン利用に関する計画」（2011年（平成23年）8月3日IT戦略本部
決定）

「新たな情報通信技術戦略」（IT戦略本部決定）を踏まえて策定された新たなオンライ
ン利用に関する計画に基づき，行政側の視点である利用率の向上から，国民側の視点であ
るサービスの品質向上に重点を移して，手続の費用対効果等を踏まえたオンライン利用範
囲の見直しや行政運営の効率化のための業務プロセス改革に取り組んでいる。

◆ 2014年度以降（平成26年度以降）

⑸ 「オンライン手続の利便性向上に向けた改善方針」（2014年（平成26年）4月1日
各府省情報化統括責任者（CIO）連絡会議決定）

世界最先端IT国家創造宣言に基づき策定されたオンライン手続の利便性向上に向けた
改善方針に基づき，オンライン利用によるメリットを国民・企業等と行政の双方が享受す
ることを目指して，「改善促進手続」を中心に，国民・企業等に理解と協力も求めつつ，
行政サービスと事務処理の改善に取り組んでいる。

⑹ 「官民データ活用推進基本法」（2016年（平成28年）12月制定）

（法の目的）

インターネットその他の高度情報通信ネットワークを通じて流通する多様かつ大量の情
報を活用することにより，急速な少子高齢化の進展への対応等の我が国が直面する課題の
解決に資する環境をより一層整備することが重要であることに鑑み，官民データの適正か
つ効果的な活用（「官民データ活用」という。）の推進に関し，基本理念を定め，国等の責
務を明らかにし，並びに官民データ活用推進基本計画の策定その他施策の基本となる事項
を定めるとともに，官民データ活用推進戦略会議を設置することにより，官民データ活用
の推進に関する施策を総合的かつ効果的に推進し，もって国民が安全で安心して暮らせる
社会及び快適な生活環境の実現に寄与する。

序章 電子税務のあらまし

図13　日本の電子政府の推進体制

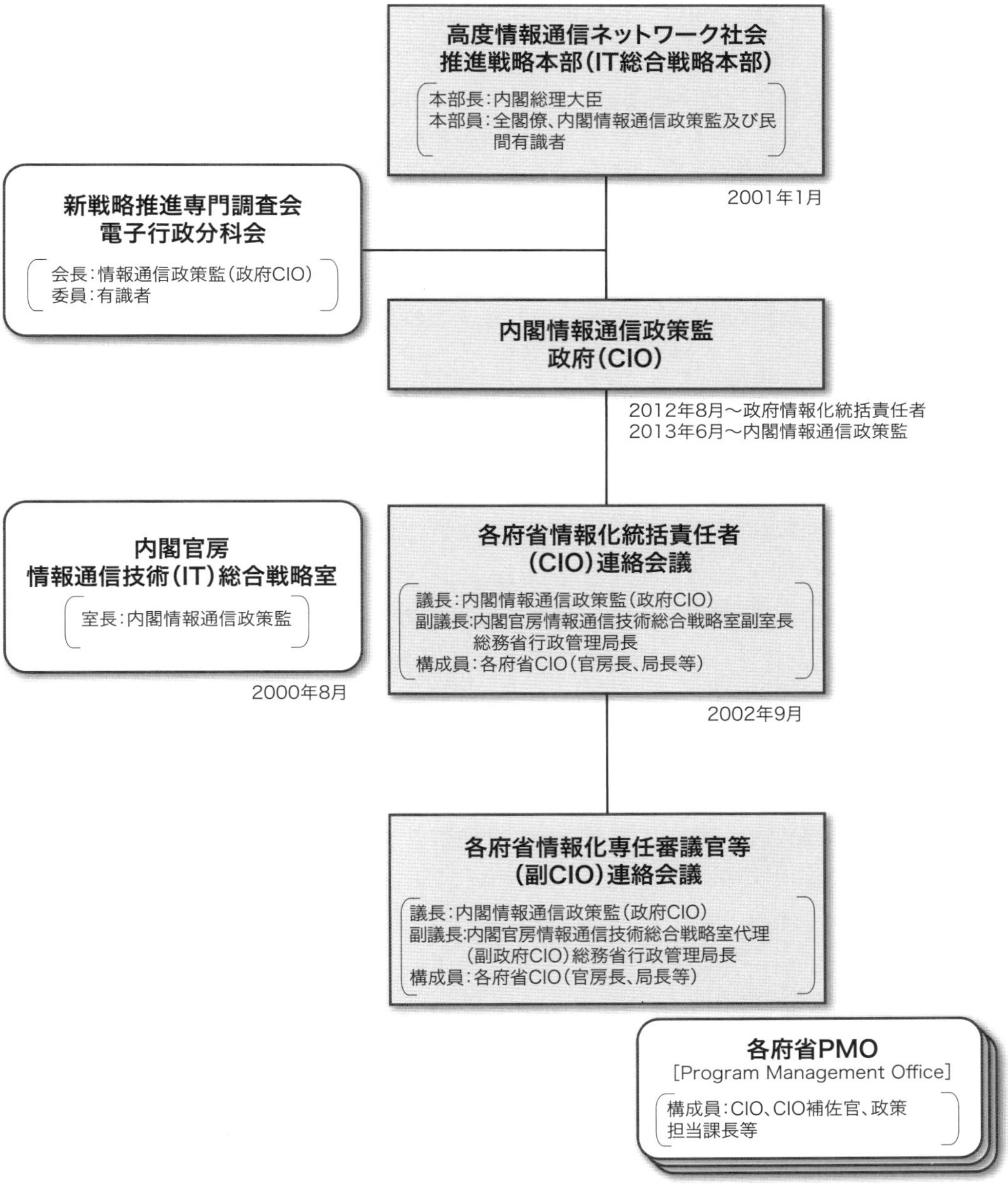

高度情報通信ネットワーク社会
推進戦略本部（IT総合戦略本部）

本部長：内閣総理大臣
本部員：全閣僚、内閣情報通信政策監及び民
　　　　間有識者

2001年1月

新戦略推進専門調査会
電子行政分科会

会長：情報通信政策監（政府CIO）
委員：有識者

内閣情報通信政策監
政府（CIO）

2012年8月〜政府情報化統括責任者
2013年6月〜内閣情報通信政策監

内閣官房
情報通信技術（IT）総合戦略室

室長：内閣情報通信政策監

2000年8月

各府省情報化統括責任者
（CIO）連絡会議

議長：内閣情報通信政策監（政府CIO）
副議長：内閣官房情報通信技術総合戦略室副室長
　　　　総務省行政管理局長
構成員：各府省CIO（官房長、局長等）

2002年9月

各府省情報化専任審議官等
（副CIO）連絡会議

議長：内閣情報通信政策監（政府CIO）
副議長：内閣官房情報通信技術総合戦略室代理
　　　　（副政府CIO）総務省行政管理局長
構成員：各府省CIO（官房長、局長等）

各府省PMO
[Program Management Office]

構成員：CIO、CIO補佐官、政策
担当課長等

（出典：総理府HP「電子政府の推進体制図」）

Introduction

「日本再興戦略2016」（2016年（平成28年）6月2日閣議決定）

「規制改革，行政手続の簡素化，電子化の戦略」

　政府は「世界で一番企業が活動しやすい国」となることを目指し，規制改革，行政手続の簡素化，電子化を一体的に進めることにより，事業者目線で規制・行政手続コストの削減に取り組む。重点分野と規制・行政手続コスト削減目標を決定した。

「規制改革推進会議に行政手続部会」（2016年（平成28年）12月14日）

　内閣総理大臣を議長とする「官民データ活用推進戦略会議」を設置

　具体的な計画立案。実行を担う「官民データ活用推進基本計画実行委員会」設置

「行政手続コストの削減に向けて」（2017年（平成29年）3月29日公表）

　規制改革推進会議行政手続部会が議論の取りまとめた報告書を提出。

「デジタル・ガバメント推進方針」（2017年（平成29年）5月30日　IT戦略本部・官民データ活用推進戦略会議決定）

　「デジタル・ガバメント」とは，サービス，プラットフォーム，ガバナンスといった電子行政に関する全てのレイヤーがデジタル社会に対応した形に変革された状態を指す。

　この方針は，デジタル社会に向けた電子行政の目指す方向性を示すものである。

　急速に変化する社会に対応しつつ，電子行政の投資対効果を一層高めていくためには，行政内部の効率化に留まらず，国民や事業者に提供するサービスそのものの価値（分子）の拡大に焦点を当てた取組みを行っていく。利用者価値の最大化という観点から行政サービスを再設計することを基軸としつつ，サービス提供の基盤となるプラットフォーム，下支えとなるガバナンスまでの全てを変革していくデジタル・ガバメント移行が必要である。

　厳しい行財政状況の中，さまざまな社会的課題に効果的・効率的に対応するために，政策の企画立案においてもデータを積極的に活用し，データによる客観性や論理性を持ったスマートな行政を目指す。

「税務行政の将来像」（2017年（平成29年）6月23日国税庁公表）

　おおむね10年後の税務行政をイメージし，副題は「スマート化を目指して」。

序章 電子税務のあらまし

図14　税務の電子化を推進する政策

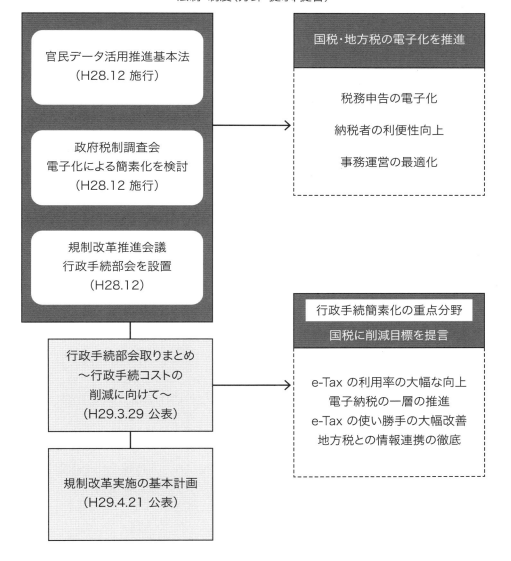

Introduction

税務行政の将来像〜スマート化を目指して（要約）

納税者の利便性の向上
(1) カスタマイズ型の情報配信
マイナポータルやe-Taxのメッセージボックスを通じて，納税者個々のニーズに即してカスタマイズした税情報をタイムリーに配信する。
(2) 税務相談の自動化
メールやチャットなどを活用し，税務当局と納税者等との相談チャネルの多様化を図る。
相談内容をＡＩが分析して，システムが自動的に最適な回答を行う。納税者からの評価を受け，回答内容のより適切化，時間を短縮する。
(3) 申告・納付のデジタル化の推進
納税者がマイナポータル等を通じて電子的に入手できる情報を活用することで，確定申告や年末調整の電子化が進み，手続の省力化，納税者の利便性が向上する。
各行政機関がマイナンバーを付して管理する情報を，国税当局がバックオフィス連携により入手することで，添付書類の削減など申告手続等の簡素化が可能になる。
国税と地方税の申告等の手続で重複するものの電子的提出のワンストップ化を図る。
国税のダイレクト納付で複数口座登録を可能とし，来署した納税者用に自動現金領収システムを導入する。

「デジタルもOK」ではなく「デジタルを原本」に（2018年（平成30年）３月　電子行政分科会）

行政手続を原則として電子申請の統一するデジタル・ガバメント改革を中心に議論を進める電子行政分科会が実行計画の全体像を公表した。

その内容では「デジタルファースト」がスローガンとされ，改革すべきアイテムとして「各種手続のオンラインの徹底」，「法人設立手続のオンライン・ワンストップ化」，「実印からID・パスワード方式へ」を掲げている。

政府方針「未来投資戦略」にデジタル・ガバメント（2018年（平成30年）６月15日閣議決定）

政府は新たな成長戦略となる「未来投資戦略」を策定し，その中でデジタル・ガバメントの実現を掲げた。行政手続がインターネットで一括して行える電子化を推進させる。デジタル行政，インフラを変えるデジタルファーストの法案制定を進める。

序章 電子税務のあらまし

図15　国税の電子化が重点分野

国税庁が指針を策定

税務調整の将来像
〜スマート化を目指して〜
H29.6.23公表

電子申告（e-Tax）利用率の大幅な向上
　大法人の利用率100%,
　中小法人の利用率85%以上の目標
システム利用の簡易化
　e-TaxとeLTAXとのデータ一元化,
　添付書類の電子化
納税者の利便性向上
　カスタマイズ型の情報配信
　税務相談の自動化
　e-Tax利用の認証手続, 電子署名の簡便化
事務運営の最適化
　申告内容の自動チェック
　軽微なミスのオフサイト処理
　調査, 徴収でのAI活用

財務省が国税手続の
改善計画を公表

「行政手続コスト」削減の
ための基本計画

H30.4.9公表

取組内容	実施時期
e-Taxの法人税申告で電子署名の簡便化 e-Taxに財務諸表の勘定科目設定の機能	30年度
個人納税者のe-Tax利用の認証手続の簡便化 マイナポータルの「お知らせ」機能の活用 地方公共団体へ電子申請書の提出の一元化 法人納税者の電子申請手続の一元化	31年度
大法人の電子申告義務化 （法人税, 消費税, 法人住民税, 法人事業税）	32年度
印紙税一括納付承認申請の提出頻度の削減	30年度

21

Introduction

3 電子文書は電子署名を使う

① 電子文書の封印は電子署名

(1) 電子署名の役割

従来から紙文書等は，押印と印鑑証明書によって，作成者の意図と認証に基づく内容であることが表示できる。電子記録による文書は，記録上に押印できない。そこで利用されているのが電子署名である。

電子署名を利用することで，電子情報の発信主体が本人であること，また，発信されたデータは改ざんされたものでないことが明らかになる。電子取引を安心して行なうこともできる。電子取引に伴って記録上のリスク発生を排除する上で有効な手法である。

(2) 電子署名の技術

押印に代わる手段として機能する電子署名であるが，その技術的な仕組みをみると，押印や署名というイメージとはかなり異なる。

国税庁のe-Taxシステム（国税電子申告・納税システム）による電子申告等の際にも電子署名が利用されており，データの作成と送信に使用するパソコンに，電子認証の登録がないとe-Taxシステムの受付にあてた申告データの送信ができない。

電子申告を行うために，利用者はe-Taxソフトでe-Taxシステムに登録をしておく必要がある。その内容に，利用者の基本情報と電子署名の登録がある。

まず，どの機関の証明を使用するのか，発行元である電子認証局のルート証明（CDでルート証明書を入力）がある。このルート証明書は，紙文書の押印の仕組みでいえば，市町村に登録する印鑑証明に相当し，電子署名で使う電子証明書のICカードは実印に相当する。この２種類の操作で行われる。

電子文書で電子署名の実行は，各文書で構成された記録素子の状態に対して，ハッシュ関数の適用でハッシュ値（文書の個別性を圧縮した唯一無二の表示）を生成する。このハッシュ値は，文書の構成が一文字でも変更されると，ハッシュ値が変わる。

したがって，確定した電子文書に，対応したハッシュ値を付けておけば，その原本に対する改ざんの有無が検証できる。検証する方法は，対象とする文書について，検証時のハッシュ値を算出して，作成者が電子署名時に表示したハッシュ値と一致するかどうかを確かめるのである。

ハッシュ値の算出はパソコンソフトを利用して，電子文書の暗号化や認証，電子署名の際に行われている。この一連の操作は専用のソフトで自動化しているので，電子署名の操作を指示する利用者も電子署名と同じように，操作の過程やハッシュ値を直接見ることはない。

序章 電子税務のあらまし

図16 重要な書類は封印する

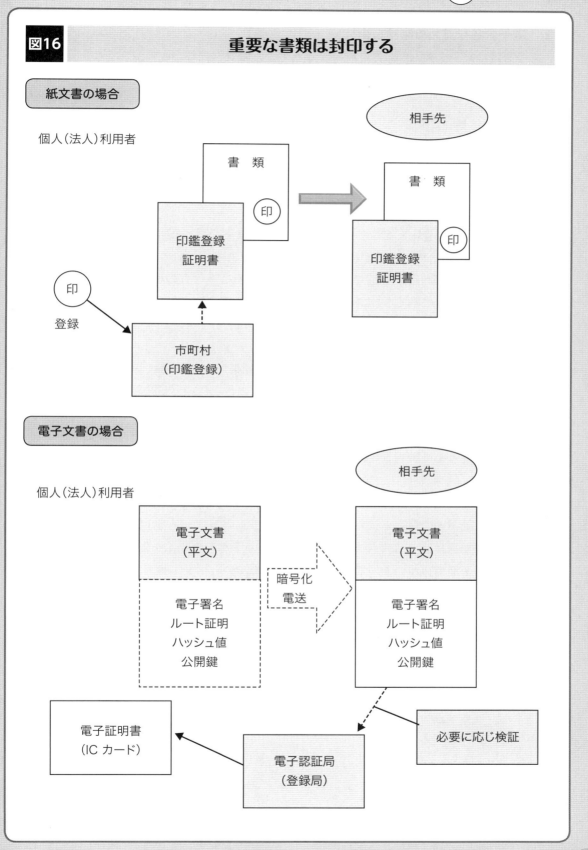

Introduction

2 電子署名を支える暗号技術

電子署名は電子文書の信頼性を確保するもので，誰が作成したものか，また，改ざんが行われていないか，検証機能を備える。個々の電子文書に対応するハッシュ値を得て，電子文書の所有者だけが持つ秘密鍵によって暗号化を完了させたものが，電子文書における「電子署名の付与」になる。

現代の暗号技術について代表的な暗号方式は，送信者・受信者の双方が暗号化と復号で同一の鍵（共通鍵）を用いる「共通鍵暗号」と，暗号化する鍵と復号する鍵を別々に管理する「公開鍵暗号」がある。電子署名には，この2つの方式のうち「公開鍵暗号」が使用されている。

公開鍵暗号は，暗号化と復号とで異なる2つの鍵（秘密鍵と公開鍵）を使用する方式であり，「秘密鍵」はその所有者が秘密に管理する鍵である。一方の「公開鍵」は公開されるもので，他の人が利用する鍵である。このペアの鍵は，片方の鍵で暗号化したものは，そのペアである他方の鍵でなければ復号（原状回復）できない特徴をもつ。

3 「公開鍵暗号」の使用が一般的

公開鍵暗号基盤（「PKI」と略称される）は，公開鍵暗号の技術に基づいて，電子署名や相手認証等を実現する技術である。具体的には，暗号で用いる秘密鍵と公開鍵の鍵ペアと，その鍵ペアの所有者（利用者）の関係を証明できる仕組みである。

公開鍵暗号方式で，秘密鍵と公開鍵のペアだけでは，秘密鍵の持ち主を特定できない。そこで，秘密鍵とその所有者の関係を確認し，保証するのが公開鍵暗号基盤（PKI）である。

公認機関である電子認証局は，秘密鍵と公開鍵がペアであること，その所有者の身元を確認し，電子証明書の発行を認め，発行局が「電子証明書」を発行する。電子認証局が発行した電子証明書は，そこに含まれる公開鍵とその所有者の関係を保証する情報を持つ。電子証明は秘密鍵で行われるので，ペアの公開鍵でないと平文に復号できない。電子文書の電子証明書の信頼性を保証している。

電子証明書には，公開鍵の他に，その所有者や電子証明書を発行した電子認証局の情報などが含まれており，電子認証局で電子署名を検証すれば，電子証明書が偽装されていないことを確認することができる。

（出典：一般財団法人日本情報経済社会推進協会の資料）

図17 改ざんがない検証

電子文書に改ざんの検証

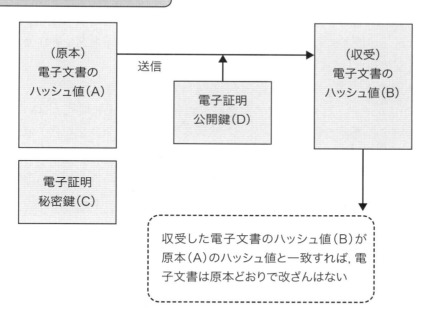

作成者の確認ができる

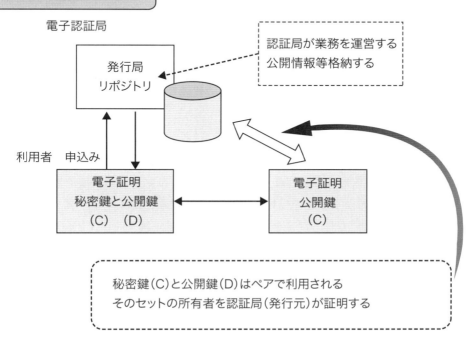

4 電子署名の要件は電子化普及のネックか

　税務行政に限らず，国，地方公共団体の機関で公的な手続を行うときには書面が主体で，その内容の記述では必ず関係者の自署押印が求められてきた。簡単な書類の交付や閲覧の手続でも押印は当たり前とされる体制があった。

　電子申告，申請において，申告内容の信ぴょう性を確保するために従来の書類で求められた自署押印に代わって電子署名の付与が受付の要件とされた。電子署名を利用する手順等は，押印のような簡便さはない。

　まず，電子証明のICカードを取得し，電子データへの署名付与は専用のリーダーライタを使う。さらにIDコード，パスワードの設定が求められる。電子化時代とはいえ，いまだ電子証明を利用する機会は少なく，一般化している状況ではない。さらに，電子証明のICカードは3年ごとで更新手続を要するのである。したがって，税務申告書で押印する関係者が電子署名を行う用意が整わない状況が多く，電子申告が広く利用されない要因になっていることも事実である。

5 税務申告で電子署名を省略した緩和策

　e-Taxによる電子申告の制度をスタートさせた国税庁は，電子署名の煩わしさが利用のネックにならないよう，電子署名の要件を緩和する改正を度重ねて行なってきた。

① 提出する税務申告書に税務代理人（税理士）の電子署名があれば，申告者本人あるいは法人の代表者，経理責任者の電子署名が省略できる要件の緩和を行った。（2006年（平成18年）12月国税庁告示）

② 税務関係書類のスキャナ保存は電子署名の要件を廃止した。（平成27年度税制改正）

6 法人の代表者から委任を受けた者の電子署名による電子申告

　これまで法人が申告・申請等を電子データで提出する場合，代表者の電子署名が必要とされていたが，2018年（平成30年）4月以降は，代表者の電子署名を省略した送信の簡便化が行える。

　この扱いは，代表者から委任を受けた役員又は社員の電子署名によって申告データを送信する方法で，次のような手続を必要とする。

① 電子委任状（PDF形式）*を作成し，代表者の電子証明書により電子署名を付与する。

② e-Taxに，代表者から委任を受けた者の電子証明書を登録する。

③ 申告データには代表者の電子署名が付与された委任状データを添付し，委任を受けた者の電子署名を付与して送信する。

＊委任する内容を記載した任意の形式とする。

図18 電子申告のペーパレス効果

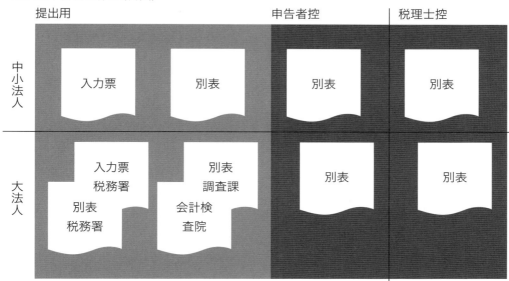

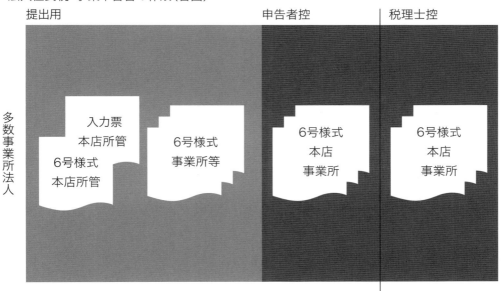

Introduction

7　電子申告に添付する電子委任状

　法人税の書面申告で代表者の委任制度はないが，電子申告では代表者の電子署名に代える委任制度が設けられた。代表者から委任を受けた役員や社員の電子署名によって申告データの送信ができる。この場合の手続では，「電子委任状」を作成して電子申告に添付する必要がある。

(1)　電子委任状の作成

　電子委任状とは委任する内容を記載した委任状を電子データで作成し，その委任状データに代表者の電子署名を付したものである。

　つまり，代表者が電子証明を未収得では行えない。

　一般に委任状は，代表者がすべての取引，手続に関与できるわけではないので，適任者に委任することを代表者が関係者に表明する信任状であり，重要な商談や契約等で必要に応じて使用されている。書面に委任の対象に関する必要事項が記載され，自署，押印が行われている。

　ペーパーレスによる電子取引が発達し，電子契約や電子取引に係る委任状も電子データにする必要があり，自署押印に代わる電子署名が行われる。

　電子申告では，代表者の電子署名について委任制度を利用できるが，その電子申告には電子委任状を添付することになる。端的にいえば，代表者の電子署名は申告データか委任状のどちらかで必要になるのである。したがって，手続の緩和とはならない。

(2)　地方自治体は委任状で電子署名を省略

　「法人の代表者から委任を受けた者の電子署名及びその電子署名に係る電子証明書を送信することにより，代表者の電子署名及び電子証明書の送信を要しないこと」に伴う手続を次のとおりとしている。

①　任意のフォーマットで作成した委任状に，代表者印を押印のうえ，PDF形式にする（委任状に電子署名の付与は必須ではない）

②　eLTAXに受任者の電子証明書を登録する

③　申告データに①で作成した委任状を添付する

(3)　電子委任状の管理事業者が認定される

　総務省はデジタル・ガバメントを推進させる政策に基づき，電子委任状を管理する事業者を認定し，活用を促進させる目的で，電子委任状の普及を図る。

　認定された管理事業者に電子委任状を登録し，手続に係る人が必要に応じて閲覧できる登録の仕組みによって，代表者の電子署名の手間を省く効果がある。

図19　電子委任状の利用効果

電子委任状法の概要（「電子委任状法」の略称）

> 電子委任状の普及の促進に関する法律（平成30年1月施行）
> 官民データ活用推進基本法に基づき政府が目指すデジタルファーストの原則（対面・書面原則の転換）を推進するため，法人の代表取締役などが従業員などに代表権を与えたことを証する「電子委任状」を普及させる

電子委任状を取扱事業者に登録する仕組み

①から④の手順

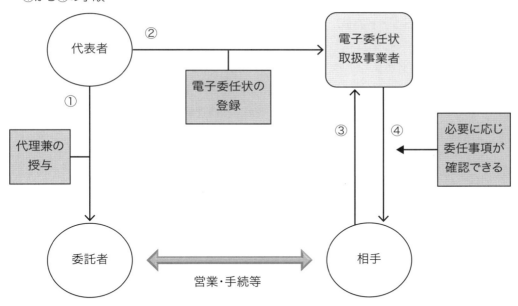

Introduction

8　利便性を重視した方式の導入

　現行方式のほか，2019年（平成31年）1月以降はe-Tax利用の簡便化を高めた方式が設定された。一つはマイナンバー方式であり，もう一つはID・パスワード方式である。いずれも個人の納税者向きに利用手続が簡便化されている。

　前者はマイナンバーカードの利用だけで，e-Taxにログインできるので，従来の方式で必要とされたID（利用者識別番号）の取得，パスワード（暗証番号）の登録は不要になる。しかし，すでに現行方式で実行してきた利用者，代理送信の税理士，あるいは法人，地方税の方式等と手続の細部で異なるなど不調和な点が残る。

　後者は，マイナンバーカードの未取得者に用意されたe-Tax用のID・パスワードを取得して利用する方式であり，現行方式では安全性を確保する基本的な設計方針として電子認証の複雑な手続が組み込まれているが，簡便化を重視して省略されている。

　また，ID・パスワード方式はマイナンバーカードの取得が高まるまでの暫定的（3年後の見直し）な対応とされており，国税庁ホームページの「確定申告書等作成コーナー」でのみ利用できる制約がある。

(1)　マイナンバーカード方式

　マイナンバーカードを用いて，国税庁ホームページのe-Tax又はマイナポータル経由でe-Taxシステムにログインし，電子データの作成から申告データの送信が行える。

　マイナンバーカードとICカードR/Wがあれば自宅のパソコンの操作で電子申告ができる。従来の方式で開始届を提出し，e-TaxのID（利用者識別番号）の取得，パスワード（暗証番号）が不要になる。

(2)　ID・パスワード方式

　マイナンバーカードの未取得者がe-Taxを利用できる方式が用意された。

　利用者は税務用のID・パスワードを取得し，その利用でe-Taxにログインして電子申告ができる。

　ID・パスワードは利用者が，税務署に出向いて諸君と対面し，本人確認（運転免許証等の本人確認書類を持参する必要がある。）を行ったのちに発行される。

　この方式は国税庁ホームページの「確定申告書等作成コーナー」でのみ利用できる制約がある。

（注）2019年（平成31年）1月以降は，セキュリティ対策の観点から，個人納税者はe-Taxのメッセージボックスの閲覧では，マイナンバーカード等の電子証明書が必要になる。ID・パスワード方式でログインしてもメッセージボックスで申告のお知らせや予定納税額等が確認できない。この不便を補うには，納税者が指定する税理士に情報を転送する「委任関係の登録」を利用すれば，税理士のメッセージボックスで閲覧できる。

序章　電子税務のあらまし

|図20|　　　　　　　　　　個人納税者に簡便化

■ e-Tax利用（原則）方式
　事前準備

　申告データの作成
　　　　　　　　　　ICカードR/Wを使用し、①②でe-Taxにログイン

▼ 簡便化された方式（平成31年1月以降）
■ マイナンバーカード方式
　事前準備
　　　　　　　マイナンバーカード①の取得　　　　　　　e-Tax開始届出書、
　　　　　　　　　　　　　　　　　　　　　　　　　　　e-TaxのID・PW②
　　　　　　　　　　　　　　　　　　　　　　　　　　　は不要
　申告データの作成
　　　　　　　ICカードR/Wを使用し、①でe-Taxにログイン

■ ID・パスワード方式
　事前準備

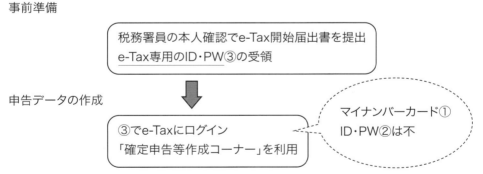

31

Introduction

4 公認のタイムスタンプを付与

1 タイムスタンプとは

　電子記録に関しては，その記録方式が安定素子の2つの電子的状態の変化で構成されている。したがって，構成された電子的状態の変化を解消すれば記録は内容がなくなる。ここでゼロクリアが操作されると，直前の記録は瞬時に消え去る。

　つまり，電子記録の記録保持はガラス細工のようで安定性が問題になるのである。電子ファイルは容易に内容や作成日時を改ざんできる。さらに，改ざんが行われたことを検知する痕跡もないから，あたかもその作成日時にその内容で電子ファイルが存在していたかのように偽ることが可能である。

　重要な情報を記録する電子ファイルもそのままでは，「いつから存在し，その内容が現在まで全く変更されていないこと」を証明するのは困難で，証拠性や信頼性が非常に低いものになる。この問題を解決する技術としてタイムスタンプが利用されている。

　タイムスタンプは付与した時刻を証明できる。公平な第三者機関が，電子記録に対して，存在していた時間を証明するタイムスタンプを付与し，その発行元の第三者機関が客観的に証明することにすれば，電子記録が存在した証拠に客観性をもつ。

　その際，存在した電子文書の本体に係るハッシュ値が証明されると，その電子文書を所持する者が，非改ざん性を検証したい電子文書のハッシュ値を検算して，照合することが可能であり，原本の非改ざん性が確認できる。

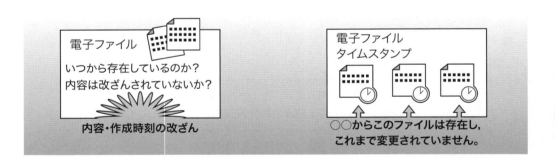

　電子ファイルにタイムスタンプを付与して存在時刻（そのファイルがいつから存在しているのか），非改ざん性（存在時刻から現在まで内容が変更されていないか）を証明する商用のサービスが開始された。

　タイムスタンプは公平な第三者機関によって提供される商用サービスである。利用者からスタンプ付与対象の電子ファイルのハッシュ値を受け取り，時刻を付与したスタンプを発行する。

序章 電子税務のあらまし

図21　タイムスタンプの仕組み

タイムスタンプとは
一般財団法人日本データ通信協会の時刻認証業務の認定事業者が発行するタイムスタンプ

タイムスタンプトークン＊
電子データの内容・存在時刻について変更，改ざんを検知し情報を示す

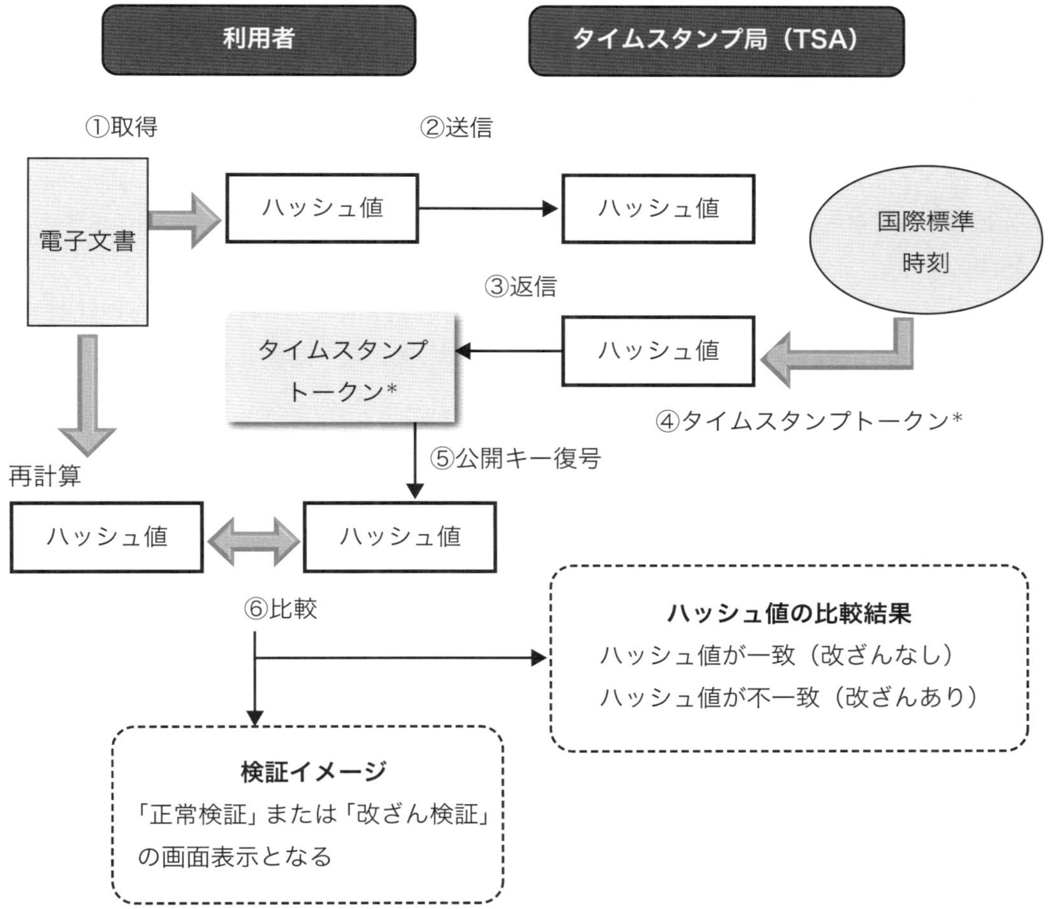

利用者　　　　　　　　タイムスタンプ局（TSA）

①取得　　　　　　　②送信

電子文書　→　ハッシュ値　→　ハッシュ値　　　国際標準時刻

③返信

タイムスタンプトークン＊　←　ハッシュ値　←

④タイムスタンプトークン＊

再計算

ハッシュ値　⇔　ハッシュ値

⑤公開キー復号

⑥比較

ハッシュ値の比較結果
ハッシュ値が一致（改ざんなし）
ハッシュ値が不一致（改ざんあり）

検証イメージ
「正常検証」または「改ざん検証」
の画面表示となる

Introduction

2 タイムスタンプ処理の流れ

(1) タイムスタンプの取得と検証方法

利用者はタイムスタンプを取得したい電子データからハッシュ値を計算し，そのハッシュ値をスタンプ局に送るとタイムスタンプが発行される。

電子データを検証するときは，そのハッシュ値を計算し，タイムスタンプに含まれているハッシュ値と一致するかをどうかをみる。スタンプ局へ送り，タイムスタンプの有効性を確認できる。

スタンプ局は，保管してあるタイムスタンプと同じかどうかを検証する。タイムスタンプが正常なら，原本は，タイムスタンプが示す時刻に存在した原本そのままの状態であり，内容に対する改ざんはない。（存在時刻と非改ざん性の証明）

(2) タイムスタンプの自動処理ツール等

フォルダ監視機能により，フォルダ内のPDF文書やWord文書に対して自動的にタイムスタンプを埋め込むことができる。

例えば，1つのネットワーク内のPC1台で本ソフトを稼動させておけば，同一ネットワーク内のユーザー全員が，PCの監視フォルダに対して文書ファイルをコピーすることで，自動的にタイムスタンプ付きの文書ファイルを生成することもできる。

タイムスタンプが信頼性を持つために，タイムスタンプサーバーに不正がない証明も必要である。このため，すべてのログ記録が残る方法（例えば，新聞に掲載する）で公開する方法などが採用されている。

3 スキャナ保存はタイムスタンプの付与が条件

記録に公認の時刻を表示すれば，その時刻に記録が存在していたことが明らかになる。このような仕組みで，タイムスタンプを利用して証明する時間に存在したことを認証するサービス業がビジネスとして発達してきた。

電子帳簿保存法によって，外部から書面で受け取る業務上の書類等をスキャナで電子記録に変換して保存する扱いがある。この方式が「スキャナ保存」である。電子記録に変換する際，タイムスタンプを付与して，客観的に原本の存在を証明する。

電子記録にタイムスタンプを付与すれば，その時刻に存在した書面のスキャンである時刻の認証になる。また，電子署名時の電子記録のハッシュ値をタイムスタンプに含めておけば，いつでも電子記録の作成後に改ざんの有無を検証することができる。

このような電子記録の管理と保存の体制が確保されることで，書面の原本を電子記録で置き換えても信頼性を備える。税務はスキャナ保存できる帳票の範囲を拡張して認めた。

従来から書類の原本保存の体制は，電子化で圧縮されるが，法定の保存期間中に内容を確認することが安定して行えるものでなければ，信頼性は崩れ，不正行為が起きる危険がある。

図22　タイムスタンプ処理の流れ

事例1　業務データをスキャンして共有する

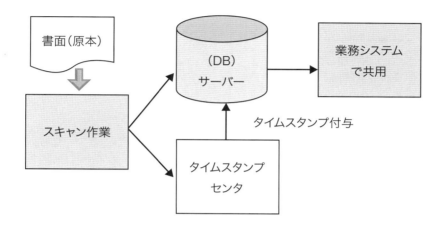

事例2　電子見積書，電子請求書の採用

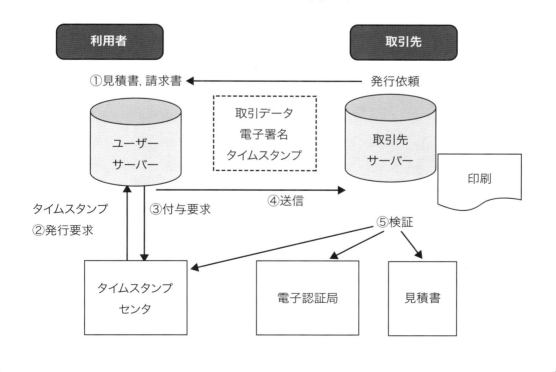

Introduction

　制度の基盤には信頼のおける時刻認定業務の発達があり，公認されたタイムスタンプ局が電子記録にタイムスタンプで時刻情報を付与する。

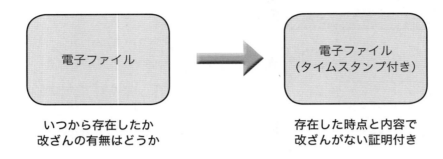

④　**タイムスタンプの要件**

　電子帳簿保存法では，紙面の書類をスキャナ保存する際，電子記録にタイムスタンプの付与を条件としている。タイムスタンプ付与の手続はスキャナの作業のなかで取り込まれることになる。

　例えば，スキャナの作業は原本の収受後速やかに行うことが要件とされており，タイムスタンプの付与もその範囲で行う必要がある。

　また，スキャン書類は電子署名を付与するケースも多い。したがって，原本のハッシュ値の作成，タイムスタンプの発行要求も同時期に行われるとみていい。関係書類をスキャナで読み取り，正しくスキャニングされていることを確認したつど，タイムスタンプを付すことが必要となる。特に，タイムスタンプの付与で，注意したいのは，タイムスタンプの付与を行う際の単位，検証を行う場合に，改ざんされていないことの確認方法が確保されていること，任意の期間を指定して，一括検証ができることである。

　いずれもタイムスタンプのサービス業者が提供するシステムを導入し，契約期間中においてタイムスタンプの発行を要求するのであるから，使用するシステムは税務の要求する条件を満たしていることを確認しておく必要がある。

図23 タイムスタンプ処理の流れ

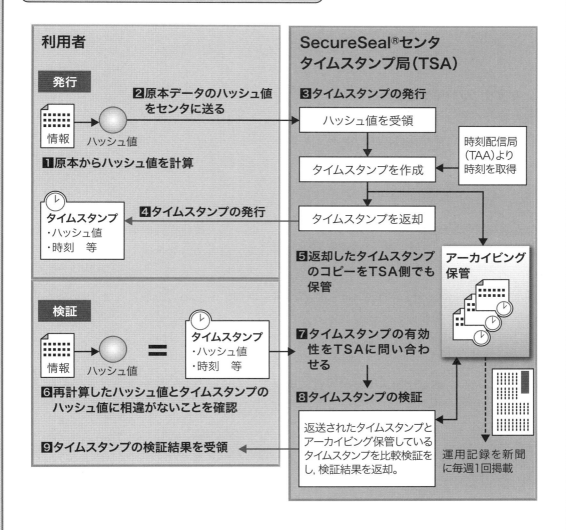

Introduction

5 マイナンバー制度

　マイナンバー制度は，我が国に在住する国民一人ひとりに対して個人番号を，企業に対して法人番号を悉皆的に付番し，個人番号及び法人番号の活用及び保護を図るものである。
　平成27年10月5日に施行された「番号法」によって個人と法人に，個人番号と法人番号が付番され，利用する制度がはじまった。
　「マイナンバー」は番号法に基づいた個人番号と法人番号を呼称したものである。

① マイナンバーの構成

　個人番号の基本情報は氏名，住所，性別及び生年月日である。既存の住民票コードを変換して得られる11桁の番号に1桁のチェックデジットが付いた12桁の数字を使用している。市町村は本人からの交付申請により，「マイナンバーカード」（顔写真付きICカード）を作成し，交付する。
　当面，個人番号は行政機関内の利用に限られ，社会保障，税及び防災の分野，地方公共団体が条例で定める事務に利用範囲を限定している。個人情報保護の要請から民間の独自利用は禁じられているが，近い時期に金融機関の預金口座の番号利用など，民間利用に拡大される。
　法人番号は，13桁で特定の法人その他の団体を識別するための番号として指定されるもので，その所管は国税庁とされている。

◆ 用語の定義

マイナンバーの制度において使用される用語と内容は次のとおりである。

特定個人情報	個人番号を内容に含んでいる個人情報
特定個人情報ファイル	個人情報を内容に含むデータベース等の情報ファイル
個人番号関係事務実施者	他人の個人番号を利用して事務を実施する者
個人番号利用事務実施者	保有している個人情報の検索，管理のために個人番号を利用する事務を処理する者

② マイナンバー制度が目指すもの

　行政機関の個人の情報に個人番号を付す目的は，複数の機関に存在する情報が同一人のものである確認が行える基盤の整備にある。複数の機関に存在する情報の紐付けが実現すると情報の利用が進み，社会保障，税制度の効率性・透明性が高まる。国民にとって利便性の高い公平・公正な社会の実現に一歩前進する。その社会基盤づくりである。
　個人番号及び法人番号の活用効果は，次のように期待されるのである。

序章 電子税務のあらまし

| 図24 | マイナンバーの略称で普及 |

番号法は個人保護３法に関連した特別法

番号法，整備法はいずれも略称

法律名（略称）	正式名称と適用目的
番号法 （マイナンバー法）	「行政手続における特定の個人を識別するための番号の利用等に関する法律」が正式名称で，マイナンバー制度一般についての必要な事項を定める
整備法	番号法の施行に伴い関係法律の整備を行うため，所要の措置を講ずる法律（一括改正される関係法律は36本）

個人番号はマイナンバーの略称で普及

　個人番号と法人番号は制度がスタートして以降，個人番号はもっぱら「マイナンバー」の名称が一般化し，番号法は「マイナンバー法」の略称が使われている。
　総務省は個人に配布するICチップ付き「個人番号カード」の名称を親しまれやすい「マイナンバーカード」に改めた。

39

Introduction

(1) 行政運営の効率化が進む

　従来までは行政機関や地方公共団体が，それぞれの目的に基づいて情報を確保し，それぞれに諸手続を定めてきた。近年，行政事務の処理はコンピュータのシステム化が浸透しており，それに伴って，国民には機関ごとで独自のコード番号が付されており，電子情報の活用が進んでいる。これらの番号を共通化して使用する環境になれば，相互に情報の共有あるいは交信が実現する。

　つまり，これまでの電子政府の導入計画では情報の共有は進んでいない。従前と変わりなく，重複する行政事務が行われている一面もあり，その解消には国全体として，統一した個人番号を使用することが不可欠になってきた。マイナンバー制度の創設は，その課題の解決が図れるものである。

　マイナンバーをキーにすれば，発達したネットワークを通じて，全国どこからでも，情報を読み出し，交信ができる。

　この仕組みは，個人情報を一元的に管理することを目指したものではなく，情報は従来どおりに分散して管理されることに変りはないが，その情報を他の関係機関と相互に連携がとれると，さらに，有効な活用が図られるのである。認識の一元化を徹底するとともに，管理コストの削減効果がある。

(2) 公正な給付と負担の確保

　行政機関の情報に個人番号が付与される手始めの分野は，社会保障の給付関係と所得課税関係とされている。国民が所得に応じた課税負担の実行と適正な社会保障を受ける権利が守られることで，公正で安心した社会環境が確保される。

　従来から目指してきた制度も共通したキーコードの設計がなく，人名をもとにした情報の収集システムに情報の互換性や精度の向上に限界もあったが，マイナンバーを付加することで，情報処理の精度が格段に向上し，その効果は明らかに期待できるのである。

(3) 国民の利便性は向上する

　マイナンバー制度によって，国民は自らの番号を管理し，行政手続を行うつどマイナンバーを記録することが実行される。これは負担になるが，一方，分散していた個人に関する情報がマイナンバーをキーとして一括することもできて，活用できる。

　個人が所得税の確定申告に際して，従来は添付を必要としていた源泉徴収票や社会保険料の負担額の証明内容は，情報提供で開示されるシステムが読み取ることになる。したがって，添付の必要がなくなる。

　マイナンバーで個人ICカードを取得すれば，運転免許証と同様に身分証明書として利用でき，個人の税務申告で電子証明書として使用が実現できる。

| 図25 | マイナンバーカードで電子署名 |

マイナンバーカード（個人番号と顔写真付）

表　　　　　　　　　裏

券面の表示

氏名，住所，生年月日，
性別，顔写真

本人確認の身分証明書，
自治体サービス，e-Tax
等の個人番号と電子署名
に利用

個人番号を証明する書類として

各種行政手続のオンライン申請

本人確認の際の公的な身分証明書
　金融機関での口座開設・パスポート発給など

各種民間のオンライン取引
　オンラインバンキング等のオンライン取引に

様々なサービスを搭載した多目的カード
　市区町村や国等が提供するサービスの一体化

コンビニで公的な住民票，印鑑登録証明書の取得

電子証明書（2種類）
　電子申請・申告，民間オンライン取引の電子証明
　利用者証明用の電子証明書

③ 税務書類にマイナンバーを記載

　番号法を成立させた政府の方針は，課税と給付に公平と公正を期するために適正な判断ができる個人情報の整理にある。個人情報は統一した番号をキーにして効率的に整理し，行政官庁間の情報を共有する合理的なシステムづくりを目指している。その基盤は，電子機器の活用と電子データの利用技術の発達がある。

　国民は行政サービスの享受を敏感に感じ取る。政治と生活に関する安住と安心を求める視点は，課税の公平と給付の充実，あるいはそのバランス感覚にある。マイナンバーの制度が充実した社会の実現のために黒子の役割が果たせるかどうか。その実行の効果が注目される。特に，課税の公平の確保は，国政の円滑な運営の基盤であることは，古今東西の歴史が証明するところである。

　今回の施策に基づいて，税務行政の組織内部においてマイナンバーの効果的な利用が急がれることは間違いない。これによって，税務上の個人の情報に関する正確さ，判断材料の充実など精度が向上する。情報の整理機能によって，総合的な情報力が格段に高まることは明らかである。この新体制を機に，税務行政の機能はマイナンバーを基盤にして構成されることで，伝統的な調査体制と執行の重点事項は，新手法を取り入れてインフラの改革が行われる予見もする。

④ マイナンバー制度と企業の対応

　多くの従業員のマイナンバーを管理することになる企業は，申告書をはじめ税務への提出書類にはマイナンバーを記載する必要がある。

　また，業務上で申告を受ける従業員や顧客からのマイナンバーに関しては，適切に管理する責任を負う。個人情報ファイルを作成すること，業務委託においては委託者自らが果たすべき安全管理措置と同等の措置が委託先でも講じられていることを確認するなど，安全管理の体制を整える義務を負うのである。

（1）　マイナンバーの管理

　マイナンバーの制度によって全企業が従業員の番号を記載する「個人番号関係事務実施者」に該当するのである。

　この制度によって個人番号の扱いを人名から数字に置き換えられることで，パソコンでの情報管理や業務における管理や操作性向上に繋がると簡単に片付けてしまってに問題が生じる可能性がある。まず，個人番号の本人確認を適切に実行する必要があり，それに関しては詳細な手続がある。

　そもそも，個人番号を含む個人情報は「特定個人情報」と呼ばれ，保護措置に慎重な対応が求められる。個人番号は12桁の数字の羅列であって，記載ミスが起きやすい。コンピュータ処理に伴って人事・給与システムのデータファイル，あるいは人事関係の基本情報ファイルとして管理する方法などが採用されることになる。

図26　民間事業者とマイナンバー制度

民間事業者は税や社会保険の手続で従業員のマイナンバーを取扱う

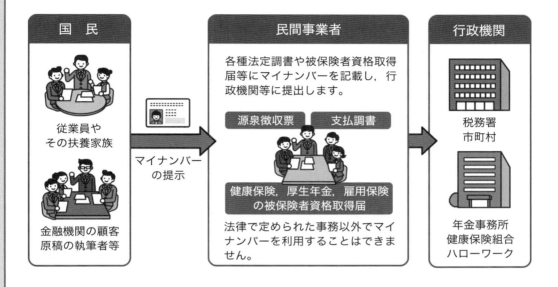

個人情報保護のためマイナンバーの安全管理措置に組織的な対応が必要

事業者はマイナンバー及び特定個人情報の漏えい，滅失又は毀損の防止等適切な管理のために，適切な安全管理措置を講じ，従業員に対する適切な監督を行う
中小規模事業者には特例を設け，実務への配慮がなされている

（出典：政府広報オンライン）

Introduction

(2) 情報のセキュリティ確保

　不正コピーや情報流出が起きれば，大事になる。電子データに対するセキュリティ対策を重視し，管理体制を確立することが重要である。企業はマイナンバーを業務で扱うマイナンバー担当者を決め，番号の利用を厳重に管理しなければならない。

　収集だけでなく，不要になった場合の消去にも厳格な対応が必要になる。マイナンバーの記載のある書類の廃棄は，そこから番号が復元されないような廃棄処分をしなければならない。

　番号法は成りすまし等の悪用を防ぐため，漏えい者や企業に罰金を科する。事業者にマイナンバーの管理要件を定めており，違反に対しては罰則規定があって，個人情報保護法の罰則よりも重いものとなっている。

5　マイナンバー制度で税務の窓口対応が変わる

　番号法に基づくマイナンバー制度が運用されたことによって，税務の手続に関して作成する書類にマイナンバーを記載すること，あるいは税務署に提出する際に，マイナンバーの確認と本人確認が行われるため，従来に比べて，受付窓口の業務は複雑になった。書類を提出する者が提示する証書あるいは添付書類も増え，厳格な受付の体制になった。

国税における番号制度のポイント

税務関係書類にマイナンバーの記載が必要になる

　　所得税，贈与税，消費税，相続税（各申告書）

　　法定調書，申請書・届出書（記載を不要とされた書類を除く）

マイナンバー記載の書類を提出する際の本人確認

　　本人確認は「番号確認」と「身元確認（番号の持ち主である確認）」になる

　　本人確認は「本人確認書類」の提示又は写しの添付になる

本人確認書類とは

　　マイナンバーカード又は通知カードと運転免許証等（身元確認書類）

---

(1) 新制度でマイナンバーを記載する認識

　番号法に基づくマイナンバー制度では，個人番号（マイナンバー）と法人番号（企業版のマイナンバー）があり，両者は個人と法人の対象の違いだけでなく，マイナンバーの取扱いにおいても大きな違いがある。同じ番号法を根拠にして実行されるが，その管理と環境が同じではない。特に，個人番号は，個人情報を守秘すること，成りすましの流用を防止するために，マイナンバーの扱いが厳格な管理のもとで運用されるのに対して，法人番号は自由に利用できる目的で公表されており，民間での活用が大いに奨励されているのである。

序章 電子税務のあらまし

図27 税務署の申告書等の受付(1)

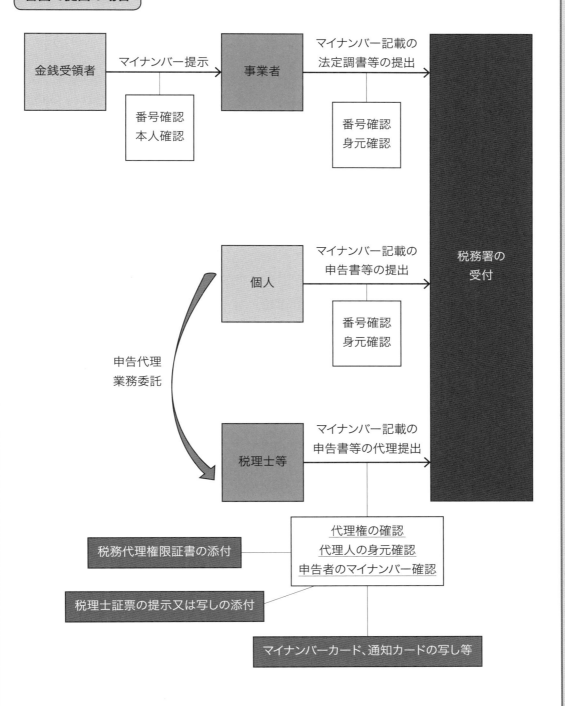

Introduction

　個人に番号が付けられて，その番号をキーにして個人に関する情報が集積され，事務手続が行われてきたが，特段に大きな支障も聞こえてこない。厄介な問題があるとすれば，無味乾燥な長い数字の扱いはミスが起きやすい。数字のミスは直接個人の氏名を間違うものであり，取り違える影響は重大である。

　税務行政では，個人あるいは法人が初回，税務申告をすれば，各人に納税者番号が付されて，以後提出される申告書や納付書はその番号によってデータ処理が行われてきた。

　したがって，今回のマイナンバーの導入は，従来の納税者番号から移行になる程度の認識であって，その実質的な効果の評価よりも，影響を受けるシステム上での改修部分の大小に注目する状況がある。厳格な管理体制のもとで，番号のチェックと本人確認が励行される窓口の変化に，やや戸惑う局面もある。

(2)　税務署の受付で本人確認を受ける

　申告書等の受付において，従来のように書類の提出と写しに受付印を受けて，簡単に済まなくなる。記載されたマイナンバーの確認と記載したマイナンバーの持ち主であることの確認（本人確認）が行われる。

本人確認とは「番号確認」と「身元確認」
・本人確認は「マイナンバー確認」と「身元確認」で，その確認書類の提示又は提出書類に確認書類の写しを添付する。
・「マイナンバーカード」ならば1枚で対応する。
　マイナンバーカードの取得がなければ，マイナンバーの「通知カード」と身元確認用に運転免許証，パスポート等の提示か写しの提出を選ぶ。

　申告書等のマイナンバーを記載した書類の提出が，その本人であるとは限らない。親族や税理士等の代理人になることも多い。窓口の対応が「身元確認」が複雑になる。

　税務署に申告書類等を提出する際に，受付で本人確認の方法は

①　申告者本人がマイナンバー記載の書類を提出する場合

　マイナンバーを記載した本人が書類を提出する場合の番号確認と身元確認は，マイナンバーの通知カードと本人を確認できる証票，あるいはマイナンバーカードを提示する。

②　申告者の代理人がマイナンバー記載の書類を提出する場合

　代理人による申告書等の提出は，本人確認に関しての添付書類がやや煩雑である。代理権の確認，代理人の身元確認，申告者本人の番号確認の対応になる。

序章 電子税務のあらまし

図28　税務署の申告書等の受付(2)

税務代理人の本人確認書類（方法）

1．税理代理権限証書の添付がある場合

提出態様	番号提供者	代理権	身元確認	番号確認
対面	税理士又は職員	税務代理権限証書	税理士証票（提示・写し提出）	納税者の番号カード通知書（写し提出）
郵送	税理士	税務代理権限証書	税理士証票（写し提出）	納税者の番号カード通知書（写し提出）
電子申告（代理送信）	税理士	税務代理権限証書（電子データ送信）	税理士の電子証明書	当局によるシステム確認（別送は不要）

2．税理代理権限証書の添付がない場合

提出態様	番号提供者	代理権	身元確認	番号確認
対面	納税者税理士又は職員		納税者の個人番号カード等（写し提出）	納税者の個人番号カード等（写し提出）
郵送	納税者		納税者の個人番号カード等（写し提出）	納税者の個人番号カード等（写し提出）
電子申告（代理送信）	税理士	納税者利用者番号又は利用者IDを入力して送信している事実	税理士の電子証明書	当局によるシステム確認（別送は不要）

日税連では，窓口の混雑防止策として提示書類は写しを提出するとする。

代理人が税理士であれば，税理士証票の提示あるいは写しの添付になり，すべての書類提出に代理権限調書，申告者本人の番号確認で通知カード又はマイナンバーカードの写しを添付する。

日税連が対応を協議

日本税理士会連合会は国税庁と税務代理人の確認について協議し方針を決めた。

窓口の混雑防止を図り，税務当局及び税理士双方の負担を緩和する観点から，国税関係手続においては写しを添付して提出することを基本とする。

税理士資格を有しない職員が対面により提出する場合は，税理士証票の写しを提示し，併せて提出する。

---

(3) 電子申告の送信の環境は変わらず

従来から申告書等の提出は，書面の氏名欄に自署と押印が行われている。マイナンバー制度の導入に伴って，本人確認が厳格に行われると，従来までの受付では収受の押印で簡単には済まない。マイナンバーの記載によって，自署と押印の役割が形骸化していくようにもみえるが自署と押印は省略されていない。

一方で注目されるのは，電子申告の送信の受付状況は全く変わらない点である。書面に比べると簡便である。

電子申告による代理送信においても，書面提出の場合と同様に，申告書等のデータの送信とともに，税務代理権限証書データ，番号確認データを送信することになる。ただ，番号法では代理送信を行う税理士は代理人として取り扱われており，納税者の利用者識別番号を入力して送信することになるので，それをもって代理権が確認される（国税庁告示第2号告示19）。

したがって，電子申告において税務代理権限証書データの添付がなくても代理人から個人番号の供与があったものとされ，制度導入以前と何の変更もなく送信を受付ける。

代理人の身元確認は，代理送信の際，税理士の電子署名があるので確認される。つまり，電子申告の代理送信によれば，従来どおり，在宅のままですべてが済む。

（注）納税者の番号確認のデータは「マイナンバーカード」か「通知カード」の画像データを添付する。（国税庁「番号法令，国税庁告示における主な本人確認書類等」

(4) マイナンバー収集の際は本人確認を行う

企業が従業員と扶養家族，金銭支払いの取引先のマイナンバーを収集する際，従業員から本人及び扶養家族のマイナンバーを「通知カード」又は「マイナンバーカード」で提示を受け，法定調書等に記載する。金銭の支払先のマイナンバーも，同様に提示を受けて支払調書を作成するのである。

序章 電子税務のあらまし

図29　税務署の申告書等の受付(3)

番号法令，国税庁告示における本人確認の書類等

番号法令、国税庁告示における本人確認の書類等

	番号確認	身元確認
対面	①マイナンバーカード ②通知カード ③住民票の写し （番号付き）	①マイナンバーカード ②運転免許証やパスポート等の写真付き身分証明書 ③個人番号利用事務等実施者から送付された住所、氏名等がプレ印字された書類（雇用契約成立時等に本人である確認を行っている場合に限る）
		（書類を提示できない場合） 国民健康保険の被保険者証と年金手帳など写真付きでない身分証明書を2つ以上 （その他） 雇用関係にある場合等、対面で確認して本人に相違ないことが明らかである場合は、身元確認書類の提示が不要
郵送	対面により提示する確認書類の写し	
オンライン	①過去に本人確認の上作成している特定個人情報ファイルによる確認 ②マイナンバーカードや通知カード等の画面データの電子的送信	①マイナンバーカードや運転免許証等の画像データの電子的送信 ②事業者が本人であることを確認した上で発行するID及びパスワード ③電子署名

（アンダーラインは事業者（個人番号関係事務実施者）

49

Introduction

6 マイナポータルと税務の関連

(1) マイナポータルとは何か

「情報提供等記録開示システム」の略称で，政府が中心となり運営するオンラインサービスである。行政からのお知らせが届いたり，e-Taxにつながるシステムである。

(2) 利用方法とサービス

マイナポータルを利用する者は，マイナンバーカード，ICカードリーダライタを用意し，パソコンからインターネットに接続し，「マイナポータル」のキーワードで検索する。

サービスの内容

情報提供等記録表示（やりとり履歴）	情報提供ネットワークシステムを通じた住民の情報のやりとりの記録を確認できる
自己情報表示（あなたの情報）	行政機関などが持っている自己の特定個人情報が確認できる
お知らせ	行政機関などから個人に合ったきめ細やかなお知らせを確認できる
民間送達サービスとの連携	行政機関や民間企業からのお知らせなどを民間の送達サービスを活用して受け取る
子育てワンストップサービス	地方公共団体の子育てに関するサービスの検索やオンライン申請ができる
公金決済サービス	マイナポータルのお知らせを使い，ネットバンキング，クレジットカードで公金決済
もっとつながる（外部サイト連携）	外部サイトを登録することで，マイナポータルから外部サイトへのログインが可能

(出典：内閣官房HP)

(3) 税務との連携

① マイナポータルとe-Taxがつながる

マイナポータルにセットされている「もっとつながる」機能を利用してe-Taxにログインできる。

e-Taxのメッセージボックスの情報を見るほか，納税証明書，源泉所得税，法定調書などに関する手続ができる。

初回の設定（利用者識別番号，パスワード）で，2回目からはこのコード番号を使わずにログインができる。

② 代理人登録により税理士が依頼人のマイナポータルにログインができる。

序章 電子税務のあらまし

図30　「マイナポータル」とは

「マイナポータル」…行政が個人情報の提供サービスをするシステム

システムの特徴 -------- 利用者（個人）は行政が個人情報の利用を確認できる
　　　　　　　　　　　各種機関ごとの個人情報を連携する機能
　　　　　　　　　　　マイナンバーと情報提供ネットワークシステムが基盤

情報提供記録表示 -------- 情報開示の内容
　　　　　　　　　　　　自己情報表示
　　　　　　　　　　　　お知らせ情報表示

マイナポータルとe-Tax が接続

初回の操作

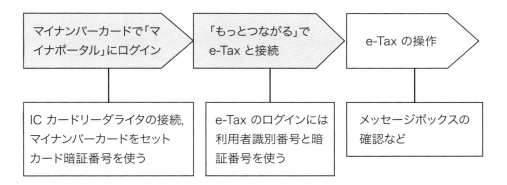

2回目からの操作　（キーコードの入力が省略できる）

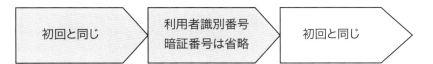

7 法人番号の指定

　会社法その他の法令の規定により設立の登記をした法人，国の機関，地方公共団体のほか，これら以外の法人又は人格のない社団等であって，法人税・消費税の申告納税義務又は給与等に係る所得税の源泉徴収義務を有することとなる団体に1法人1つの法人番号（13桁）を国税庁長官が指定する。

　法人番号はインターネット（国税庁HP「法人番号公表サイト」）で公表されている。

　① 法人情報を番号・名称・所在地で検索が可能

　② 法人情報のダウンロード機能の提供

　③ Web-API機能の提供

　④ パソコンからの利用に加えて，タブレット，スマートフォンで利用できるようマルチデバイスに対応する。

　具体的には，検索機能として，あいまい検索や絞り込み検索，また検索結果の五十音順や都道府県別の並び替えが可能である。

8 法人番号は自由な利用

　法人番号は個人番号（マイナンバー）と異なり，公表され，自由に利用できる。行政を効率化し，国民の利便性を高め，公平かつ公正な社会を実現する社会基盤であり，番号法の基本理念として，次の4つの目的がある。

(1) 行政の効率化

　法人その他の団体に関する情報管理の効率化を図り，法人情報の授受，照合にかかるコストを削減し，行政運営の効率化を図る。

(2) 国民の利便性の向上

　行政機関間での情報連携を図り，添付書類の削減など，各種申請等の手続を簡素化することで，申請者側の事務負担を軽減する。

(3) 公平・公正な社会の実現

　法人その他の団体に関する情報の共有により，社会保障制度，税制その他の行政分野における給付と負担の適切な関係の維持を可能とする。

(4) 新たな価値の創出

　法人番号特有の目的として，法人番号の利用範囲に制限がないことから，民間による利活用を促進することにより，番号を活用した新たな価値の創出が期待される。法人番号自体には，個人番号とは異なり利用範囲の制約がなく，自由な利用ができる。

序章 電子税務のあらまし

図31　法人番号の導入メリット

法人番号で，わかる。つながる。ひろがる。

法人番号導入のメリットとして，行政の効率化，公平性・公正性の向上，企業の事務負担軽減，新たな価値の創出が期待されます。

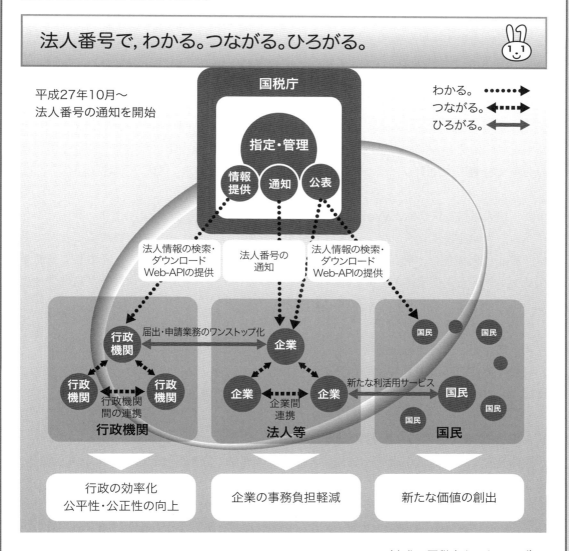

（出典：国税庁ホームページ）

導入のメリットは
- 行政の効率化
- 公平性・公正性の向上
- 企業の事務負担軽減
- 新たな価値の創出の期待

9 法人番号を調べる・利用する方法

国税庁の公表システム（国税庁法人番号公表サイト）で法人基本情報の検索，閲覧，ファイルでダウンロード，情報記録媒体にコピー，Web・API方式での利用ができる。

(1) 基本情報を検索・閲覧

公表されている法人基本情報は法人名，所在地，法人番号のセットである。どれか1つの項目で検索をすれば，他の項目がわかる。

(2) 基本情報をファイルでダウンロード

法人の基本情報のデータをダウンロードすることができる。

このサイトでは，前月末時点に公表している法人の最新情報を，全件データファイルとして提供するとともに，新規設立法人等の新たに法人番号を指定した情報，商号や所在地の変更及び閉鎖に関する日次の異動情報を差分データファイルとして提供する。

(3) 法人番号システムとWeb-APIの方式でデータ収受

システム間連携インターフェイス（データ授受の方式）でデータを提供することができる。Web-API機能は，利用者が保有するシステムからインターネットを経由して，簡単なリクエストを送信することで，指定の法人に係る情報や，指定した期間及び地域で抽出した法人の更新（差分）情報が取得できる。

(4) 情報記録に書き込み依頼

国税庁の法人番号管理室に書き込みを依頼することができる。依頼書とDVDを送付すれば，基本情報をコピー（XML，CSV形式による）して返信される。

10 法人番号を活用した業務の効率化の期待

民間企業では，組織が大きくなれば各部署で管理する取引先情報も膨大となり，また，部署毎に異なるコードを用いて取引先情報を管理しているケースも多くなっている。

ある企業内でシステムは拡張しているが，各部署の事情によって，共通した取引先に対してもそれぞれ別コードが設定されている実態がある。法人番号の制度のもとで，取引先の法人番号を項目に追加するなど，社内の情報集約化の方針を決めたことで，次のような効率化ができる。

① 国税庁が提供する名称・所在地情報の更新を行うことが容易になる

② 取引先の情報を集約でき，A社からの調達が一本化されてコストの削減ができる

③ 取引先の情報を共有することで，きめ細やかな営業活動等が可能になる

図32　公表の法人番号を調べる・利用する

法人基本情報は法人名，所在地，法人番号（他の情報検索が可能）

インターネットに接続，Webサイトの公表システムを開く

基本情報を電子ファイルでダウンロードする

■利用者システムとの連携インタフェイスを設定すれば抽出条件に対応したデータの応答が得られる

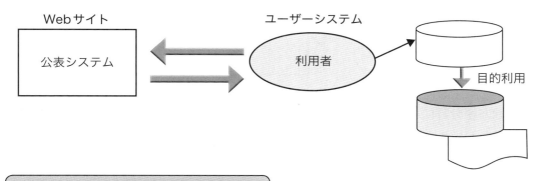

国税庁の法人番号管理室に書き込み依頼

■依頼書とDVDを送付すれば，基本情報をコピー（XML，CSV形式による）した返信が受けられる。

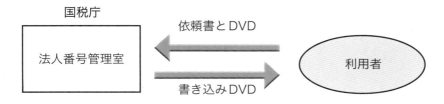

11　海外取引で利用する国際機関の認証を得た

　企業間の電子取引では，受発注管理のために企業番号を利用している。使用する企業番号は番号を認証する民間業者から取得するもので，相手企業が使用する自社の番号を照会して取引を行っている。これに法人番号を使えば無償で管理の負担も軽減される。

　国税庁は我が国の法人番号について国連や国際標準機構（ISO）の認証を得た。これによって海外取引でも，法人番号が使える環境が整った。

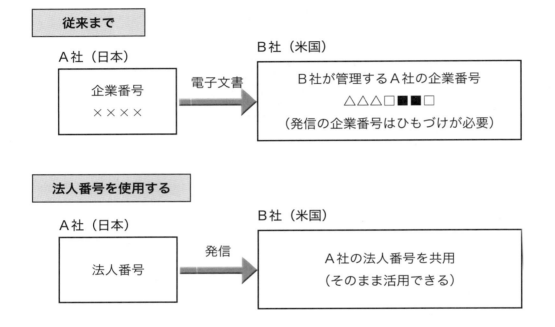

12　地方税分野における個人番号・法人番号の利用

　地方公共団体では，個人番号・法人番号を利用することで，より公平・公正な課税を行うことができるようになる。平成28年1月1日以降に提出される申告書等から，個人番号・法人番号の記載が開始された。ただし，本人へ交付される税務関係書類（給与所得に係る特別徴収税額の決定/変更通知（納税義務者用）等）については，国税分野及び社会保障分野における番号の利用方法との整合性等を勘案し，個人番号を当面記載しない。

　従来どおり情報は各行政機関等が保有し（分散管理），他の機関の情報が必要となった場合には，番号法に定められた範囲で，情報提供ネットワークシステムを利用して，情報の照会・提供が予定されている。

序章 電子税務のあらまし

図33　法人基本情報のダウンロード機能

ファイルのダウンロード

国税庁「法人番号公表サイト」の画面

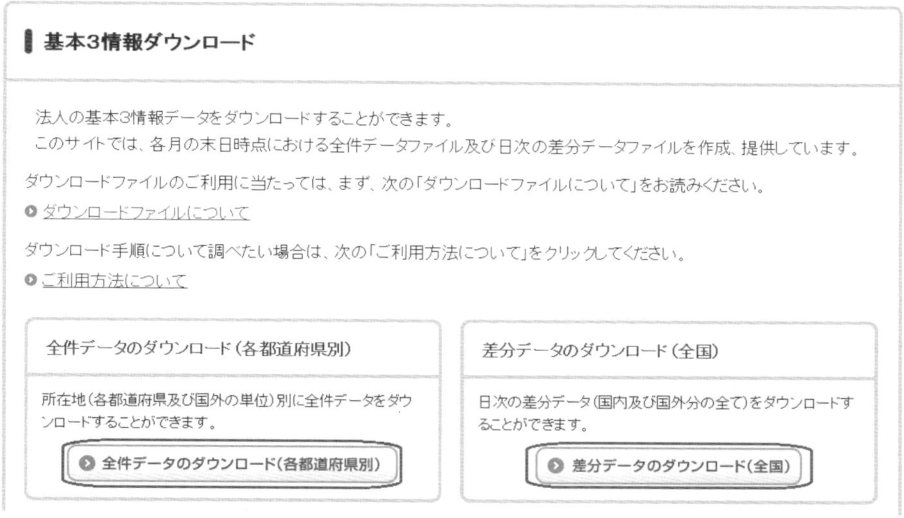

基本3情報ダウンロード

法人の基本3情報データをダウンロードすることができます。
このサイトでは、各月の末日時点における全件データファイル及び日次の差分データファイルを作成、提供しています。

ダウンロードファイルのご利用に当たっては、まず、次の「ダウンロードファイルについて」をお読みください。
▶ ダウンロードファイルについて

ダウンロード手順について調べたい場合は、次の「ご利用方法について」をクリックしてください。
▶ ご利用方法について

全件データのダウンロード（各都道府県別）	差分データのダウンロード（全国）
所在地（各都道府県及び国外の単位）別に全件データをダウンロードすることができます。	日次の差分データ（国内及び国外分の全て）をダウンロードすることができます。
▶ 全件データのダウンロード（各都道府県別）	▶ 差分データのダウンロード（全国）

Web-API方式で法人番号を利用

Web-APIの利用はアプリケーションID（無償）が必要
取得はサイトで送信か届出書の提出

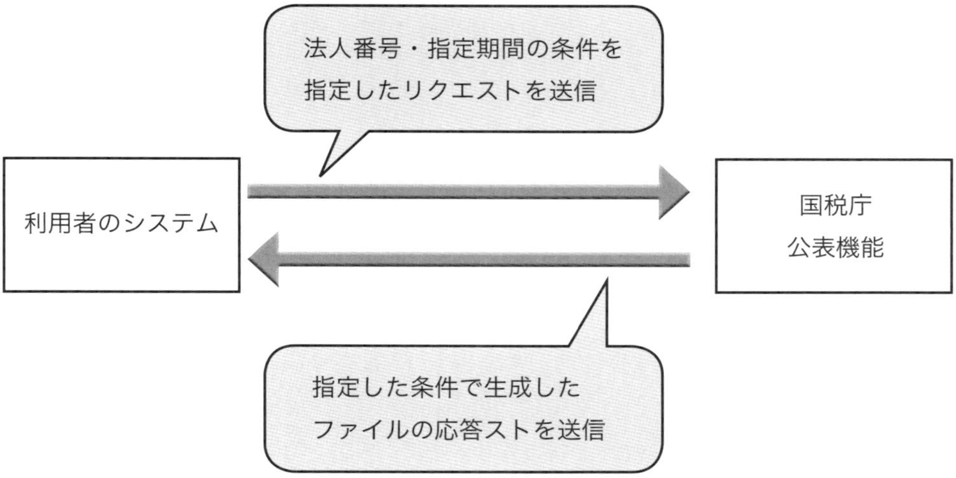

法人番号・指定期間の条件を
指定したリクエストを送信

利用者のシステム　　→　　国税庁
公表機能

指定した条件で生成した
ファイルの応答ストを送信

57

Introduction

個人番号・法人番号の当面の取扱いは次のようになる

① 平成28年1月1日以降に提出される申告書等について，個人番号・法人番号の記載を開始する。

② 納税通知書には，個人番号・法人番号を当面記載しない。

③ 給与所得に係る特別徴収額決定通知書（納税義務者用）には個人番号は当面記載せず，法人番号は記載しない。公的年金等に係る特別徴収税額決定通知書（納税義務者用）には，個人番号は当面記載せず，法人番号は記載する。

④ 更正・決定通知書には，個人番号・法人番号を記載しない。

⑤ 納付書・納入書には，個人番号・法人番号を原則記載しない。

⑥ その他，個人住民税における給与支払報告書の提出など，特別徴収義務者においては，平成28年分の所得に対する手続から必要な個人番号・法人番号を記載する。

図34 　　　　　　　地方税のマイナンバー利用

> 地方税分野における番号制度の利用場面

① 番号を用いた地方税情報の管理
　○納税義務者等が提出する申請・届出等の記載事項に番号を追加
　○エルタックスを通じて国税当局から提供される確定申告情報等や税当局間の通知に番号を追加
　○番号を用いた情報の名寄せ・管理
　▶公平・公正な課税，事務の効率化

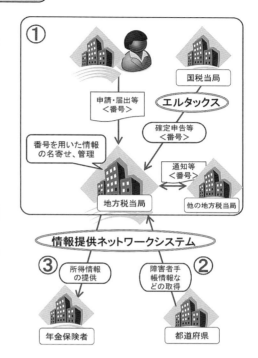

② 情報提供ネットワークシステムを通じた情報の取得
　課税事務のため，現在は文書で照会している他の市町村の所得情報や，添付書類の提出を求めている障害者手帳の情報などをネットワークを通じて取得
　▶公平・公正な課税，納税者の利便性向上

③ 情報提供ネットワークシステムを通じた情報の提供
　所得情報の提供により，社会保障分野の手続で求めている所得証明書の添付を省略
※このほか，マイナポータルを通じた納税者への情報提供も実施予定

Introduction

6 国税庁が電子税務に取組む

1 「電子計算機の利用状況」が法人税申告書の添付書類

法人税申告書の提出の際，税務当局は法人税申告の基盤となった納税者の事業の状況を把握する手段として事業概況の説明書の添付を求めている。

書類の様式は，税務署所管法人用と調査課所管法人用とで指定されており，前者は「法人事業概況説明書」（税務署所管法人用）とされ，「電子計算機の利用状況」の各欄で，後者は「会社事業概況書」（調査課所管法人用）とされ「コンピュータ処理の概況」の各欄で記載を求めている。

一般に企業の規模に沿って，電子化の状況にも違いがみられており，税務署所管法人用はPCと会計ソフト名などに止まるが，調査課所管法人用は，より詳細な利用の状況に及ぶ内容となっている。

2 法人事業概況説明書（税務署所管法人用）

次の項目で，主に，該当項目に○表示をする方式または，ソフト名等を記載する。

「電子計算機の利用状況」の項目

電子計算機の利用状況	（1）利用	有	無	（2）電子商取引		有	無
	（3）プログラム	自社作成	一部自社	他社作成		市販ソフ	
	（4）適用業務	給与管理	販売管理	在庫管理		生産管理	
		固定資産	財務管理	その他			
	（5）機種名						
	（6）市販会計ソフト名						
	（7）委託先						
	（8）LAN	-無線LAN	有線LAN	無			
	（9）保存媒体	FD	MO	MT			
		CD-R	その他				

序章 電子税務のあらまし

図35 | **調査課所管法人の会社事業概況書**

国税局調査課で所管する大法人は, 電子化の状況がより詳細な内容による「会社事業概況書」を提出する。

会社事業概況書 （コンピュータ処理の概要）

＊	
法人名	
事業年度(至)	

応答者
氏名	
部・課	
役職名	
電話	

① システムの形態（該当するシステムに〇をしてください。）

ホスト・端末型システム		パソコン（スタンドアロン）	
クライアント/サーバー型システム		その他（　　　　　　）	

② 申告書作成ソフト名

③ システムにおける機器の構成状況

区分	メーカー・機器名	台数	OS	導入年月	設置場所
ホスト(サーバー)					
D/Bサーバー					
パソコン					
専用端末機					

④ 適用業務

項目／区分	システムの導入（コンピュータ利用）		ERPシステムの導入	
	使用プログラム等（1自社開発、2市販ソフト）	データの保存期間	パッケージソフト名	データの保存期間
財務会計				
管理会計				
購買管理				
販売管理				
（　　　）				
（　　　）				

⑤ システム関連部門（委託会社）の状況

項目／区分	委託等の状況			担当部門又は委託会社の名称及び所在地	自社従業員数
	自社	委託	派遣		
システム開発	☐	☐	☐		
システム運用	☐	☐	☐		
システム監査	☐	☐	☐		

⑥ 電子メールの状況

利用プログラム	メールソフト		監視ツール等	
保存状況等	メールサーバーの管理（1自社、2委託）		電子メール取扱規定（1有、2無）	
	電子メールの保存期間（送信文書）		電子メールの保存期間（受信文書）	

⑦ 電子商取引の状況

電子決済の利用業務（1 売上、2 仕入、3 材料、4 経費、5 その他）		その他（　　　　　）
EDI取引（1 有、2 無）		
ネット販売取扱商品（1 デジタルコンテンツ、2 金融商品、3 物品等）		主要商品名

⑧ その他

電子決裁の利用業務（1 稟議、2 営業報告、3 その他）		その他（　　　　　）
電子決裁データの保存期間	情報記録媒体等	紙
EUC（1 有、2 無）		

③ マイナンバーが税務の基盤になるか

電子帳簿による保存制度の対象となる帳簿書類に関しては，自ら電子データで入力して電子帳簿を生成しているものに適用は限られる。最終目的である保存をペーパーレスの体制で実行するまでが，一貫した電子データの処理プロセスを含む会計システムで運用されることが適用の条件である。

経理の書類でもう一つ，取引に伴って他者がペーパーで作成した帳票を収受する書類がある。そのまま原票を保存する従来の体制に代えて，書類を電子記録に変換してコンパクトに保存する選択がある。書類をスキャンする方法である。

税務は，法定帳簿として電子会計に対しては電子帳簿で保存する制度を平成10年度に制定された電子帳簿保存法によって容認してきた。この制度でも，当初は書類のスキャナ保存に関しては電子化の対象外とされていた。

平成17年度において，行政手続の全般を対象にしたe-文書法が制定されて，その際，税務もスキャナ保存の方法を電子化の対象に追加した経緯がある。ただし，重要書類の確保が税務調査上の要請で優先する判断に基づいて，すべての書類ではなく，書類の金額が3万円以下のものに限定する上限を設定した。

これは，スキャン操作等の際に万が一の偽装も排除したい警戒心があって，高額取引については信憑性を重視して現物保存を要求したのである。この金額基準はいかにも低い。これでは実務上で電子化の便益は期待できず，当初から基準に対する批判があった。平成27年の法律改正において，ようやく金額基準が全廃された。

国税庁が所管業務に関して電子化を認める制度の導入は，従来，書面で行っていた申告，申請の諸手続の電子化の受付開始と，納税者が備える会計帳簿の電子化保存を容認する制度である。

さらに，注目されるのは，マイナンバー制度の創設である。国民一人ひとりに番号が付いて，経済社会における個人の行動，資産に関するデータを一元的に集積できれば，個人の資産および所得の内容がいっそう明確にされる。

これが，税と社会保障の実態を把握できて，公平な課税の負担と福祉の享受になる仕組みの実現が期待できる。以前からこのような国家的構想はあり，納税者番号制度の法案が国会に提出された経緯もあるが，それが日の目を見ることはなく消えた。

すでに，国民一人ひとりには何種類もの異なった番号が付されており，それぞれが目的別で使われている。ようやく，国家的な統一番号制度として，マイナンバーが制度化されたのである。これからの税務行政はマイナンバーをキーとして基礎情報を収集する。公平で能率的な業務処理を進めることは間違いない。税務の情報センタはその規模と技術とセキュリティに最高レベルが求められることになる。

序章 電子税務のあらまし

図36 国税で電子税務の係わる業務

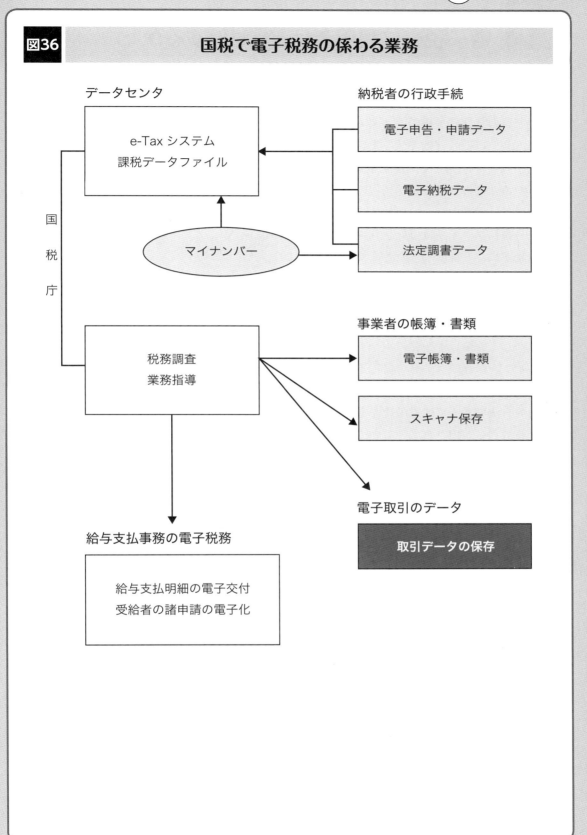

Introduction

 電子税務に利用者はどう対処するか

1　電子税務の開設で複数ルートが併存

　文書による記録といえば，紙文書によることが当たり前とされていた常識が，いつの間にか記録の媒体に多種類のメディアが登場し，それぞれに特性が受け入れられている。ペーパーレスに慣れ，効率化を実感して電子記録の利用が浸透している。

　電子技術が進歩して関連する機器の開発が急速に進んでいる。ビジネス業界に限らず，あらゆる社会の分野で電子情報の利用が浸透した。そこで使われる電子記録の特性が，紙の記録には考えられない多機能を発揮しているのである。すでに，オフィス等の事務机の上から書類ファイルは排除されており，それに代わってパソコンが常設されるという室内の情景が当たり前になった。

　行政官庁や公共機関における行政サービスの受付窓口や諸手続の実行は，紙文書によることが定着していた。電子化が浸透する時勢に対応して，行政機関の諸手続に関しても，政府の肝いりでようやく電子化による制度が開設されている。

　しかし，完全に電子化のルートに入れ替わるわけではなく，原則とされてきた紙文書によるルートが存続し，そこに電子化のルートが併設されているのである。

　また，電子化のルートはいずれも，紙文書の手続に沿って，範囲や仕様がしばられる電子化の方法であって，電子化なるが故の特性あるいは合理化が十分に発揮されず，妥協した処理の甘さが残されているのである。

　さらに，押印の機能を代行する手段に電子署名の付与とタイムスタンプの付与の手法が利用されており，そのための電子認証局，タイムスタンプ局という新たな公的機関の設定が必要になった。２つのルートが併行して設定され，管理する行政の執行環境は当分続けられる。

2　税務手続は電子化がメインに据る兆し

　税務手続で電子記録を利用するルートの開設は，あくまでも納税者の利便性を高める狙いからであり，受け入れる当局は記録の安全性の確保，管理保存の体制の整備で慎重な姿勢で臨んできた。したがって，税務申告等の提出を規定する各税法は，原則が書面によることであり，電子記録による方法は特例扱いであって，利用する場合は事前に，所轄税務署長の承認申請を要するルールに徹している。

　近年において，その環境が変わってきた。メインルートが入れ替わる兆しが出てきた。税務手続は書面でなく，電子記録を原本にする状況に代わり始めている。

　例えば，平成30年度の税制改正において，大法人の法人税申告は電子申告が義務化されており，書面での提出は無視されて無申告の扱いになる。将来的には中小法人の法人税申告についても，義務化する方針が明示されている。税務当局には，書面よりも電子記録を求める状勢の変化がある。

序章 電子税務のあらまし

図37　e-Taxの利用状況

国税庁記者発表資料

平成30年8月
国　税　庁

平成29年度におけるe-Taxの利用状況等について

　国税庁では、デジタルガバメントの実現に向けた政府全体の方針に基づき、利用目標の設定を含む累次の計画を策定し、これに沿って、e-Taxの普及及び定着に取り組んできました。

　今般、平成29年度における各申告手続等のオンライン利用率等の実績値が確定しましたので公表します。

≪評価指標≫	≪実績値≫	≪前年対比≫
○ オンライン利用率　※別紙1参照（3ページ）		
・ 公的個人認証の普及割合等に左右される国税申告2手続（所得税申告・消費税申告（個人））	55.1%	（＋1.1ポイント）
・ 上記以外の国税申告4手続（法人税申告・消費税申告(法人)・酒税申告・印紙税申告）	80.0%	（＋2.0ポイント）
・ 申請・届出等9手続	77.4%	（＋13.1ポイント）
○ ICT活用率　※　別紙2参照（4ページ）	79.8%	（＋3.0ポイント）
○ e-Taxの利用満足度	76.0%	（＋2.6ポイント）
○ 国税庁HP「確定申告書等作成コーナー」の利用満足度	93.6%	（＋5.7ポイント）
○ オンライン申請の受付1件当たりの費用	273 円	（▲33 円）
○ 国税申告手続の事務処理時間	868,000 時間	（▲1,000 時間）

※用語については2ページ参照

（注）　平成28年度までは「オンライン手続の利便性向上に向けた改善方針」（平成26年4月1日各府省情報化統括責任者（CIO）連絡会議決定）に基づき策定された「財務省改善取組計画」（平成26年9月財務省決定）に則り、税務手続のデジタル化目標の達成に向けた取組を推進しました。平成29年度においても、政府全体のデジタルガバメントの方針を踏まえ、当該計画の評価指標に係るe-Tax利用率向上に取り組みました。

－ 1 －

65

Introduction

電子税務に関する情報源

　税務手続等の電子化に関する仕組み，適用される対象，範囲，利用の要件等について，提供される情報の所在は，必ずしもまとまっていないが、国税庁ホームページが中心になっている。

　国税庁ホームページは，所管の業務を掲載しているので多義にわたる。特に税金に関しては，各税法から直接納税者に係る税務手続の実務やお知らせ等の細部に及ぶのである。電子手続に関する対象は，その一部を構成することになるが，近年，電子化の適用対象は政府の重点政策として取り上げられ，拡張されており，その進展のスピードが加速している。

　各税の電子申告の処理に関しては，全納税者の申告データを受信するe-Taxシステムの受付窓口がホームページに設定されているので，ホームページが果たす役割はいうまでもなく大きい。

　税務にとって業務の主力になっている税務申告の電子化（電子申告）に関しては，適用率の達成目標を設定するなど，広報とわかりやすい利用の手順等，ホームページをとおして提供している。また，システムの安全，安定性，利便性は重要視される。

　ホームページの構成に新設，改正の対象が増加し，部分的な改修を重ねてきたが、現行の画面は，2018年（平成30年）4月にリニューアルされている。

◆ 税務手続の電子化に関する掲載サイト

1　国税庁ホームページ

　利用目的のジョブに行き着くルートの多くは1とおりに限らず複数の選択肢が設定されている。

　例えば，メニュー画面で選択する場合，次のルート選択がある。

① 　ヘッダ部分の「グローバルナビゲーション」の区分から選択する
② 　分野別メニューのボックスの区分から選択する

（電子化サイトのルート事例）
　　刊行物等＞パンフレット・手引，各項目へのリンク＞電子申告等関係
　　法令等＞その他法令解釈に関する情報＞その他目次＞電子帳簿保存法について
　　税について調べる＞税目別情報
　　税について調べる＞確定申告書等作成コーナー
　　申告手続＞国税電子申告・納税システム（e-Tax）

序章 電子税務のあらまし

図38　国税庁ホームページのメニュー

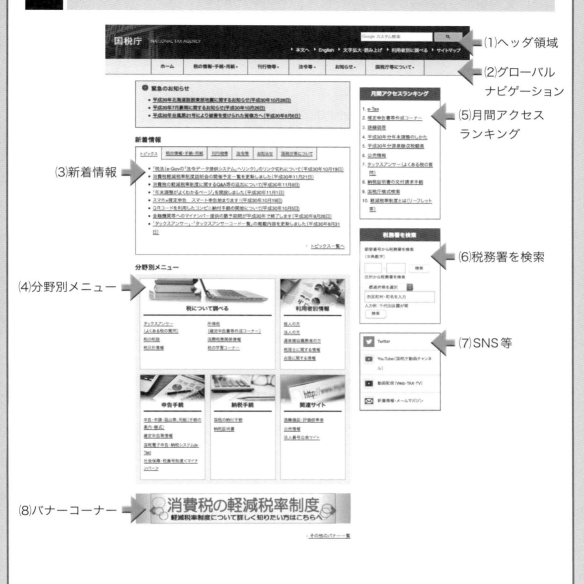

２　関係省庁のホームページ

(1)　総務省ホームページ

総務省＞政策＞国の行政制度・運営＞電子政府＞**電子政府の推進**

総務省＞政策＞地方行財政＞電子自治体＞**電子自治体の推進**

(2)　電子政府の総合窓口（e-Gov）

内閣府ホーム＞情報提供＞**電子政府の総合窓口**

e-Gov電子申請＞**電子申請等の手続案内**

３　電子化に関連する国税庁通達・Q&A

(1)　国税庁通達

電子帳簿保存法取扱通達の制定について（平成10年５月28日）

（平成29年６月21日付一部改正まで）

電子帳簿保存法関係申請書等の様式の制定について（平成10年５月28日）

（平成28年６月30日付一部改正まで）

国税電子申告・納税システムに関する届出書等の様式の制定について

（平成15年10月17日）（平成29年12月19日付一部改正まで）

(2)　e-Taxのよくある質問

国税庁ホームページの「分野別メニュー」「申告手続」「国税電子申告・納税システム（e-Tax)」「よくある質問」

序章 電子税務のあらまし

図39　電子帳簿による保存の承認状況

承認件数

区　分	本年度承認件数	繰越件数	取りやめ取消件数	承認件数（累計）
平成21年度	11,679	1,873	269	113,105
22	10,256	2,016	318	123,045
23	10,471	2,069	504	133,012
24	10,690	2,120	285	143,417
25	10,845	2,037	256	154,006
26	11,537	2,225	221	165,372
27	12,206	1,692	398	177,180
28	11,323	2,004	148	188,355
[28年度内訳]				
法人税・消費税	8,000	1,839	94	139,142
源泉所得税	1,091	31	2	17,192
所得税・消費税	1,489	37	43	19,803
間接諸税	8	1		329
酒　税	735	96	9	11,889
計	11,323	2,004	148	188,355

承認件数（累計）のうち，スキャナ保存の件数は680件である。

（出典：国税庁レポート）

Introduction

④ 利用できる電子証明書

使用できる電子証明書は，次のものがある。

e-Taxで使用できる電子証明書は，電子署名法の特定認証業務の認定を経た上で，政府認証基盤（GPKI）のブリッジ認証局と相互認証を行っている認証局が作成した電子証明書等のうち，e-Taxで使用可能である。

発行機関名	説　明
公的個人認証サービス	地方公共団体の認証業務に関する法律に基づいて，申請者の住民票のある市区町村で発行されるもの 地方公共団体による「公的個人認証サービス」を受けるためには，住民票のある市区町村の窓口で住民基本台帳カード（ICカード）を入手し，電子証明書発行申請書等を提出して電子証明書の発行を受けます。
商業登記認証局	法務省が運営する「商業登記認証局」が発行するもの なお，電子証明書の申請受付，発行等は，法人等の登記を管轄する全国の登記所のうち指定を受けた登記所で行われています。
株式会社帝国データバンク	TDB電子認証サービスType Aに係る認証局が作成する電子証明書
東北インフォメーション・システムズ株式会社	TOiNX電子入札対応認証サービスに係る認証局が作成する電子証明書
日本電子認証株式会社	AOSignサービスに係る認証局が作成する電子証明書 AOSignサービスG2に係る認証局が作成する電子証明書
株式会社NTTネオメイト（旧株式会社NTTアプリエ）	e-Probatio PS2サービスに係る認証局が作成する電子証明書
セコムトラストシステムズ株式会社	セコムパスポートfor G-IDに係る認証局が作成する電子証明書
ジャパンネット株式会社	電子入札コアシステム用電子認証サービスに係る認証局が作成する電子証明書 DIACERTサービスに係る認証局が作成する電子証明書
地方公共団体組織認証基盤（LGPKI）	地方公共団体（LGPKI）の認証局が作成する電子証明書
政府共用認証局（官職認証局）	政府共用認証局（官職認証局）が作成する電子証明書

申告・納税の部

I 章

国税の電子申告・申請等（e-Tax）

申告・納税の部

電子申告の普及促進の政策

1 電子申告が行える法的根拠

　税務申告に関しては，各税法において書面による申告書の提出の手続が規定されている。
　電子申告に関しては，「行政手続等における情報通信の技術の利用に関する法律」（平成15年2月施行）によるもので，同法第3条に「行政機関等は，申請等のうち（中略）書面等により行うこととしているものについては（中略）電子情報処理組織（中略）を使用して行わせることができる」とされており，主務省令の定めで電子的手続が行える。

2 大法人は法人税等の電子申告が義務化

　行政手続の合理化として，税務申告の電子化が開始されて以降，その利用率は徐々に高まっているが，政府は更なる行政コストの削減を目指し，行政全般に電子化の促進を指示した。その政策に沿って，国税庁は電子化の制度の見直しを行っている。

(1) 電子申告が義務化される対象
　資本金1億円超の大法人について電子申告が義務化される。
　対象となる税目は，法人税，消費税，法人住民税，法人事業税であり，2020年（平成32年）4月1日以降開始の事業年度から適用される。
　法人税申告では各種の添付書類の提出が定められており，申告用データの形式が異なる調整等の作業が納税者に不評であった。電子申告の義務化に際して，これらを見直し，簡素化，データ形式の柔軟化，提出方法の拡充が行われる。
　なお，中小法人に関しては，将来的に義務化することを目指しており，当面は更なる利用の促進が奨励されている。

3 e-Taxのログインが簡便化

　平成31年1月から個人納税者のe-Tax利用が簡便化する。

(1) マイナンバーカードによる利用（マイナンバーカード方式）
　マイナンバーカードを用いてe-Taxにログインする。
e-Taxホームページから直接又はマイナンバー経由のルートがあり，従来の開始届，e-Tax用のID，パスワードは不要になっている。

(2) IDとパスワードによる利用（ID・パスワード方式）
　マイナンバーカード未取得者について，厳格な本人確認に基づき税務署長が通知するe-Tax用のID・パスワードによってe-Taxを利用する。厳格な本人確認は税務職員との対面で行う。この方式は暫定的な対応（おおむね3年を目途に見直す）とされている。

I章 国税の電子申告・申請等（e-Tax）

図40　インターネットで確定申告する流れ

インターネットで確定申告ができます！

STEP 1 「確定申告書等作成コーナー」へアクセス　[作成コーナー 🔍]

- ◎ 税務署に行く手間がかかりません！
- ◎ 確定申告期間中は24時間いつでも利用できます！
- ◎ ご不明な点は電話で問合せできます！
  （裏面をご覧ください）

利用率　2人に1人が利用

利用者の感想　94%の方が役立つ と回答

STEP 2 申告書を作成

画面の案内に従って金額などを入力するだけで申告書が作成できます！

STEP 3 申告書を提出　申告書の提出はe-Tax（データ送信）または郵送等で！

▍e-Taxで送信して提出

マイナンバーカードやICカードリーダライタをお持ちでない方

マイナンバーカードを使って送信 （マイナンバーカード方式）	IDとパスワードで送信 （ID・パスワード方式）（注）
用意するものは、次の2つ ① マイナンバーカード　② ICカードリーダライタ 	IDとパスワードは… 平成30年1月以降に税務署等で職員と対面による本人確認を行った後に発行されるものです。  発行を希望される方は、運転免許証などの本人確認書類をお持ちの上、お近くの税務署にお越しください。

（注）・ID・パスワード方式は暫定的な対応です。
　　　・メッセージボックスの閲覧には、マイナンバーカード等が必要です。

▍印刷して郵送等で税務署へ提出

プリンタをお持ちでなくても、コンビニ等のプリントサービス（有料）を利用すれば、印刷できます。

申告・納税の部

2 e-Taxの概要

　国税の申告・申請等の手続は，書面で提出するのを原則としているが，申告あるいは申請等に関する内容を記録した電子データによって，オンライン送信とすることもできる。利用者は自宅や事務所のパソコンと国税庁の受付システム（e-Tax）をインターネットで接続し，申告や申請等の手続を行うことができる。ペーパーレスで電子データを送信すれば，税務申告や申請等の手続が完了するのである。

　「e-Tax」は国税庁が電子申告等の電子データを受付け処理するシステムであり，e-Taxソフトは利用者がe-Taxシステムと接続して電子データを編集し，送受信が行えるパソコンソフトである。

　この利用は，インターネット・サービス・プロバイダとの契約などを含め，インターネットが利用できる環境をベースにしており，各種ソフトのインストールなど，設定の前提がある。

　現在，国税の電子申告・申請等の手続でe-Taxシステムを利用できるルートは，次の4つのタイプが設定されている。基本となるのがe-Taxソフトのダウンロード方式であり，他の三つは，簡便性のある分限定された範囲の利用になる。

　（注）そのほかに，市販の税務・財務会計ソフトからリンクした利用方法がある。

e-Taxソフトのタイプ別（その内容と手続）

e-Taxソフト（ダウンロード）	パソコンにe-Taxソフトをダウンロードして，申告・申請・納税手続ができる。
e-Taxソフト（Web版）	「徴収高計算書」・「法定調書（給与所得源泉徴収票）」・「納税証明書の交付請求」・「納税手続」が利用できる。 e-Taxソフトをインストールせず，Web上でデータの入力により申請等が作成できる。
e-Taxソフト（SP版）	スマートフォン等から，申請・納税手続ができる。
確定申告等作成コーナー	所得税・贈与税・個人消費税の申告手続ができる。 国税庁HP上の画面から金額等を入力すれば税額等が自動計算され申告書等の作成ができる。

PDF形式とは

電子ファイルの記録フォーマットの1種類で、2008年に世界標準として認められ、パソコンに標準装備されている。

Ⅰ章 国税の電子申告・申請等（e-Tax）

図41　電子申告の関連ソフト

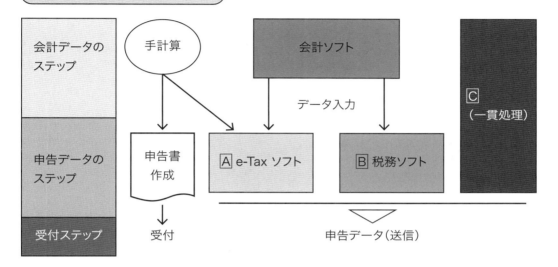

A　e-Tax ソフト
　　e-Tax ソフトの税目別プラットホームで申告データを入力し申告書作成
　　電子署名を付与し送信

B　税務ソフト
　　市販の税務申告ソフトで申告データを入力し申告書各作成
　　税務ソフトからe-Tax に接続し送信

C　一貫処理タイプ
　　会計ソフトから税務申告データを引継ぎ，申告書の作成まで、一貫処理ソフトを利用

簡便化されたe-Tax のログイン

1　マイナンバーカードを利用する方法
　　（マイナンバーカード，IC カードR/ W，電子証書のパスワード）
2　税務申告用本人確認のID，パスワードを利用する方法

申告・納税の部

電子申告・申請等の対象

　国税庁e-Taxシステムが電子データによって受付けることのできる申告・申請等は次のとおりである。

(1) **申告**
1．所得税確定申告等
2．贈与税申告
3．法人税確定申告等
4．消費税確定申告等
5．復興特別法人税申告等
6．酒税納税申告
7．印紙税納税申告

(2) **申請・届出等**
1．所得税関係
2．相続税・贈与税関係
3．法人税関係
4．復興特別法人税関係
5．消費税関係
6．間接諸税関係
7．酒税関係
8．納税証明書交付関係
9．納税関係
10．法定調書関係
11　その他

(3) **イメージデータにより提出可能な添付書類**
申告（PDF形式）
1．所得税確定申告等
2．贈与税申告
3．法人税確定申告等
4. 消費税確定申告（法人）
5. 酒税納税申告

申請・届出等（PDF形式）
1．申告所得税関係
2．源泉所得税関係
3．相続税・贈与税関係
4．法人税関係
5．消費税関係
6．間接諸税関係
7．酒税関係
8．納税関係
9．法定調書関係
10．電子帳簿保存法関係
11．再調査の請求・審査請求関係

イメージデータとは
見たままを記録した映像画面であり、文字、数字を識別しない電子データである。

図42 電子申告の利便性を向上させる

国税庁は行政の電子化、行政コスト削減の政策で合理化を推進
大法人の電子申告義務化は税務行政を能率化
納税者は選択制でない負担感
円滑な実行には電子申告の利便性向上が課題

法人税申告の利便性向上策

従来

> 申告書（書面）に代表者と経理責任者が自署押印
> 電子申告の送信に代表者と経理責任者が電子署名を付与

新規

> 電子申告の送信に代表者の電子署名（原則）は代表者が委任した者（役員か社員）の電子署名で代理申告書（書面）に代表者自署と経理責任者の自署押印は不要

従来

> 添付書類のイメージデータによる送信は原本（書面）を保存

原本（書面）の保存を不要

新規

> e-Taxの送信容量の拡大、受付時間を拡大
> CSV形式のデータを受付
> （システムが標準フォームを提供する）

申告・納税の部

■　大法人の電子申告の義務化の概要

　平成30年度の税制改正において「電子情報処理組織による申告の特例」の制度が創設され，対象となる法人は法人税等の申告を電子申告で行うこととされた。

　国税庁は，この制度を「電子申告の義務化」といい，その対象税目，法人の範囲，手続等の概要を次のとおりとしている。

１．対象税目

　　法人税，地方法人税，消費税，地方消費税

２．対象法人の範囲（義務化対象法人）

(1)　法人税及び地方法人税

　　①　内国法人で事業年度の開始時で資本金の額又は出資金の額が１億円を超える法人
　　②　相互会社，投資法人及び特定目的会社

(2)　消費税及び地方消費税

　　(1)　に掲げる法人に加え，国及び地方公共団体

３．対象手続及び対象書類

　　確定申告書，中間（予定・仮決算）申告書，還付申告書及び添付書類の全て

４．例外的な書面申告

　　通信回線の故障，災害等でe-Taxが使用できない状況で，書面の申告書が提出できると認められるときは，所轄税務署長の事前承認を得て，書面で申告書及び添付書類を提出することができる。

５．適用開始届出

　　義務化対象法人は適用開始で「電子申告義務化適用届出書」を提出する。

　　①　適用日後最初に開始する事業年度の場合は，開始の日から１カ月以内
　　②　増資により義務化対象法人となる場合は，資本金の額等が１億円超となった日から１カ月以内
　　③　新設した法人で義務化対象法人となる場合は，設立の日から２カ月以内

６．適用日

　　平成32年４月１日以後に開始する事業年度から適用

　　（注）地方税においても法人住民税，法人事業税の電子申告の義務化が規定されている（182頁参照）

78

Ⅰ章 国税の電子申告・申請等（e-Tax）

図43　電子申告の義務化の対象法人

○印が該当

対象法人一覧

内国法人の区分			法人税等	消費税等
普通法人	株式会社	資本金1億円超	○	○
		資本金1億円以下		
	受託法人（法人課税信託）			
	相互会社		○	
	投資法人		○	
	特定目的会社		○	
公共法人	国・地方公共団体			○
	国・地方公共団体以外	資本金1億円超		○
		資本金1億円以下		
公益法人等	資本金の額等が1億円超		○	○
	資本金の額が1億円以下			
協同組合等	資本金の額が1億円超		○	○
	資本金の額が1億円以下			
人格のない社団等				

　　　資本金等の額の判定は事業年度開始の日

「義務化対象法人」の手続のポイント

　　「電子申告義務化適用届出書」の提出
　　　　　　　└──── 適用開始事業年度の開始の日から1カ月以内

　　添付書類も電子データ送信の対象
　　　　　　　└──── 書面で提出は申告書授受とはならず，無申告

　　地方税も電子申告の義務化
　　　　　　　└──── 大法人は法人住民税、法人事業税も電子申告の義務

申告・納税の部

電子証明書と電子署名の準備

1 電子証明書を使用する準備

　e-Taxが受付ける電子申告書・申請書等は，書面上の押印に相当する本人の確認と，送信されるデータが本人の意思で作成されていることの認証として，電子文書に電子署名を付与して送信する。

　したがって，電子申告の利用者は公認の電子認証局が発行する電子証明書（一般にICカードに埋め込まれたチップに収納されている）を取得して電子署名を行うことになる。電子証明書を取得している税理士に代理送信を依頼する方法も認められている。

　税理士は電子証明書を取得して，自身の申告等に際して電子署名を付与するほか，税務代理を依頼された納税者の申告データ等を作成し，関与税理士として電子署名を行う。この税務代理では納税者が電子証明の取得がない場合に，税理士の電子署名で代理送信が行える。

2 電子証明書の取得

　電子申告を行う納税者本人，あるいは納税者の税務代理，代理送信を行う税理士は，事前に電子証明書を取得して電子データ送信の準備をする。

　（注）
1　納税者が取得する電子証明書は，個人が一般に市町村あるいは民間認証局，法人はこれに加えて，登記所が発行する電子証明書になる。税理士は税理士資格と連動した日税連電子認証局が発行する電子証明書を取得するのが一般である。
　＊マイナンバー制度の開始により，マイナンバーカード（ICチップに個人認証を含むもの）も電子署名に利用できる。
2　電子データによる文書に電子署名を行う際，使用するパソコンに電子証明書ICカードドライバを設定（附属するCDでドライバソフトをインストール）し，電子証明書（ルート証明書とも呼ばれている）を登録する。
3　パソコンとの接続は，ICカードリーダライタ（ICカードR/Wとも略称される）により，ICカードのパスワード（日税連ではユーザーPINという）を使う。
4　ICカードリーダライタの取扱いでは，インストールの順番を次のように指定する。必ず先にICカードリーダライタのドライバソフトをインストールしてから接続する。
　① ICカードドライブソフト（ICカードマネージャソフトとも呼ぶ）をインストールする。
　② ICカードリーダライタをパソコンに接続する。

　電子証明書の登録を行うのは，ICカードドライバのインストールがある前提なので，この作業手順は正確に行わねばならない。

I章 国税の電子申告・申請等（e-Tax）

図44　税理士が使う認証カード（2種）

税理士が2種の認証カードを持つ場合

マイナンバーカードの電子証明書
- 代理送信ができる
- 登録のない者が送信する電子申告は無効

日本税理士会連合会 電子証明書
- 「所有者＝税理士」の証明
- 電子申告の代理申告者で署名

税理士本人の申告はどちらを使うか

自身の税務申告は税理士用認証とマイナンバーカードが使えるが e-Tax に登録する「電子証明書」は1つ

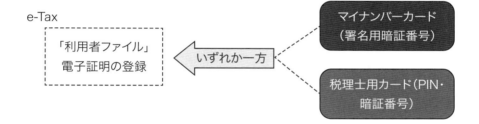

e-Tax 「利用者ファイル」電子証明の登録 ← いずれか一方 ← マイナンバーカード（署名用暗証番号） / 税理士用カード（PIN・暗証番号）

旧姓使用の税理士用認証カードもある

税理士業務は「旧姓」で登録ができ，税理士IC カードも使える
個人の確定申告は旧姓が使えない。データの利用など「マイナポータル」で e-Tax の電子証明をマイナンバーカードの証明書に差し替える手順がいる

(1) 電子証明書（ルート証明書）のインストール

電子証明書（「ルート証明書」の呼称がある）は，電子証明書（ICカード）の発行元が政府共用認証局であり，安全な送信が行えることを証明するものである。

印鑑については「印鑑証明」があるように，電子署名には電子証明書が対応した制度で運用されており，重要な電子文書に電子署名を付与することで利用される。

この電子証明書（ルート証明書）をインストールしたパソコンでないとe-Taxに利用者の登録ができない仕組みになっている。

(2) インストールが正常に終了した確認

インターネットでブラウザのメニューから「ツール」＞「インターネットオプション」＞「コンテンツ」＞「証明書」＞で「信頼されたルート証明機関」の証明書であることを確認する。

（注）日税連電子認証局が発行する税理士用電子証明書は「財務省認証局」と「政府共用認証局」の２局のルート証明書がインストールされている。

パソコンにインストールした電子証明書は，e-Taxソフトで送信する申告データの接続先が，間違いなく国税庁のサーバーであるかをチェックする機能があって，e-Taxシステム運用のセキュリティを確保している。

Ⅰ章 国税の電子申告・申請等（e-Tax）

図45　日税連の税理士向け情報

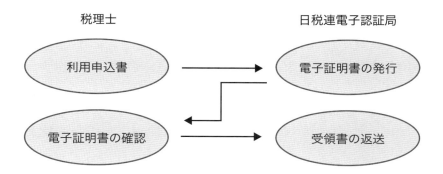

◆ 申込みの方法

　電子証明書の利用申込書で申し込む。
　利用申込書送付依頼書をファックスで送ると利用申込書類一式が送付される。
　利用申込書には，税理士名簿の情報が印刷されている。加入者利用規定に同意の上，署名・実印を押印する。
　利用申込書に印鑑登録証明書及び住民票の写し添付する。

◆ 電子証明書の発行

　電子証明書は本人限定受取郵便で登録されている事務所所在地宛に送られる。郵便局の窓口で本人確認を経て受け取る。

◆ 電子証明書の動作確認

　PCで電子証明書に格納の情報を確認する。
　電子証明書の使用はICカードリーダライタを使う。
　電子証明書に同封のCD-ROMでICカードドライバをインストールする。

◆ 受領書の返送

　電子証明書の確認後，受領書（PDFファイル）に必要事項を入力し，取得の電子証明書で電子署名して日税連に送信又は郵送する。

申告・納税の部

電子申告の開始届出

1 開始届出書の提出と利用者識別番号の取得

　e-Taxを利用する者は「電子申告・納税等開始届出書」を所轄税務署に提出する。届出書は国税庁ホームページのコーナーからオンラインで送信，又は，書面で提出することができる。

　提出した開始届が所轄税務署で受理されると，提出者に「利用者識別番号」が通知される。

　税理士の場合，開始届出書は本人の所轄税務署に提出することによって，利用者識別番号を取得し，全ての関与先の申告等について，その所轄税務署あての代理送信で利用できる。

開始届出の方法と必要な作業

　電子申告・申請等の利用開始の届出は，方法（オンライン送信，書面で提出）の選択によって，その後の必要な作業が異なる。

　また，民間ソフトウェアを利用する方法もあって，それぞれの取得要領が同じではない。各ソフトウエアの要領に従う。

（○表示は必要とするもの）

必要な作業	オンラインで提出 e-Taxソフトを利用	オンラインで提出 国税庁HP	書面の提出と e-Taxソフトの利用
利用者ファイルの作成	○	不要	○
暗証番号の変更	不要（届出時に登録済）	不要（届出時に登録済）	○
納税用確認番号等の登録	○（届出時に登録可能）	○（届出時に登録可能）	○
電子証明書の登録	○	○	○
メールアドレスの登録	任意	任意	任意
宛名の登録	任意	任意	任意

Ⅰ章 国税の電子申告・申請等（e-Tax）

図46	届出書の提出で注意する事項

- 送信後に入力内容を印刷・保存することはできないので、送信前に印刷又は保存すること
- 開始届出書の場合は「利用者識別番号等の通知」、変更等届出書の場合は「送信結果」が送信後に表示される。税務署へのお問い合わせの際に受付番号が必要になるので、印刷又は保存すること
- 税理士等が「開始届出書」をオンラインで提出した場合、納税者からの依頼を受けて納税者本人の申告等を代理送信することができるのは、メッセージボックスに「税務代理利用可能の通知」が格納された後になる。
- 税理士等が、納税者からの依頼で開始届出書を提出する場合は、e-Tax ソフトを使用すること
- 届出書の「本店又は主たる事務所」について、ビル名等がある場合は、「丁目・番地」欄に入力すること
- 届出書の「代表者」について、代表者の住所が海外の場合、代表者の「住所」欄に日本国内における連絡先等、海外の住所地を「ビル名等」欄に入力すること。

当初の操作で使われる番号

操作の手元に置く

利用者識別番号・ID	16桁	税務署から通知
利用者暗証番号・PW	8～50桁	利用者が定める
納税用確認番号	6桁	利用者が定める
ICカード・PIN	6桁	機器に附属する
電子証明書の暗証番号	6桁	電子認証局から通知

申告・納税の部

e-Taxソフトの導入

1 e-Taxソフトを利用する準備

e-Taxを利用するための事前の手順に注意する。

開始届出書の提出後，e-Taxへのアクセスで電子証明書の登録が必要になる。

電子証明書の登録がないと電子申告はできない仕様になっている。

パソコンはe-Taxソフトをインストールする前に，必ず電子証明書を組み込む手順をとる。

◆e-Taxソフトを使用するパソコンの推奨環境

e-Taxの利用では，ハードウェア，オペレーティングシステム（OS）及びブラウザに関して，国税庁は次のような環境を推奨している。

ハードウェア

CPU：Pentium 4（1.6GHz）以上（又はその相当品）

メモリ：512MB 以上

ハードディスクドライブ（HDD）：2GB以上の空きエリア

画面解像度：1024 × 768以上

OS	ブラウザ	PDF閲覧
Microsoft Windows Vista	Microsoft Internet Explorer 9	Adobe Reader DC
Microsoft Windows 7	Microsoft Internet Explorer 11	
Microsoft Windows 8.1 「デスクトップモード」の場合に限る		
Microsoft Windows 10		

I章 国税の電子申告・申請等（e-Tax）

| 図47 | **e-Tax 利用の準備をする** |

```
┌─────────────────────┐   ┌─────────────────────┐   ┌─────────────────────┐
│ パソコンの利用環境の確認 │→│ 利用開始届出          │→│ e-Taxソフト          │→
│ 電子証明書の取得        │  │ 利用者識別番号の取得    │  │ のインストール        │
└─────────────────────┘   └─────────────────────┘   └─────────────────────┘

┌─────────────────────┐   ┌─────────────────────┐
│ e-Taxの初回ログイン    │→│ データの作成          │→
│ 利用者の基本情報の登録   │  │                     │
│ 電子証明書の登録        │  │                     │
└─────────────────────┘   └─────────────────────┘
```

e-Taxソフトの利用ルートは複数

　利用者がe-TaxソフトをPCにインストールする方法は複数あるので，環境に応じた，使いやすいルートを選ぶ

e-Taxソフト（ダウンロード）	基本で利用範囲は広い アップデートの管理がいる
e-Taxソフト（WEB版）	PCにインストールせず，Web上で簡便に使える
e-Taxソフト（SP版）	スマートフォン等から使えるが用途は限られる
国税庁ホームページ 確定申告コーナー	申告書の作成では自動化が使える

申告・納税の部

2　e-Taxソフトをダウンロードする方法

利用するe-Taxソフトは，国税庁ホームページのコーナーからダウンロードする。

〔STEP 1〕　e-Taxソフトのダウンロード

　e-Taxソフト（共通プログラム）のインストーラをダウンロードする。

　e-Taxソフト（共通プログラム）インストーラの容量は，約51.3MB程度であるため，ダウンロードに時間を要する。

〔STEP 2〕　e-Taxソフト（共通プログラム）のインストール

　e-Taxソフト（共通プログラム）をインストールする。

〔STEP 3〕　e-Taxソフト（税目プログラム）のインストール

　e-Taxソフト（共通プログラム）をインストール後，必要な税目のプログラムをインストールする。

〔STEP 2〕でインストールした共通プログラム（e-Taxソフト）を起動させて，次の手順で必要な税目のインストールを行う。

1. e-Taxソフトを起動すると「バージョンアッププログラム接続確認」画面が表示される。

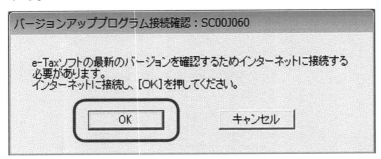

「OK」をクリック。

2. インストール状況により，以下のいずれかの画面が表示される

　インストールした共通プログラムが最新の場合

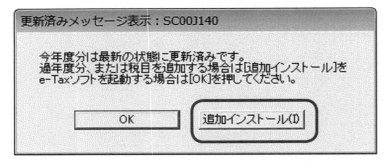

「追加インストール」をクリック

e-Tax ダウンロードの案内（国税庁ホームページ）

●ホーム＞国税電子申告・納税システム（e-Tax）＞e-Taxをご利用になる場合の流れ＞e-Taxソフト（ダウンロードページ）の画面

ダウンロードコーナーのご利用に当たって【事前準備】

ダウンロードコーナーでは，「e-Taxソフト」又は「源泉徴収票等作成ソフト」がダウンロードできます。

ダウンロードコーナーのご利用に当たっては，当ページで利用規約の確認やルート証明書のインストールといった事前準備を行ってください。

事前準備が完了した方，又は，開始届出書の提出時に既にルート証明書のインストール等を完了している方は，「手順④　e-Taxソフトのダウンロード」へお進みください。

【ご確認ください】

個人の納税者の方が，所得税や消費税の確定申告を行う場合には，e-Taxソフトを使わなくても，国税庁ホームページの「確定申告書等作成コーナー」を利用して，開始届出書の提出や電子証明書の登録といった事前手続から電子申告用のデータの作成及び電子申告が簡単な操作で行うことができます（「公的個人認証サービスに基づく電子証明書」又は「税理士証明書発行サービスに係る認証局が作成する電子証明書」が利用できます。）。

詳しくは，「確定申告特集」をご確認ください。

- 手順①　利用規約の確認
- 手順②　ルート証明書・中間証明書のダウンロード及びインストール
- 手順③　信頼済みサイト及びポップアップブロックの許可サイトへの登録
- 手順④　e-Taxソフトのダウンロード
- 手順⑤　その他のダウンロード

| » 手順① | » 手順② | » 手順③ | » 手順④ | » 手順⑤ |

（出典：国税庁ホームページ）

申告・納税の部

インストールした共通プログラムが最新と異なる場合

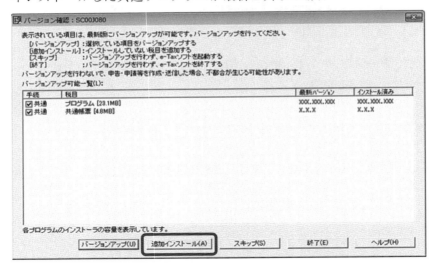

「追加インストール」をクリック

3 「追加インストール」画面は，全ての税目の過年度，最新年度分が表示

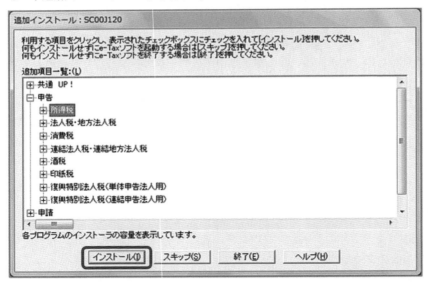

追加でインストールする税目をクリック，インストール年分等をチェック。
「インストール」をクリック。

3 **セキュリティに関する警告が出ても，内容を確認して「実行する」をクリック**

すべて終了すると，「メイン」画面が表示される。
以上の第3ステップでe-Taxのインストールが終了する。

I章 国税の電子申告・申請等（e-Tax）

図49　e-Tax ソフトのダウンロード手順

◆「e-Taxソフトダウンロードコーナー」から

(1) 「e-Taxソフト（共通プログラム）インストーラ」をダウンロードする。

「e-Taxソフト（共通プログラム）インストールに関するマニュアル」を確認する

(2) インストーラを実行する

(3) e-Taxソフト（共通プログラム）をインストール

「e-Taxソフト（税目プログラム）インストールに関するマニュアル」を確認する

「バージョンアッププログラム接続確認画面が表示→OKをクリック
①「インストールした共通プログラムが最新の場合」(4)へ
②「インストールした共通プログラムが最新と異なる**場合**」→共通プログラムの**「バージョンアップ可能一覧」**を表示

(4) 各手続を行うのに必要な**「税目のプログラム」**をインストールする

申告・納税の部

7　e-Taxの初期登録

1　e-Taxシステムの初期登録

e-Taxシステムの利用できる次のような環境が整っていることを確認する。
- インターネットと接続したパソコンが使えること
- 電子証明書を利用者と関与税理士の双方，あるいは税理士が取得しており，ICカードリーダライタが利用できること
- パソコンにe-Taxソフトがインストール済みであること
- 開始届は提出（送信）済みで，利用者識別番号を取得していること
- e-Taxシステムのログインで使う暗証番号がある（あるいは決められる）こと
- e-Taxに登録するメールアドレス（1または2件）があること
- e-Taxの利用開始の届出をして利用者識別番号等の通知を受けた利用者は，まず，e-Taxの受付システムにログインして，以後の利用に必要な初期登録を行う

(1) 利用者ファイルの作成

初期登録では，まず「利用者ファイル」を作成する。
利用者ファイルを作成した上で，利用者情報の登録を行う。
これで申告等データの作成が可能な状態になる。その手順は次のようになる。

● 初回e-Taxソフトの起動
　e-Taxソフトを初めて起動すると「利用者ファイルの新規作成」画面が表示される。
　利用者識別番号と利用者名（氏名又は法人名）を入力する。
　「利用者ファイルの保存」でファイル名と保存先を定めて入力し，「保存」をクリックする。
● 2回目以降のe-Taxソフト起動
　メイン画面で「利用者選択」「新規作成」をクリックする。
　利用者識別番号と利用者名を入力する。
　「利用者ファイルの保存」画面で保存先とファイル名を入力し，［保存］をクリックする。
● 利用者ファイルを開く
　メニューボタンから「利用者選択」，「作成済みファイルを選択」をクリックする。

(2) e-TaxのログインでIDと暗証番号を使う

e-Taxのログインは，ID（利用者識別番号）とパスワード（暗証番号）を使う。
この暗証番号は任意の半角英小数字の8～50桁によるもので，利用者が定める。

I章 国税の電子申告・申請等（e-Tax）

> **図50** 初期登録の作業手順

◆ 利用者識別番号等を取得した場合

　　［e-Taxソフト（最新バージョンアップを含む）のインストール］

初期設定作業の手順

1．利用者ファイルの作成

　　e-Taxソフトを初めて起動するときの作業

2．（仮）暗証番号の変更

　　税務署から通知されたログイン用の（仮）暗証番号を変更

3．納税用確認番号等の登録

　　納税用確認番号及びカナ氏名・名称の登録

4．電子証明書の登録

　　申告等データが利用者本人の作成したものであることや改ざんが
　　ないことを確認するための電子証明書を登録

（推奨）

5．メールアドレス等の登録

　　メッセージボックスに格納等の「お知らせ」
　　メールを受信するアドレスを登録

（推奨）

6．秘密の質問と答えの登録

　　　　暗証番号を忘失し，再発行の手続を行うときに使える

オンラインで開始届を送信したケースでは，送信の際に届出の内容で利用者本人が決めた暗証番号を登録するので，開始後もその番号を使用する。

　開始届出を書面で提出したケースでは，税務署から利用者識別番号の通知とともに，受付システムで初回ログインするための仮暗証番号が通知される。

　利用者は初回に受付システムの「受付システムログイン用暗証番号入力」画面で，税務署から通知された仮暗証番号でログインし，同時に初期登録で，本人が定めた暗証番号に変更を行うことになる。

　ログインは，メニューボタンの「利用者情報登録」から「暗証番号変更」を選択。「OK」をクリックすると，次の「暗証番号変更」画面で暗証番号を変更できる。

　（注）
　1　通知された仮暗証番号は，本人が定めた番号に変更しなと電子証明書の登録ができない仕組みになっている。
　2　暗証番号は，定期的（3年以内）に変更することが要請されており，利用者本人の責任において管理する。

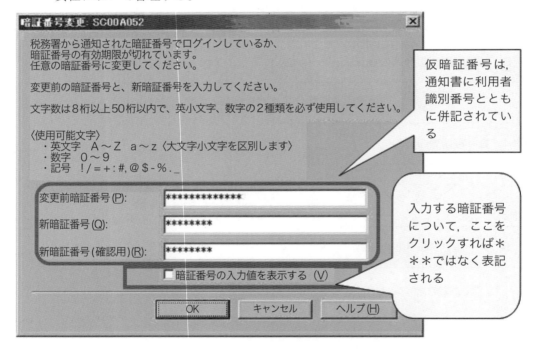

(3) 納税用確認番号等を登録

　納税用確認番号等についても，暗証番号と同様の要領で，利用者が定めた番号（任意の半角英数6桁）を登録する。この番号は電子納税の予定がない場合でも当初の登録が必須になっている。

I章 国税の電子申告・申請等（e-Tax）

図51　　　　　　　　初回に利用者ファイルの作成

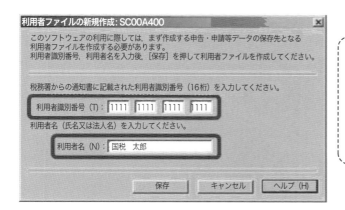

(1)「利用者ファイルの新規作成」画面で,「利用者識別番号」,「利用者名」を入力
(2)「利用者ファイルの保存」画で保存先の指定,「保存」をクリック」

電子証明書の登録

電子署名の付与で申告等データが利用者のものと確認できる
　あらかじめ電子証明書を登録する

電子証明書の登録の作業では2つの操作を行っている。
　PCにルート証明を登録,電子文書の電子証明を確認する
　e-Taxのサーバーに登録,正常な電子証明の電子データを確認受信する

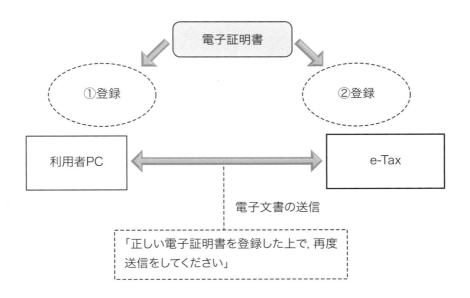

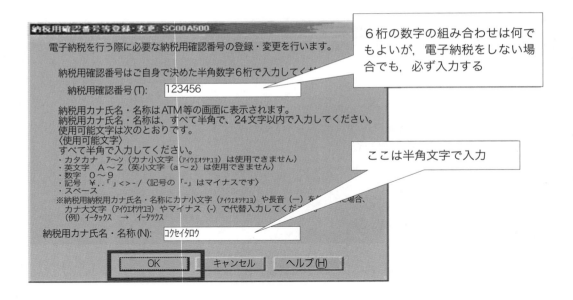

(4) ルート証明書を登録

e-Taxにルート証明書の登録（証明書に添付のCDから「ルート証明書インストーラ」をインストール）と電子証明書（ICカード）の内容確認（ICカードリーダライタの接続）の2つの作業が行われる。

複数の異なるIDのファイル（税務代理先ユーザー）に対して、電子証明書を有効にする場合は、「すべてのユーザーにインストール」の選択をクリックする。

日税連の税理士用電子証明書の利用では財務省認証局と政府共用認証局の2つのルート証明書がパソコンに組み込まれる。

①「電子証明書の登録・更新（1／4：利用者情報）」画面

都道府県名、税務署名、住所、利用者名を入力する。

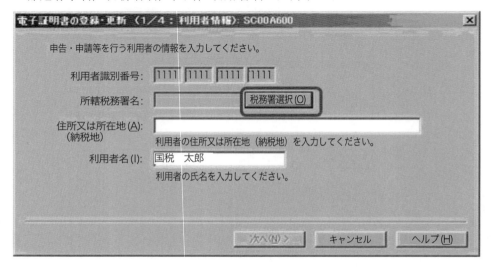

Ⅰ章 国税の電子申告・申請等（e-Tax）

図52 ルート証明書とは

ルート証明書とは

> 証明書の発行元（認証局）の正当性を証明する証明書のこと
>
> e-Taxでは以下の認証局を信頼の基点としている
> ・**政府共用認証局（官職認証局）**
> ・**政府共用認証局（アプリケーション認証局2）**
> 　利用者はe-Taxソフト等を利用する際，各認証局のルート証明書をパソコンにインストールする。
> 　ルート証明書は，配付されたプログラム，受付システムからの送信データ，電子納税証明書，接続先が国税庁であるかの確認に使われる。

ルート証明書のインストールが正常かの確認

> 1．ブラウザを起動する
> 2．メニューバーから「ツール」→「インターネットオプション」を選択する
> 　　→「インターネットオプション」画面が表示される
> 3．「コンテンツ」タブを選択，『証明書』をクリック
> 　　→「証明書」画面が表示される
> 4．「信頼されたルート証明機関」タブを選択する
> 5．発行者の証明書があることを確認する

② 「電子証明書の登録・更新（2／4：メディア選択）」画面

　ICカード，他メディアの利用の選択をする。

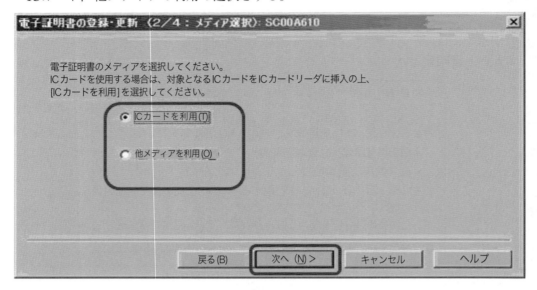

③ 「電子証明書の登録・更新（3／4：認証局サービス名）」画面

　認証局名を選択する。　税理士用は「日本税理士会連合会電子認証局」とする。

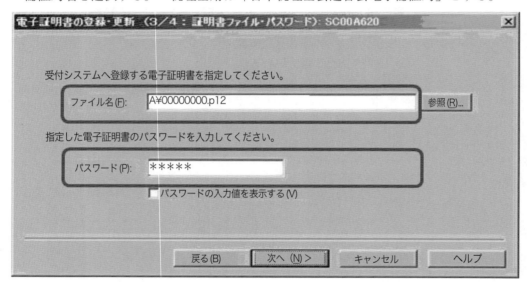

④ 「電子証明書の登録・更新（4／4：登録・更新内容確認）」画面

　登録内容の確認を行う。

Ⅰ章 国税の電子申告・申請等（e-Tax）

図53 　電子認証とは

理解のポイント

　電子技術の説明ではユーザーが戸惑う用語が飛び交う。理解しやすい説明をすると次のようになる。

電子認証	「電子署名」「暗号化通信」「電子署名の証明」を組み合わせた技術の総称。
電子認証局	国の認可を得て電子的な身分証明書（電子証明書）を発行する特定の機関である。
電子証明（書）	ネットワーク越しに相手確認を行うための電子的印鑑、従来の書面による手続における印鑑証明書などに相当するもの。所有者を証明する記録がある。
ルート証明（書）	電子証明の発行元が公認の電子認証局であることを証明するもので、CD等で入力する。その証明のもとで電子証明書が利用できる。
IC カード（電子証明）	電子機器が読み取れる電子証明を記録したカードのこと。
電子署名	電子文書に付与する電子的な徴証（本人確認や、改ざん検出符号（ハッシュ値）と組み合わせた電子記号列）。紙面における押印、サインの機能に相当する。電子文書に電子証明書を使用して電子署名を行うことにより、本人成すましやデータの改ざんを防ぐことができる。
電子署名法	電子署名が手書き書類の署名や押印と同等に通用する法的基盤が整備された法律。平成13年4月の施行である。認証業務のうち、一定の基準を満たすものは国の認定を受けることができる制度が導入された。

申告・納税の部

 申告・申請等のデータ作成

1 e-Taxソフトを起動し「メニューボタン」の選択

「利用者選択」画面で利用者ファイルを「新規作成」とし，ファイル名を付する。次回以降の操作時で指定する。

「作成」の「申告・申請等」をクリック，「申告・申請等一覧」を表示する。

(1) 帳票の選択

「申告・申請等一覧」画面で，右下の「新規作成」をクリック

① 「申告・申請等の作成（1/3：種類・税目）」画面

作成する申告・申請等の手続の種類をチェック

（ア）申告・申請等の税目をリストから選択

（イ）（ア）で「申告」をチェックしたケースは，「年分」をリストから指定

② 「申告・申請等の作成（2/3：帳票選択）」画面

選択可能帳票一覧のうちから作成する帳票を選択してチェック

選択した帳票は「帳票表示」をクリックするとイメージが表示される。

作成する帳票を選択し，「次へ」をクリック

③ 「申告・申請等の作成（3/3：名称）」画面

「申告・申請等名」でファイルの名称を付ける。以後この名称でファイルが呼び出せる。

（例，平成○○年分　東京太郎の確定申告）

作成する申告・申請等の内容を確認し，「OK」をクリック

④ 「申告・申請等基本情報」画面

「提出先税務署（必須）」等の項目を入力する。

全項目が一覧で表示しきれずに，下部に隠れている項目があるので，入力漏れにならないよう注意する。とくに税理士等の情報の入力があり，電子証明の情報との関連で，処理のコースが分岐して進行するので再確認をしておく。

(2) 利用者ファイルのイン・アウト

① 利用者ファイルを切り替える

e-Taxで作成するファイルは「利用者ファイル」と呼ぶ。新規作成の際，ファイル名が付けられ，ファイル操作ではそのファイル名が使用される。

（ア）メニューボタン「利用者選択」の「新規作成」で利用者ファイルを作成し，保存するフォルダ名を指定する。

（イ）「利用者選択」の ｛参照｝ で利用者ファイルを選択する。

申告・申請等の作成手順

メニューボタン	画　面　表　示		
「利用者選択」 ↓ 「作　成」	「利用者ファイル」を指定する		
	「新規作成」 ↓ 作成中断 ↓ 作成再開	帳票を選択し「ファイル名」を入力する 利用者ファイル内に複数のファイルが表示される 「保存」 「ファイル名」をクリック 「作業完了」まで保存、作業再開を繰り返す	

切り出し、組み込み

　利用者ファイルで作成するファイルはe-Taxソフト内に保存、ソフトから外に外すこともできる。

申告・納税の部

② 利用者ファイルを切り出し，組み込む

利用者ファイルは「切り出し」の機能を使ってe-Taxソフトから外す。

「申告・申請等一覧」画面から利用者ファイルを保存する場所（フォルダ）に保存（切り出し）する。

「組み込み」機能を使って，フォルダからファイル名を入力し「申告・申請等一覧」に組み込むことができる。

「申告・申請等一覧」画面から「切り出し」は，ファイルのアウトであり，「組み込み」はインになる。

（機能の適用例）

「切り出し」＝過年度ファイルの保存，送信済みファイルを外部記録媒体に転記

「組み込み」＝納税者が作成したファイルの入力，保存ファイルの読み出し

（注）他のソフトで作成したファイルをe-Taxに組み込む。あるいは，他のパソコンとの間でファイルの送受信が行える。

利用者ファイル名に「フォルダ」と「拡張子XTX」が付く。

(3) データ入力で帳票の編集

① メニューボタンの「作成」から「申告・申請等」で「帳票一覧」画面

作成を進めたい帳票を選んで，帳票様式の画面で手書きと同じように該当する項目にデータを入力する。

② 必要な項目の入力が終わったら「作成完了」をクリック

（注）税理士等が納税者の申告等データを作成し，送信する場合，税理士の電子署名と電子証明書の添付のみで送信することができる。

その場合，「申告・申請等基本情報」画面の「税理士等」欄に税理士等の利用者識別番号を入力する必要がある。

〈申告書作成で便利な機能は有効に使う〉

利用者ファイルで作成したデータの保存、呼び出しで利用する機能は、他のパソコンにコピー、編集、その受入れ等データファイルの転送が簡単にできる。この機能はファイルの「切り出し」、「読み込み」で操作できる。納税者と関与税理士のパソコン相互にデータの送受信を行うことで効率的な仕事ができる。

〈帳票の画面を部分で拡大する〉

申告書等は様式の項目の細部が画面で見づらいときは、様式の部分を画面上で拡大してみることができる。ツールバーの「表示」で「ズーム」を指定する。

図55 「切り出し」&「組み込み」

作成する申告書のデータファイルはファイルごと他の場所あるいは媒体に転記（「切り出し」をクリック）ができ，また，読み込み（「組み込み」をクリック）ができる

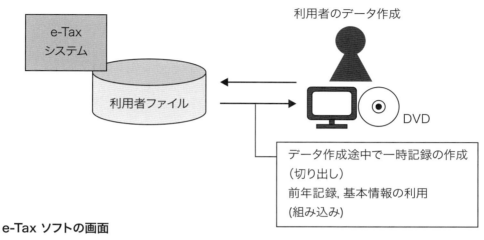

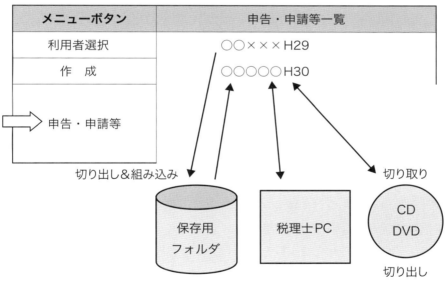

申告・納税の部

(4) 「署名可能」の状態

すべての帳票の作成が完了すると「申告鎮静等一覧」の当該名称の「状態」が「署名可能」と表示され，電子署名の待機状態になる。

② 申告データに電子署名の付与

作成が完了した帳票の電子データは電子署名を付与して確定させる。

電子データのファイルごと，あるいは複数ファイルで指定して，電子署名を付与する操作を行う。

電子署名の付与は，ICカードリーダライタと電子証明書（ICカード）を使用する。

この使用時は，パソコン起動前に関連機器を接続しておく。

電子署名の操作で次の番号を使う

利用者識別番号	自動表示	代理送信は税理士の番号に変更
ICカードリーダライタ暗証番号	6桁	税理士用はユーザーPINによる

(1) メニューボタンで「電子署名」を選択

「署名可能一覧」の画面

① 電子署名を付与する帳票を選択し，「署名」をクリック

② 利用者認証のパスワードで「ICカードのユーザーPIN」の番号を入力

③「OK」をクリックで署名が完了する。

(2) 電子署名を省略して送信できるケース

電子申告における申告データの送信では，電子記録に電子署名を行うことが原則であるが，次の送信に対しては，電子署名が不要の扱いとされている。

① e-Taxを使用して源泉所得税の徴収高計算書に係る申請等を行う者

② 税理士等が委嘱を受けて税務書類を作成し，委嘱者に代わりe-Taxを使用して申請等を行う場合のその委嘱者

③ 税務署等に設置された端末機を使用してe-Taxにより申請等を行う者

④ e-Taxを使用して電子申請等の請求を行う者

⑤ e-Taxを使用して納税証明書の請求を行い，その納税証明書を税務署の窓口で書面により交付を受ける者

⑥ 税務署員が納税者本人を確認の上e-Tax専用のID・PWを受けた者

Ⅰ章 国税の電子申告・申請等（e-Tax）

図56 **電子申告データとe-Taxシステムの交信**

利用者の申告データと電子申告システムの交信

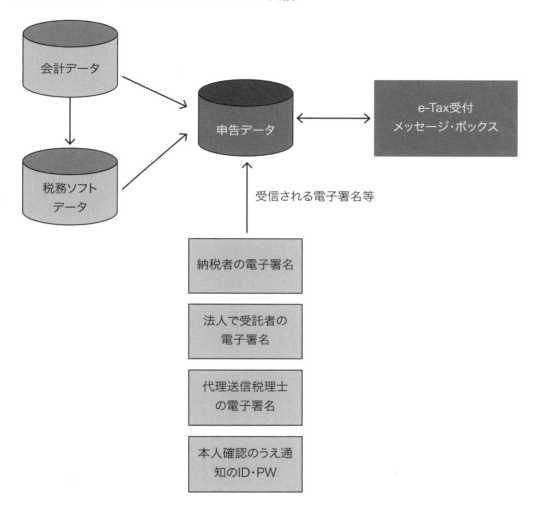

申告・納税の部

③ 申告・申請等のデータ送信

メニューボタンから送信をクリックし，送信可能な申告・申請等を確認し，申告・申請等を受付システムに送信する。

◆ 「送信可能一覧」画面

① 送信する申告・申請等を選択する。

② 「送信」をクリック

③ メッセージを確認し，OK をクリック

〔原則〕利用者の電子署名があって送信する場合

④ 受付システムへのログイン画面で，利用者識別番号が表示される。

（注）既に受付システムに接続している場合には，ログイン画面は表示されない。④ の操作は省略する。

⑤ 「暗証番号」を入力する。

⑥ OK をクリック

〔代理送信〕利用者の電子署名がなく，税理士の電子署名で送信する場合

利用者識別番号と暗証番号を入力する画面が出るが，納税者の利用者識別番号が自動で表示されている。

代理送信の場合は，送信画面に出てくる納税者の利用者識別番号と暗証番号を消去し，代理送信を行う税理士の利用者識別番号と暗証番号に入れ替えて送信する。

利用者認証のパスワードで「ICカードのユーザーPIN」の番号を入力

「OK」をクリックで署名が完了する。

④ 即時通知・受信通知申告書控えの印刷

申告・申請データの送信が完了すると，e-Taxの受付システムから即時に受信の結果が通知される。XML形式での受信が完了したことの速報である。送信でエラー情報の有無を確かめる。

第2次で，基本的な事項の確認や電子署名の整合などのチェック結果をメッセージボックスに知らせてくる。送信後に若干の時間をおいて，メッセージボックスを開き，結果通知のメッセージを確認する必要がある。

エラー情報がなければ，受付通知を保存，または印刷して記録保存とする。

メッセージボックスのログイン

メニューボタンでメッセージボックスを選択する。

受付システムにログインしていない場合は「受付システムログイン用暗証番号入力」画面が表示される。

「利用者識別番号」はプレ表示，「暗証番号」は入力する必要がある。

e-Taxシステム（国税庁レポートより）

e-Tax（国税電子申告・納税システム）

～ e-Tax の普及・定着に向け，各種施策を強力に推進 ～

　e-Taxは，所得税，法人税，消費税，贈与税，印紙税，酒税などの申告や法定調書の提出，青色申告の承認申請などの各種手続を，書面の提出に代えてインターネットを通じて行うものです。税金の納付も，ダイレクト納付やインターネットバンキング，ペイジー（Pay-easy）対応のATMを利用して行うことができます。

　納税者や税理士は，e-Taxに対応した税務・会計ソフトウェアを利用すれば，会計処理や申告などのデータ作成から提出までの一連の作業を電子的に行うことができるので，事務の省力化やペーパーレス化につながります。

　国税当局にとっても，窓口・郵送での申告書収受事務やデータ入力事務の削減，文書管理コストの低減などの効果が期待され，税務行政の効率化が図られることとなります。

　e-Taxの普及・定着に向けて，国税庁では，これまでに，個人の所得税申告における医療費の領収書など添付書類の提出省略などの措置を講じてきたほか，近年のスマートフォンやタブレットの急速な普及に対応するため，納付手続など一部の手続について，スマートフォン等向けサービスを開始するなど，便利の性向上に取り組んでいます。

e-Tax の概要

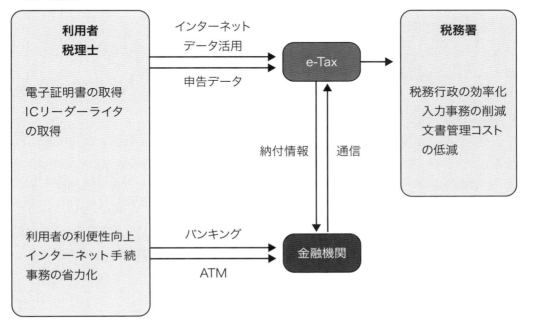

申告・納税の部

9 法定調書のデータ作成

① 法定調書の送信は利便性が高い

　源泉徴収票で代表される法定調書の作成は，企業にとって年末年始時に負担のかかる事務である。従業員数が多い大企業や公的機関は給与システムによる処理が一般化しているが，給与所得の源泉徴収票を筆頭に，報酬支払調書，配当支払調書などの作成対象が膨大な件数になる。支払調書は個票の形式でプリントされ，本人交付用，税務署提出用，源泉徴収票と共通書式で市区町村あてに提出する給与支払報告書用，控えの用途に使い分けられている。

　この税務書類の提出された税務署サイドでも，課税資料としての内部処理は個票を受給者別で，各所轄税務署に転送する事務負担としても大きい。

　すでに各業界の組織体に，システム化が普及している状況を踏まえて，電子データの利用が試みられてきた。

(1) 法定証書の電子データを電子媒体で提出する方法

　公的年金の支払機関である旧社会保険庁は，以前から個票の作成を省略してその内容を電子データで記録したMT（磁気テープ）を所轄税務署に提出する方法を個別アグリー方式で行っていた。現在は，この方式が発展し，記録媒体を光ディスクによることに変っており，更に，この方法で提出する企業は，事前に所轄税務署に申請して行われている。

　この制度は適用対象が拡張され，制度改正が行われている。特に大口件数（前々年に提出すべき枚数が1,000枚以上）の提出になる企業に対しては，書面によらず，電子媒体にデータを記録して提出するか，e-Taxによる電子申告の方法で行うことを制度として義務化されるまでの変遷がみられている。

　国税と同様に，大口件数の提出者は，市区町村に提出する給与支払報告書等についても光ディスク又はeLTAXによる電子データでの提出が義務化された。

(2) e-Taxシステムで電子申告の送信ルートを使用する方法

　電子申告の制度が開設されて，電子データの送信によって書面の提出に代用することが容認された。e-Taxでの電子データの送信が可能な対象に法定調書が含まれている。

　また，利用者がパソコンにe-Tax ソフトをダウンロードしてデータ作成や送信を行う方法（原則）を，更に簡単にして，e-Tax ソフト（WEB 版）の方法が開設されている。

　このWEB版の方式は，e-Taxソフトのダウンロードが不要で，Web 上でデータの入力ができて，インターネット経由で，帳票の作成や提出が行える（詳細は「Ⅲ章**1** e-Taxソフト（WEB版）の利用」を参照）。

Ⅰ章 国税の電子申告・申請等（e-Tax）

図58 法定調書の提出方法

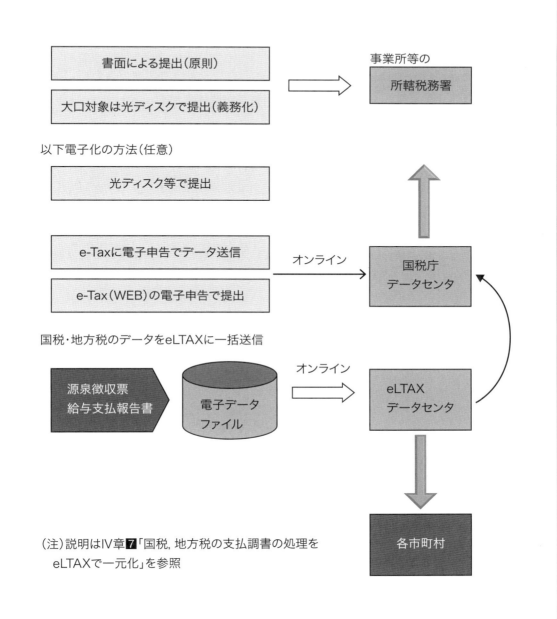

（注）説明はⅣ章7「国税，地方税の支払調書の処理をeLTAXで一元化」を参照

申告・納税の部

(3) 給与支払報告書・源泉徴収票の提出をeLTAXで行う方法

国と地方にそれぞれ提出する義務のある給与支払報告書と源泉徴収票はeLTAXを利用すれば一元的に送信することができる。

これは平成29年1月から可能になった新ルートであり，企業にとって手続が簡略になる利便性は大きい。

送信された電子データはeLTAXから所定の各市町村と税務署に配信される。現在，適用の対象となる手続は限られるが，今後の適用拡張が期待される。

2 本店等で一括提出ができる

支店等が所轄税務署に提出する法定調書を，業務を集中化して本店等で処理するシステム等の場合は，各支店等の所轄税務署あてに提出する手続に代えて，本店が一括した光ディスクを作成して提出する扱いがある。

電子情報を利用する体制として，可能となる方法であり，利用の双方が歓迎する制度である。この適用をする場合は，提出の手続が省ける支店等は，各所轄税務署に承認申請書を提出することになる。

図59 本店が一括で提出

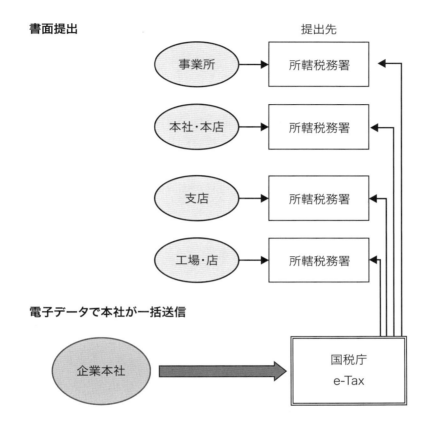

申告・納税の部

10 添付書類の処理方法

　税務申告書の様式は規定されており，申告用の用紙は税務署が提供している。申告書の提出では申告内容に関する明細書，証明書類等の添付が必要とされている。
　電子申告は申告内容が電子データで送信され，e-Taxは受付可能な申告書及び添付書類について，申告データ入力の様式を画面表示し，入力又は読み取り操作が行える。

1 添付書類の扱い

　所得税の確定申告では青色決算書，収支内訳書，医療費の領収書，源泉徴収票，保険料支払証明書，法人税の申告では貸借対照表，損益計算書，株主資本等変動計算書，勘定科目内訳明細書，法人事業概況説明書（会社事業概況書），措置法特例の適用時の適用額明細書，税務代理権限調書等があり，申告者自身が作成するもの，第三者から収受する通知書，証明書等多様な対象がある。

(1) 大法人で電子申告の義務化と添付書類

　大法人の法人税等の申告は電子申告が義務化された。提出の範囲には申告書の添付書類も含まれている。したがって，書面の提出は無申告の扱いになる。

(2) 電子申告で添付書類の提出省略がある

　所得税確定申告書の提出をe-Taxで行う場合，医療費の領収書や給与所得の源泉徴収票等の一定の第三者作成書類はその内容をデータ送信し，原本の提出は省略される。
　給与所得の源泉徴収票等は，国税庁が定めるデータ形式で作成され，かつ，源泉徴収義務者等の電子署名が付与されたものは，e-Taxにより添付書類として送信ができる。

(3) 多様な添付書類の送達方法は多岐である

　添付書類に関しては，納税者の申告内容による態様がさまざまであり，添付される書類も多様である。e-Taxで受付可能なデータ形式（XBRL）と企業のシステムが使用するそれが一致しないとe-Taxサイトで申告書データと同様に電子データを作成するルートが用意されているが，すべてをカバーできる状況にはない。電子化の方法によらない場合は書面で提出する方法によっている。
　添付書類の提出は次のような方法があり多岐にわたる。
　① 申告データとは別に書面で提出する
　② e-Taxの添付書類の様式で作成した電子データで送信する
　③ イメージデータで電子化して送信する
　④ 法人税等の電子申告の添付書類（申告書以外の別表，勘定科目内訳説明書，財務諸表その他の添付書類）を光ディスク等で提出する（H32.4以降）

I章 国税の電子申告・申請等（e-Tax）

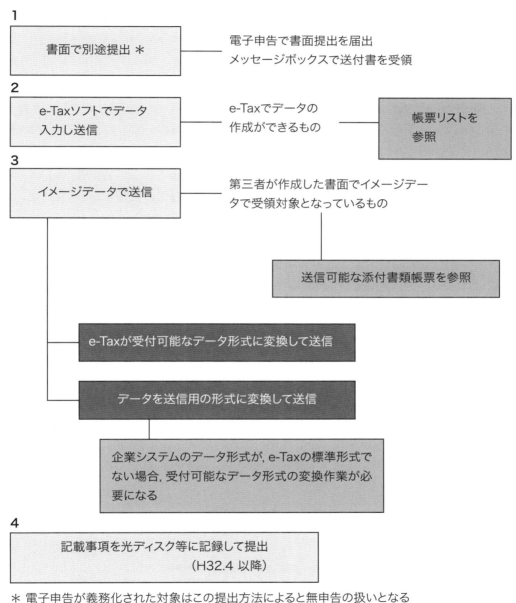

図60 多彩な受領形態の添付書類の提出

1. 書面で別途提出 ＊ ── 電子申告で書面提出を届出 メッセージボックスで送付書を受領
2. e-Taxソフトでデータ入力し送信 ── e-Taxでデータの作成ができるもの ── 帳票リストを参照
3. イメージデータで送信 ── 第三者が作成した書面でイメージデータで受領対象となっているもの ── 送信可能な添付書類帳票を参照
   - e-Taxが受付可能なデータ形式に変換して送信
   - データを送信用の形式に変換して送信
     - 企業システムのデータ形式が，e-Taxの標準形式でない場合，受付可能なデータ形式の変換作業が必要になる
4. 記載事項を光ディスク等に記録して提出（H32.4 以降）

＊ 電子申告が義務化された対象はこの提出方法によると無申告の扱いとなる

(4) e-Taxで電子データの作成

① 電子データで作成できる対象は，申告書・申請書等と同様に様式が指定されている。
e-Taxのメニューボタン「作成」の添付書類に含まれたものは，その帳票を選択してデータを入力する。電子署名をすれば送信ができる。

② e-TaxはXBRL，XML形式のデータを受付可能である。市販の会計ソフトで勘定科目内訳明細書等の電子データ作成の機能を利用する。

③ 財務諸表等でXBRL形式のデータは送信が可能である。

(5) 電子申告で送信しなかった書類の提出方法

申告書等は送信されるので，「帳票選択」の「選択可能帳票一覧」の「電子申告及び申請・届出による添付書類送付書」に添付書類名を入力する。

電子申告の送信後，メッセージボックスに送付書（受付番号，受付日付等を記入した送付書）が収納されるので，これをプリントし，添付書類を付して送付する。

2 添付書類のイメージデータによる提出

提出する添付書類について，イメージデータ（PDF形式）によって提出ができる。

従前はイメージデータの原本が納税者が保存するものとしていたが，イメージデータが原本として取扱うこととされ，その保存は不要となった。

(1) イメージデータの作成方法

① 添付書類（書面）をスキャナで読み取りPDF形式に変換する。

② パソコンで作成した電子データは変換プログラムを利用してPDF形式に変換する。

(2)イメージデータの送信方法

イメージデータの提出は，「添付書類送付書」を作成する画面で，必要事項を入力した送付書とイメージデータを併せて送信する。

送信方式	内　　　容	送信可能回数
同時送信方式	申告・申請等データの送信と同時に，添付書類のイメージデータを送信する 添付書類を同時送信後，別途，追加送信方式で送信ができる	1回
追加送信方式	申告・申請等データの送信後に，別途，添付書類のイメージデータを追加で送信する	10回＊まで送信可能

＊同時送信方式と追加送信方式を併用した場合は最大11回までとされる。

I 章 国税の電子申告・申請等（e-Tax）

図61	電子申告で添付書類の提出省略

所得税の電子申告

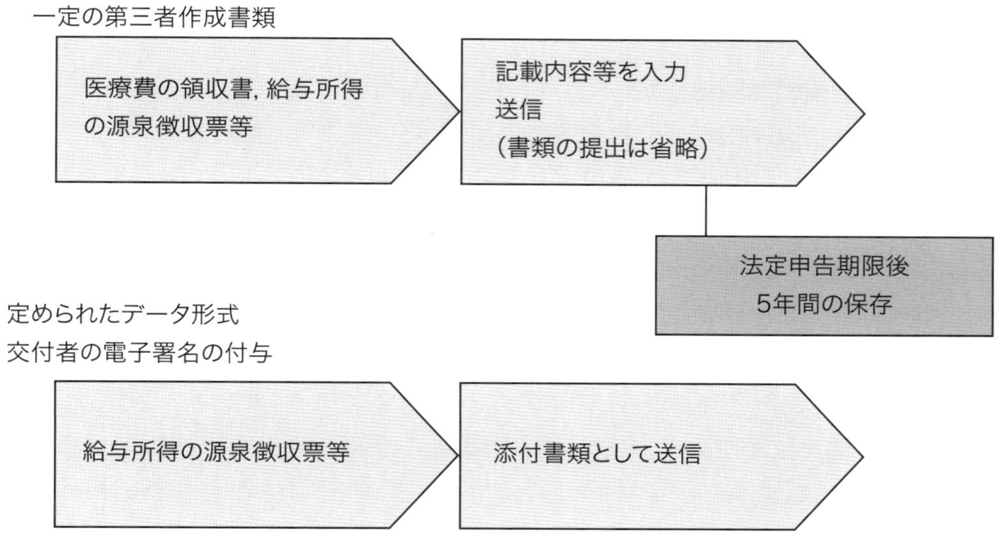

一定の第三者作成書類

医療費の領収書, 給与所得
の源泉徴収票等
→
記載内容等を入力
送信
（書類の提出は省略）
→
法定申告期限後
5年間の保存

定められたデータ形式
交付者の電子署名の付与

給与所得の源泉徴収票等
→
添付書類として送信

イメージデータの作成方法

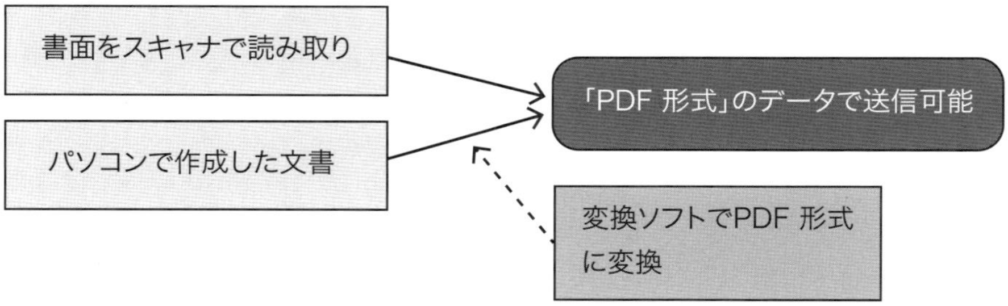

書面をスキャナで読み取り
→
パソコンで作成した文書
→
「PDF 形式」のデータで送信可能
←
変換ソフトでPDF 形式
に変換

115

申告・納税の部

 財務情報の共通語「XBRL」

　XBRLはソフト言語。「Extensible Business Reporting Language」の略称で，「電子化した財務情報を共通規格で表示できるコンピュータ言語」である。
　財務情報の開示用の世界共通語（形式）として2000年に誕生した。IT化が浸透する財務情報を解読し，企業間の比較分析が容易にできるツールの機能が活用される。

1　公式の電子情報は規格指定

　すでに企業の会計処理は電子会計が一般化している。また，企業の会計システムに関しては，その範囲，レベル等，構成は自由な設定ができる。その結果，会計システムに関するかぎり，電子データの定義やそれを使って情報を生成するプロセスは，独自の構想が組み込まれていても，情報生成の目的には，書面で出力する財務情報が含まれる。
　財務情報は財務諸表の規格化した様式で公表されるので，共通性が確保されている。異なるシステム間で記録の互換性が確保されるには，規格の統一が前提である。
　電子情報は公式の報告で認められているが，一般に電子データの規格，言語形式は電子情報を受入れ側が決めている。例えば，有価証券報告書の電子情報サービスを行うEDINETはHTML形式，東京証券取引所の電子短信や開示情報を扱うTDnetはCSV，PDF形式，国税の電子申告（e-Tax）はXML形式を指定している。

2　財務情報は世界共通の言語で開示

　電子情報の交信が活発になると，電子記録の互換性を確保するための共通した規格化が求められてきた。電子文書のテキスト形式は，すでによく知られているが，この形式は文書コードで，どのパソコンでも読める共通性をもつ。互換性がないワープロソフトで作成された電子文書をテキスト形式に変換して送信すれば，相手側もテキスト形式で読める。
　財務報告の電子化で共通語が使用されると，データの管理，流通が一段と合理化することは明らかである。インターネット上の情報交信は発展を続けており，企業の財務情報の利用範囲が地球規模で広がる。
　XBRLによる電子情報の形式は世界共通のルールであり，財務データならば，電子情報の形式（HTML，CSV，PDF等）へ変換が容易に可能である。世界中で受信した財務情報が読め，また，その電子データを直接活用できる。システムが異なる子会社と連結決算のデータをXBRLファイルで受け入れて効率化する。
　XBRLは，インターネット上での共通語とされているXML形式をベースにして，財務情報用に統一し，利用の効率化を狙ったものである。日本には日本語のパッケージがある。

図62　他のデータ形式に自動変換できる

財務情報の出力形式に合わせ，XBRLと他のデータ形式との間のフォーマット変換作業が自動化できる。

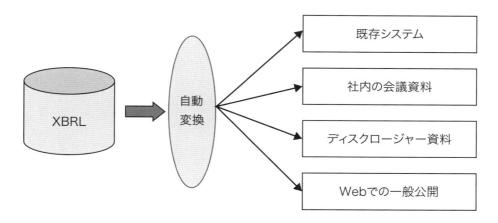

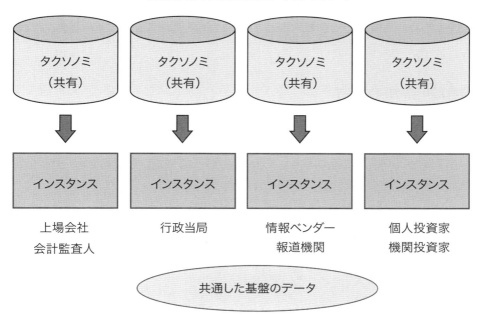

申告・納税の部

③ XBRLの基本構成

XBRLの具体的な構成をみると，財務報告書の種類別，国語別，業種別，税務申告用などの使用目的ごとのパッケージが設定されている。利用者はそれぞれの用途に合致したパッケージを選択して財務情報のXBRLファイルを作成する。

財務情報をXBRL形式に変換する手順で「タクソノミ」（財務項目の定義と仕様の情報を定義する文書），「インスタンス文書」（実データを記述した文書）の２種類のファイルを使用する。

(1) タクソノミ

会計データを記述し，分類し，集計する方法などの基本的な仕様を定義するために利用するファイルである。現在，基本財務諸表用，業種用，税務申告用など目的別の種類が用意されている。ユーザーは，その種類を選択して使用する。

タクソノミの操作は，基本項目の空欄にユーザーの情報の条件を記述する。その基本仕様は拡張性が備わっているのである。

(2) インスタンス文書

タクソノミで定義した仕様に沿って財務データを記述するファイルである。財務データファイルをXBRLに変換するのはXBRLソフトの「XBRL tool」を使う。

その操作手順は「インスタンス作成」でファイル名を定め，「タクソノミ読込」で使用する種類のタクソノミを呼び出す。

勘定科目等の金額欄にデータを入力した後，インスタンス文書ファイルの作成を指示する。

④ 証券取引所のEDINET

すでに企業財務情報の電子開示が進んでいる。上場会社の電子情報はEDINET（有価証券報告書の法定開示）とTDnet（東京証券取引所の適時開示）がある。

EDINETは企業の決算情報であり，TDnetは新製品，新技術，経営革新など重要な決定事項や決算１ヶ月後の決算短信（財務情報の概要）である。

TDnetの決算短信はXBRLによるので，情報の閲覧者はホームページを通してデータをダウンロードし，情報分析等に直接利用できる。

電子開示の企業はXBRL形式の財務情報を作成すれば，法的開示に使用できるほか，他の形式に変換も容易にできて効率的である。

⑤ e-TaxはXBRLのデータを受付ける

電子申告を行う者は，e-Taxソフトで申告データを作成し，e-Taxの受付システムに送信する。

I章 国税の電子申告・申請等（e-Tax）

図63　XBRLの情報交信のイメージ

A 発信元（貸借対照表）

（資産の部）	
流動資産	250,000
固定資産	6,512,000
資産の合計	6,762,000
（負債の部）	
流動負債	238,500
固定負債	523,500
（資本の部）	
資本	6,000,000
資本・負債の合計	6,762,000

XBRLによるファイル

タクソノミ

インスタンス文書

送信

B　受信先

受信システム

タクソノミの対象
（項目等の定義）

インスタンス文書
の対象（実データ）

他のソフト，プラットホームで整合性を確保できる情報

B／Sの
データ
そのもの

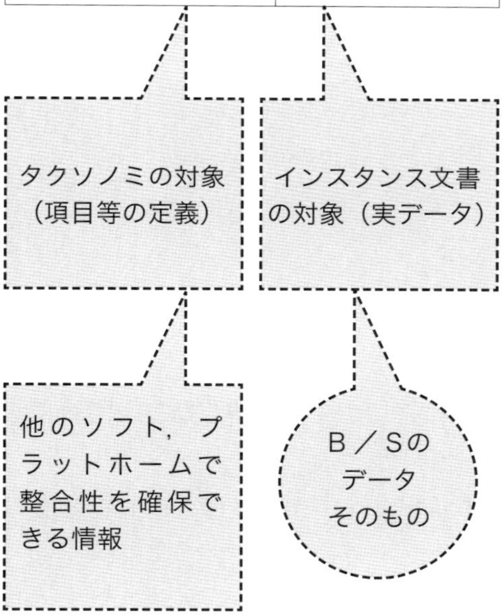

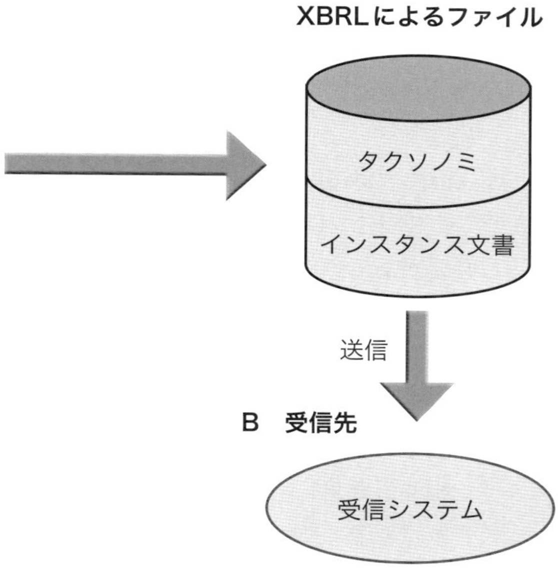

電子情報（XBRL，XML，HTML 等）の利用
（貸借対照表）

（資産の部）	
流動資産	250,000
固定資産	6,512,000
資産の合計	6,762,000
（負債の部）	
流動負債	238,500
固定負債	523,500
（資本の部）	
資　本	6,000,000
資本・負債の合計	6,762,000

申告・納税の部

　ソフトメーカーによる税務申告ソフトは，申告書をプリントするほか，電子申告の送信データに変換する機能を備えている。

　法人税申告書の提出は，申告書に財務諸表やその他の書類（勘定科目内訳明細書，法人事業概況説明書等）を添付する。この添付書類に関してはXMLのほか，XBRL形式の電子データを直接受け入れている。

6　財務諸表（XBRL2.1形式）

　財務諸表（XBRL 2.1形式）は，複数の財務諸表を一つのインスタンス文書（XMLファイル）に含むことができる。XBRL 2.0形式と同様に，組み込めるファイル拡張子は「.xml」「.xbrl」である。

　ただし，XBRL 2.0形式とは異なり，タクソノミ（ファイル拡張子が「.xsd」）を必ず組み込む必要がある。組み込める財務諸表は，以下のとおりである。

　①　対応する標準タクソノミ

　　　2008年4月30日版税務用基本財務諸表タクソノミ

　②　組み込める財務諸表

　　　　　貸借対照表

　　　　　損益計算書

　　　　　製造原価報告書

　　　　　株主資本等変動計算書

　　　　　社員資本等変動計算書

　　　　　利益処分計算書

　　　　　個別注記表

7　中小企業にXBRLの普及が課題

　会計システムで作成する財務情報について，e-Taxに送信する電子申告はXBRL形式でないファイルはXBRL形式に変換する作業が必要になる。

　XBRL変換ソフトは無償で提供されており，コスト負担はないが，操作に厄介なところがあって敬遠されている。

　中小企業は電子記録で財務情報を公示するとか，インターネットのホームページ上で開示が認められても財務情報の公開には関心がない。

　中小企業に電子会計の導入は盛んであって，ほとんどがパソコン会計ソフトを利用している実態からすると，電子情報は確保されているが，そのデータ形式は各ソフトメーカーが定めたものによる。したがって，XBRL利用の動向は，会計システムのソフトメーカーがカギを握ることになる。

I章 国税の電子申告・申請等（e-Tax）

図64　法人税申告で対応するデータ形式

法人税申告書の添付書類は多数，データ形式も多種

提出書類名	XML	XBRL	PDF	CSV
申告書別表	○			○*1
特別償却の付表	○			○*2
勘定科目内訳明細書	○			○
貸借対照表			○	○
損益計算書			○	○
株主資本等変動計算書			○	○
法人事業概況書(会社事業概況書)	○			
組織再編成に係る主要な事項の明細書	○			
出資関係図			○*3	
組織再編成に係る契約書等の写し			○*3	
法人税法，措置法特例の適用時の添付書類			○*3	
適用額明細書	○			

*1 申告書別表6(1)の明細記載部分。送信のほか，光ディスクで提出ができる。
*2 明細記載部分
*3 送信のほか，光ディスクで提出ができる。

データ形式の特徴

XML　テキストだけで記述される方式。タグで囲んで文書データを意味づけるファイル形式である。
XBRL　XMLを財務情報用に特化し，効率化している。
PDF　紙の書類上と同じイメージで扱える。PDFソフトは無償，異なるOSの間で電子ファイルを共有できるので，広く使われている文書フォーマットである。
CSV　カンマで区切った値が入っているファイル。互換性が高くExcelなどデータベースソフトに使用されている。

申告・納税の部

12 税理士の代理送信

　税務申告書の作成に関しては、パソコンソフトによるデータ処理が便利とされている。申告書データを作成した上で、さらに電子申告を行うのには、e-Taxシステムへの接続、電子署名の付与など、書面にプリントして提出するのとは違って、電子的な操作手順をクリアしなければならない。

　一般の納税者は、その手順に慣れている関与税理士に代理申告を委ねるパターンが多くなる（次表の（2）（3）のパターン）。

電子化の状態	納税者の電子署名で送信(1) 納税者	納税者の電子署名で送信(1) 税理士	税理士の電子署名で代理送信(2) 納税者	税理士の電子署名で代理送信(2) 税理士	税理士に税務委任(3) 納税者	税理士に税務委任(3) 税理士
電子証明を取得し登録	○	○		○		○
e-Taxソフトを利用	○	○	○	○		○
利用者ファイルを作成	○	○	○	○		○
電子証明書の登録と電子署名	○	○		○		○
e-Taxに送信	○			○		○

(1) 「納税者が電子署名をして送信(1)」のパターン

　納税者が電子証明書を取得しており、パソコンに登録しているケースである。

　納税者と税理士はe-Taxソフトをインストールして、それぞれに、利用者ファイルを組み込み、基本情報を登録する。申告データの作成は相互に分担して完成させることになり、電子申告書は両者が電子署名をする。

　つまり、もっとも原則的なパターンであるが、納税者の電子証明書の取得率が低いので、今後も本命とはなりにくい。

　納税者と税理士とは、書面で申告書を作成するのと同じような作業の分担になる。電子データによってペーパーレスになるのは、電子データが相互に送受信されるときにe-Taxソフトでデータの「切り出し」「組み込み」の機能を使い、電子メールが利用できる。通信のスピードが活かせるのである。

　電子申告のデータ送信は、納税者のパソコンからe-Taxの受付システムにログインして行い、メッセージボックスで通知を受け取る。

(2) 「税理士の電子証明で代理送信（2）」のパターン

　納税者と税理士が作業を分担して申告データを作成し、e-Taxソフトで電子申告をする点は（1）のパターンと同じであるが、納税者は電子証明書を取得していないケースである。

　したがって、電子申告は関与税理士が電子データに電子署名を行い、その電子証明書で

I章 国税の電子申告・申請等（e-Tax）

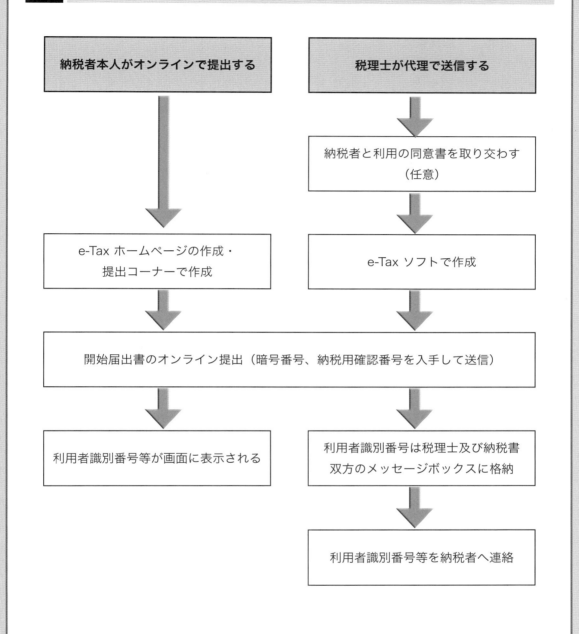

図65 納税者の開始届出書の提出方法

申告・納税の部

送信するルートになる。申告データは税理士の電子署名だけでe-Taxにログインするので税理士の利用者識別番号，暗証番号を利用し，メッセージの受信が行われるのである。

(3)　「税理士に税務委任（3）」のパターン

税理士は納税者の利用者識別番号を入力して利用者ファイルを作成し，その申告データを作成する。データの作成終了で税理士が電子署名を行なう。

e-Taxへ申告データの送信は，税理士の利用者識別番号，暗証番号によって受付システムにログインする。メッセージは税理士のメッセージボックスで受け取る。

1　利用者ファイルと関与する税理士の作業分担

納税者と関与する税理士は，申告データの送受信，あるいは電子署名でe-Taxソフトを使用するので，それぞれ使用するパソコンにe-Taxソフトをダウンロードして利用者ファイルを作成することになる。

税理士の電子署名で納税者の申告データを送信する代理送信の手続は，e-Taxがオープンした当初は設定されていなかったもので，開始後に利用の状況をみた結果で緩和された手続である。そのような経緯から，操作がぎこちなく理解不足の点があり，代理送信の手順は間違えやすい。税理士はソフトメーカーの会計ソフトを使用するほうが便利だとする風潮があり，税理士会等の中にも，そちらの方法を推奨する意見がある。

(1)　納税者の利用者ファイルに税理士の電子認証

税理士が代理送信を行うケースは，利用の開始で，利用者がe-Taxに初期登録する際に利用者本人の電子証明書の登録がない。電子申告は申告データに税理士の電子署名だけで送信するので，電子署名の登録関係は税理士の電子証明書で行う。

e-Taxに申告データを送信する際，受付システムのログインは，納税者の利用者識別番号によるのが原則である（送信画面で納税者の番号が自動表示される）。代理送信では税理士の利用者識別番号によってe-Taxにログインする特別扱いであり，画面で自動表示される納税者の番号を税理士の番号に入れ替える必要がある。

その操作を見落すと，送信を行ってもe-Taxは受付けない。利用者が送信の操作が終了すると，メッセージボックスに受信が完了していない通知が格納される。

(2)　「利用者選択」の項目で複数の「利用者ファイル」が作成される

税理士は複数の納税者の申告データを作成する。まず，税理士自身の電子申告用のファイルが初期登録で作成される。顧問先の電子申告用は，メニューボタン「利用者選択」の「新規作成」によって顧問先ごとに利用者識別番号，ファイル名を入力して利用者ファイルが作成される。

I章 国税の電子申告・申請等（e-Tax）

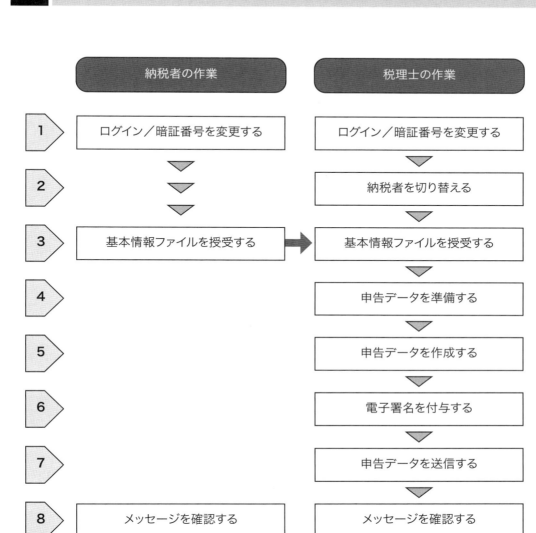

図66 e-Tax で電子申告の操作の流れ

申告・納税の部

2 e-Tax ソフトの代理送信マニュアル

税理士等がe-Tax ソフトで納税者の代理送信するマニュアルである。

1．e-Tax ソフトを起動し，「利用者ファイルの新規作成」画面で，代理送信を行う税理士等の利用者識別番号及び利用者名を入力し「保存」，利用者ファイルを保存する。

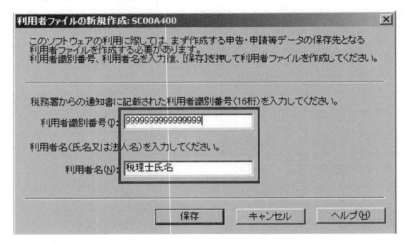

2．メニューで「作成」を選択し「申告・申請等」で「新規作成」をクリックする。

3．「申告・申請等の作成」画面で「申請・届出」，税目で「開始届出」を選択する。

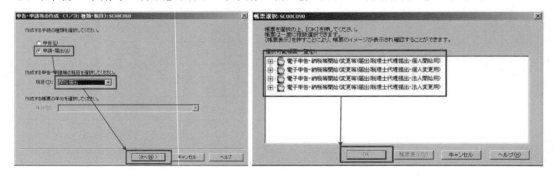

4．「申告・申請等の作成（2/3：帳票）」画面で「選択」をクリックする。

5．「帳票選択」画面で作成する帳票を選択し，「OK」をクリック。
　「申告・申請等の作成」画面で作成する帳票を確認し「次へ」をクリックする。

6．「申告・申請等の作成（3/3：名称）」画面で「申告・申請等名」を入力，「OK」をクリックする。

I章 国税の電子申告・申請等（e-Tax）

税理士の電子証明書とe-Taxの受付

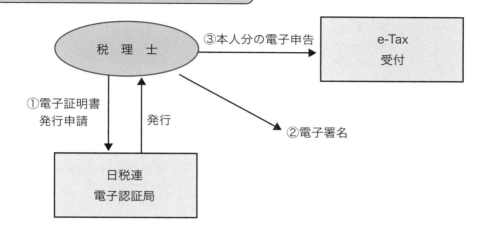

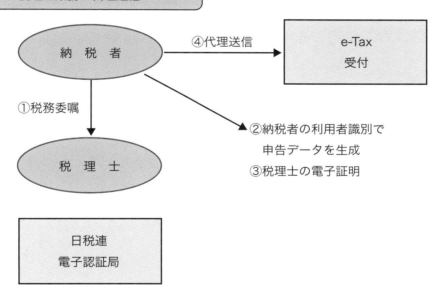

用意する番号

利用者識別番号（e-Tax用） パスワード（e-Taxログイン）	納税者と税理士
電子証明書（ICカード） ユーザーPin（パスワード）	税理士

申告・納税の部

7．「申告・申請等基本情報」画面で「提出先税務署（必須）：」に納税者の提出先税務署を選択。その他の項目は代理送信を行う税理士等の情報を入力し「OK」をクリックする。
　　（注）「税理士等：」の入力は不要。
　　　　通常の申告・申請等の代理送信では「申告・申請等基本情報」画面で納税者の情報を入力するが，開始の代理送信の場合は「申告・申請等基本情報」画面で「提出先税務署（必須）：」のみ納税者の情報を入力し，その他の項目は代理送信を行う税理士等の情報を入力します。なお，税理士等の項目への入力は不要である。

8．「帳票一覧」から作成した帳票を選択し「帳票編集」をクリック。納税者の情報等を入力し「作成完了」をクリックする。

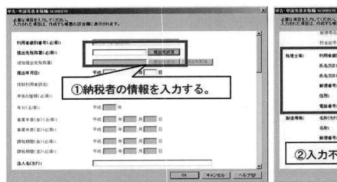 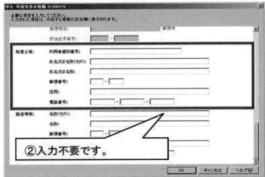

9．メニューで「電子署名」を選択し，「電子署名」で作成完了の帳票に「署名」を行う。メニューで「送信」を選択し，電子署名を行った帳票を「送信」する。

10．メニューで「メッセージボックス」の一覧から送信したメッセージを選択，「詳細表示」，「メッセージ詳細（受信通知）」画面で「通知書表示」をクリックする。

11．即時発行された利用者識別番号は「保存」又は「印刷」を行う。

図68 電子署名を省略して送信できるケース

● 電子申告の利用は電子署名をしてe-Tax に送信する

- 申告者が認証局から電子証明を取得する（原則）

● 利用者の電子署名は省略でe-Tax に送信する

- 税理士の電子署名で代理送信
- 税務署のパソコンからの申告・申請
- 電子申請等証明書の請求
- 納税証明書を請求し税務署で書面の受取り
- 源泉所得税の徴収高計算書に係る申請等

● e-Taxにログインの簡略法を利用する

- 開始届出で本人確認したID・パスワードを使用
  - → 本人確認の応答のあるスマートフォン等による
  - → 税務署に設置の端末使用による
  - → 市町村に設置の端末使用による※

※市町村が設置する端末を使用
（本人確認を要する）

申告・納税の部

(1) 申告・申請等（控え）の印刷

　電子申告の仕組みはペーパーレスの体制を目指す。電子データを活用して，申告・申請書の作成が正確で速くなり，電子データで送信するのは合理的で能率的である。

　国税庁サイドも納税者の電子データを受け入れるので，納税管理のシステム運営が合理化される効果は大きい。

　このようなメリットがある反面，不評をかっている一面もある。書面で作成した申告書との比較で，プリントしたほうが一覧性もあって，見やすく，利用しやすいのである。

　また，パソコンを持たない納税者に対しては書面のプリントで控えを交付すること，あるいは，税理士自身が関与先の申告書について，控えを保存することは欠かせない。書面と電子データのダブルで保存する体制を取るケースも少なくない。この傾向があるかぎり電子申告への移行がペーパーレスになるとは考えにくいのが実態である。

(2) e-Taxソフトの特性を意識した利用の対策

　e-Taxで申告書を作成するプロセスはデータの転記，集計で自動化が高いとはいえない。システムの開発方針は，手計算に近い状態を強く認識して自動化を組み込まなかったと仄聞しているが，ともかく，ソフトメーカーが提供する税務ソフトと比べて，ユーザーはこの点に不満を感じる。

　特に処理が込み入った法人税申告書の場合には，手計算と同様に凡ミスが見逃されるのは不満がつのる。この対処法として，手計算に堪能な人はメモ的な原案を作成して手元におくと，データ入力がスムーズになる。

I章 国税の電子申告・申請等（e-Tax）

  「確定申告書等作成コーナー」から代理送信

国税庁ホームページ「確定申告等作成コーナー」で申告書を作成し，税理士の電子署名で電子申告の送信ができる。

- トップ画面で申告書の提出方法はe-Tax を選択
- 利用者識別番号を入力
- 暗証番号は空欄，「申告書の作成を行う」「✓」
- 暗証番号等を入力
- 「税理士等の方が代理申告をされる場合」に「✓」氏名，電話番号を入力
- 申告書の書式を選択，データの入力
- 送信前の申告内容を確認
- 税理士の利用者識別番号と暗証番号を入力して送信
- 受信通知を確認

確定申告の作成で使える簡便なツール

　操作がやりやすくても申告書は一気に作成するとは限らない。途中で中断することも多いので，再度，中断したファイルの呼び出しで間違わないように，作業の最初に付ける「ファイル名」はわかりやすい名称を付けること。
　作業の進行途中，要所々々で「ファイルの保存」を励行しておく。ファイルの保存先はPCの「ダウンロード」になる。同じ名称で（　）内に通し番号が付く。最新のデータはその番号が大きい順になる。古い記録で邪魔になるものは削除して整理する。
　最終確定分のファイルは保存して，翌年の作業で，基本情報や繰越データを読み出して利用できるので，的確な保存をしておくのがコツ。

131

申告・納税の部

13 電子申告で訂正・漏れの追加送信

1 提出した申告データに誤りがあり，訂正する方法

申告期限内であれば，訂正後の申告データを作成し，送信する。平成○年分の申告書等送信票（兼送付書）とともに提出する。追加で添付書類を提出する必要がある場合も，申告書等送信票（兼送付書）とともに提出する。申告期間内であれば最後の送信分が採用される。また，従来どおり，書面で訂正して申告を行うことも可能である。

（注1）訂正した部分だけではなく，すべての帳票を送信する。添付書類の追加がなければ，添付書類送付書を出力して再度送付の必要はない。

（注2）申告期限経過後であれば，修正申告あるいは更正請求の手続によることになる。

(1) e-Taxソフトで再作成し，送信

① 「申告・申請等一覧」画面から再送信するデータを選択する。
　※ 送信済みであり，「申告・申請等一覧」の「状態」は「送信完了」である。
② 訂正したい帳票を開き，内容を訂正し，『作成完了』ボタンをクリック。
　※ 基本情報を変更した場合は，すべての帳票を「作成完了」にする。
③ 「別名保存確認」で申告・申請等名を入力し，『別名で保存』ボタンをクリック。
④ 「署名可能一覧」で再送信するデータを選択し，電子署名を付与する。
⑤ 「送信可能一覧」画面から送信する。

2 電子申告データを追加送信する方法

すでに提出した電子申告データについて，単純な記入や添付漏れであれば，帳票一式を再提出するのでなく，「電子申告データ追加送信表」を利用する方法がある。

（注）追加送信分は先の申告等データとは別ファイルの受付けとされ，メッセージボックスに通知が格納される。

(1) 追加送信ができる書類

法人税別表等，財務諸表，勘定科目内訳明細書，法人税事業概況説明書，会社事業概況書，その他の付表，添付書類送付表

(2) 追加送信するデータの作成

通常の申告書作成時と同じ要領である。

① メニューボタン「作成」＞「申告・申請等」＞下部の「新規作成」
② 「申告・申請等の作成（2/3：帳票選択）」で「電子データの追加送信（法人税）」
③ 「申告・申請等の作成（1/3：種類・税目）」で税目は法人税を選択，帳票に「✓」
④ 「申告・申請等の作成（3/3：名称）」で追加送付の名称を付け「OK」

Ⅰ章 国税の電子申告・申請等（e-Tax）

| 図70 | 電子申告データの追加送信(1) |

1 法人税の確定申告の操作

「申告・申請等」,「法人税」,「電子データの追加送信（法人税）」をクリック

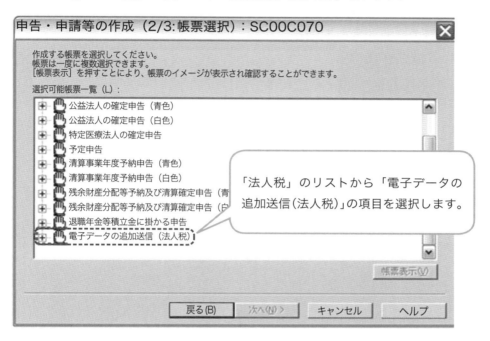

「電子申告データ追加送信表」から別表等を選択し，入力と送信をする。

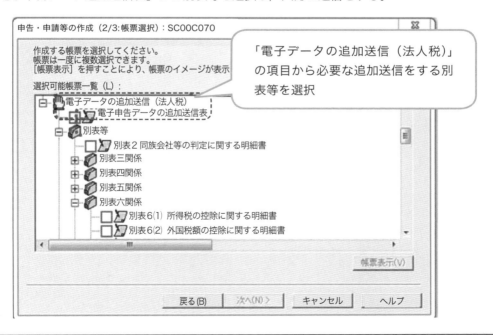

— 133

申告・納税の部

「帳票一覧」で別表等を作成する。画面下部の「帳票追加」を選択し，入力を行う。

⑶　追加帳票のデータ送信

追加帳票のデータの作成が完了したら，通常の帳票類と同じく電子署名を付与し，「送信」の操作で終了する。

③　添付書類の追加送信する方法

申告書類の追加送信と同じ要領である。

①　メニューボタン→「作成」＞「添付書類」＞下部の「新規作成」

②　「添付書類」（税務代理権限証書，その他の添付書面）で，追加で送信の書類を選択

③　「作成」画面に戻り，「添付書類追加」ボタンで「電子データ追加送信表」に添付

④　電子署名を付与してから送信

I章 国税の電子申告・申請等（e-Tax）

| 図71 | 電子申告データの追加送信(2) |

> 2　所得税の電子申告で追加送信する場合

　メニュー画面で作成する書類の選択で「平成　年分の申告書等送信票（送付書）」と追加送信の帳票を選択し，入力を進めて送信する。

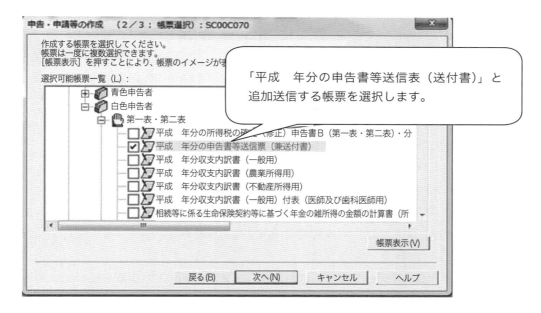

「平成　年分の申告書等送信表（送付書）」と追加送信する帳票を選択します。

135

申告・納税の部

14 関連システムのデータを引継ぐ方式

1 関連システムの電子データをe-Taxに接続する

　電子申告は，申告内容を電子データで作成し，インターネット上のe-Tax受付システムに送信するという処理の流れである。そのためには，通信用のネットワーク（インターネット）が開設されていることと，送信する電子ファイルがe-Taxで読み取れるXBRL又はXBL形式である必要がある。

　ところが，電子申告の制度がスタートする以前からパソコン会計ソフトは普及しており，システムの構成は帳簿書類を書面で作成する前提があり，電子ファイルはCSV形式が一般的である。この形式では電子申告用として利用できず，形式の変換作業が必要になる。

　税務申告書の作成ソフト（通称「税務申告ソフト」）と経理の帳簿書類や決算書類の作成ソフト（通称「会計ソフト」）が申告データの供給元になるが，この電子ファイルから形式の変換ステップは種々な取り方があり，電子申告の接続ルートは多様化している。主なルートをまとめると次のようになる。

(1) e-Taxソフトによる入力で電子データが生成される方式

　e-Taxソフトで必要な書類を選択し，画面上で直接データを入力する。e-Taxで入力できない添付書類等に関しては，別途書面で提出する方法を取る。

(2) 関連システムで元データが作成されてe-Taxソフトが再入力する方式

　会計ソフトあるいは税務申告ソフトを利用して申告用のデータが作成されていても，電子申告用の形式でない場合，e-Taxソフトで電子申告用データの入力を行う。後半の処理は(1)と同じルートになる。すでに電子会計で情報処理があって，申告用のデータが整理されていると入力しやすい。

(3) 異なる形式の電子データは変換ソフトの利用でe-Taxに接続する方法

　異なる形式からの変換は専用ソフトが商品化されている。国税庁はソフト開発業者に変換機能の編入を呼び掛けて，その支援でソフトの提供をはじめた。

　また，e-Tax（ダウンロード版）に，その機能を組み込む改良をして，電子申告の利用拡大の推進策とした（平成28年4月以降）。

　（電子申告用の電子データ生成で変換ソフトが利用できれば，能率的である。）

(4) 関連システムの電子データから形式変換も含め一貫してe-Taxに接続する方式

　電子データの利用がもっとも進化した方式である。システムの統合化やソフトメーカーの系列ソフトを導入するなどの対応で計画性がいる。

Ⅰ章 国税の電子申告・申請等（e-Tax）

図72 e-Tax に送信する方式別

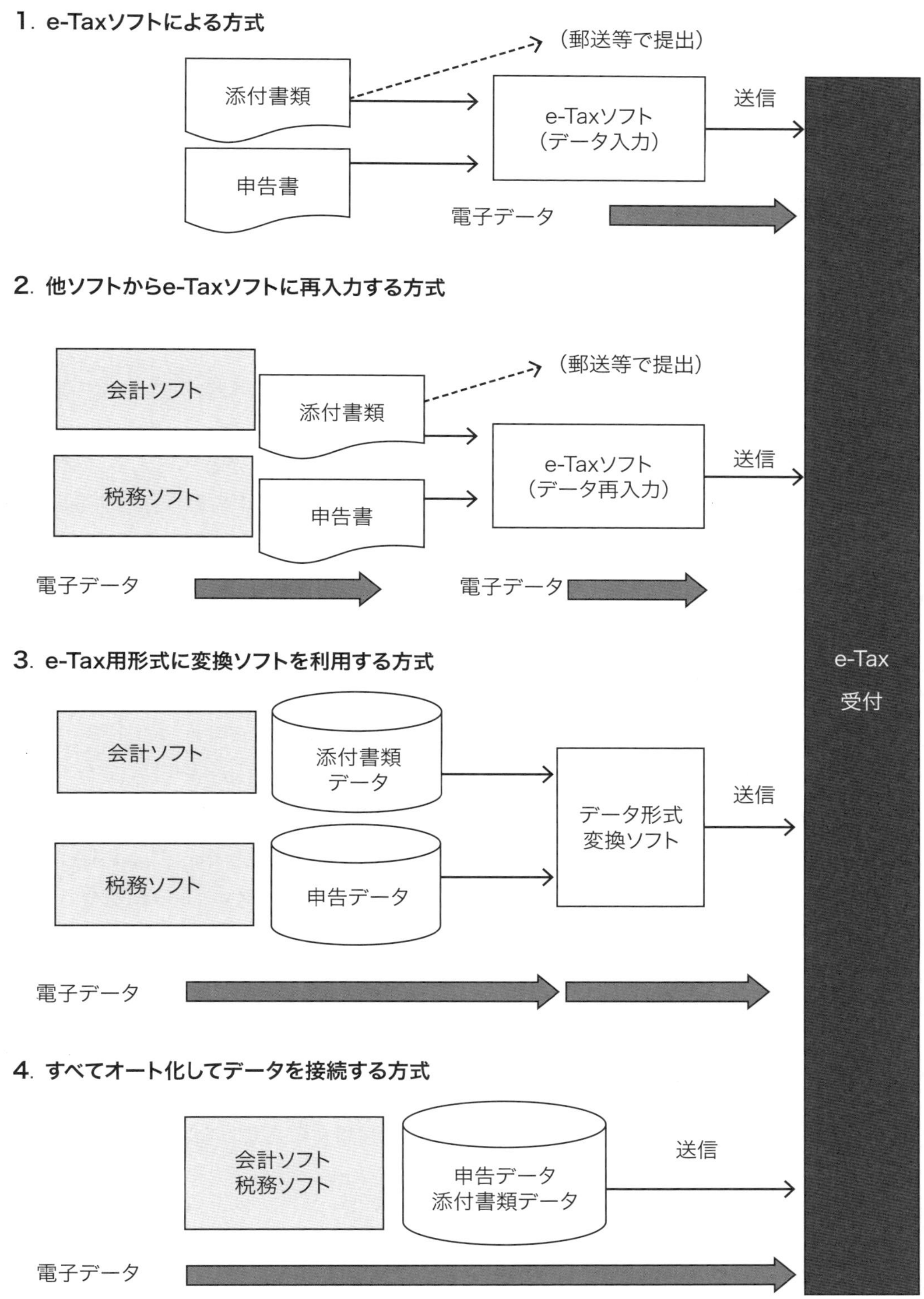

1. e-Taxソフトによる方式

添付書類 ----→（郵送等で提出）

添付書類 → e-Taxソフト（データ入力） → 送信

申告書 →

電子データ →

2. 他ソフトからe-Taxソフトに再入力する方式

会計ソフト ── 添付書類 ----→（郵送等で提出）

添付書類 → e-Taxソフト（データ再入力） → 送信

税務ソフト ── 申告書 →

電子データ →　電子データ →

3. e-Tax用形式に変換ソフトを利用する方式

会計ソフト ── 添付書類データ →

データ形式変換ソフト → 送信

税務ソフト ── 申告データ →

電子データ →

e-Tax 受付

4. すべてオート化してデータを接続する方式

会計ソフト 税務ソフト ── 申告データ 添付書類データ → 送信

電子データ →

申告・納税の部

② 税務申告ソフトの電子データをe-Taxに接続する電子申告

　e-Taxによる電子申告の利用は，e-Taxソフトによって申告データを作成する。これは
e-Taxシステムが提供する基本的なルートである。

　一方，実務の状況をみると，ソフトメーカーが提供する税務申告ソフトは作成した申告
データを電子申告用にも利用するタイプが多くなっている。特に，法人税の電子申告の事
例では，法人税申告ソフトによって作成されたデータから送信するケースが圧倒的に多い。
法人の場合，税理士による代理申告が盛んに行われているので，このケースでは，税理士
が申告書作成に税務申告ソフトを使用しており，代表的なルートを占める。e-Taxソフト
による基本方式が二の次になる事情は，ほかにもある。

① 　複雑な法人税申告書の作成を支援する税務申告ソフトがパソコンソフトで普及した。
　その普及は，電子申告制度がスタートする以前からであって，申告書等は書面で作成
　することを前提にした機能のソフトであった。

② 　電子申告制度がスタートすると，ソフトメーカーは，税務申告ソフトにその機能を
　組み込んでユーザーの囲い込みに成功した。

③ 　e-Taxシステムの操作では申告書の作成を支援するツールが貧弱である。例えば，
　プログラムで活かせる自動化の組み込みが少なく，手書きで申告書を作成する同じ要
　領でデータの入力や転記が求められる。集計や関連項目の自動転記が少なく，支援の
　内容はユーザーに不満を持たせる。（システム設計が手作業に似た方針によったと仄
　聞したことがある。）

④ 　代理申告を行う税理士は，短期間に集中して多数の申告書を作成するのであるから，
　ソフトを利用して業務処理を行う上で，高い機能と適用範囲が広いソフトを高額であ
　っても導入する。

⑤ 　税務申告ソフトのユーザーは，ペーパーレス化をあまり重視していない。それは，
　税理士業務は電子データを扱う環境が十分に整っていても，依頼先の納税者は必ずし
　もそのような環境ではないからだ。したがって，提出する税務申告書は従前どおり，
　プリントした書面を提出するとか，申告書の控えは書面で交付するのが安全であり，
　実行されてきた。

⑥ 　税務申告ソフトが，電子署名と送信までの作業が一貫してできるソフトにバージョ
　ンアップされていれば，作成した電子データはそのまま電子申告用としても利用でき
　る。

⑦ 　ソフトメーカーの業界では同業の競争原理が機能しており，利便性の向上はユーザ
　ーにとって有利な状況を演出している。e-Taxを利用する必要もなくなる。

(1)　税務申告ソフトが主張する機能性

　税務申告書を作成するソフトは各種の機能と特徴を備えた製品が市販されている。その
多くはパソコン用ソフトであるが，クラウドシステムを利用するサービス業もある。頻繁

138

図73 電子申告に接続をPRする税務ソフトの一例

あるソフトメーカーの事例

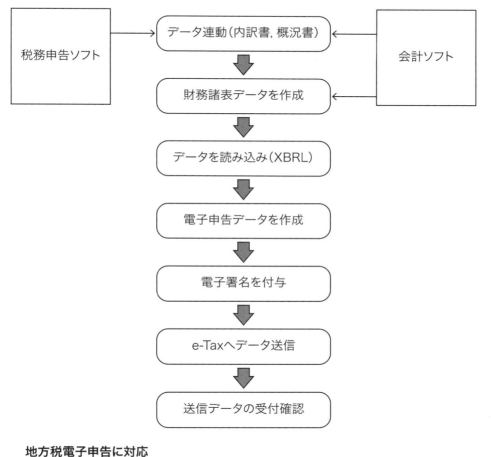

ソフトがe-Tax形式へ変換, 電子署名の付与, 申告データの送信, 受付の確認まで, 一貫して実施できる。
電子申告用の決算書データ(XBRL)を関連会計ソフトからの読み込みができる。

地方税電子申告に対応
　申告データをeLTAX用ファイル(XML形式)へ変換, 電子署名の付与, 申告データの送信, 受付の確認まで, PCdeskを使用せずに実施できる。

申告・納税の部

に利用されるのが、法人税、所得税、消費税、地方税（法人住民税、事業税）の申告用、法定調書の作成ソフト等がある。税務申告ソフトの特徴は次のようになる。

① 帳票のイメージどおりの画面で入力が簡単にできる。

② 面倒な転記、計算が可能な限り自動化されている。

③ 入力データの説明、操作を支援するHELPが利用しやすい。

④ プリンタで帳票が作成でき、そのまま税務署に提出も可能である。

⑤ 申告データは電子申告用の形式に変換したファイルを作成する。

⑥ 税法改正に対応してソフトの更新が行われている。

(2) 電子申告を行う利便性を備える

電子申告の制度が開始されて以降、税務申告ソフトは電子申告を行うための機能を備えることが一般化した。

使いやすさで各ソフトは競い合う結果、法人税の計算で別表に基づいた計算内容を自動的に地方税の計算システムに連動させたり、地方税計算では事業所別の分割基準の適用や提出先別の処理の自動化を織り込む等、ユーザーへのサービスはよくなった。

現在では、税務申告ソフトのデータを電子申告用の形式（国税はXTX形式、地方税はXML形式）に変換すること、電子署名の付与の操作、データの送信までを簡単な操作で誘導する。なかでも、複数の電子申告データをまとめて署名、送信を行う機能や、電子署名の完了後はワンクリックで国税のe-Tax受付システムと地方税のeLTAX受付システムに自動的にログインし、送信する機能を持つ製品もある。

税務申告ソフトで作成した各種のデータを電子申告用のデータに取り込み、電子署名の付与、送信する工程を支援する専用ソフトも提供されている。

(3) 税務申告ソフトの利用で効率化するが価格は高い

税務申告書を作成するソフトは、所得税、法人税、消費税に関して利用の頻度が高く、多数の製品が市場に出ている。主力の得意先は税理士事務所で、会計システムを提供するソフトメーカーは、会計システムの系列に属する税務申告ソフトをセットで提供する。

現在の申告書の書類が法人税91種類、地方税65種類等、ざっと数えても190種類を超える帳票の出力が対象とされており、租税特別措置法等による例外適用までをカバーする税務申告ソフトは高額なものにならざるを得ない。

税法は毎年度の改正が恒例であり、対応するソフトの更新がユーザーには欠かせないことがコスト負担になっている。したがって、その処理要領も含めて、適用をめぐる判断や選択の方法等が一層難解なものになっている。

税務申告ソフトの主な機能の説明でも、従来からの書面の作成が主眼とされており、電子申告の処理要領は副次的に扱われる傾向がある。

I章 国税の電子申告・申請等（e-Tax）

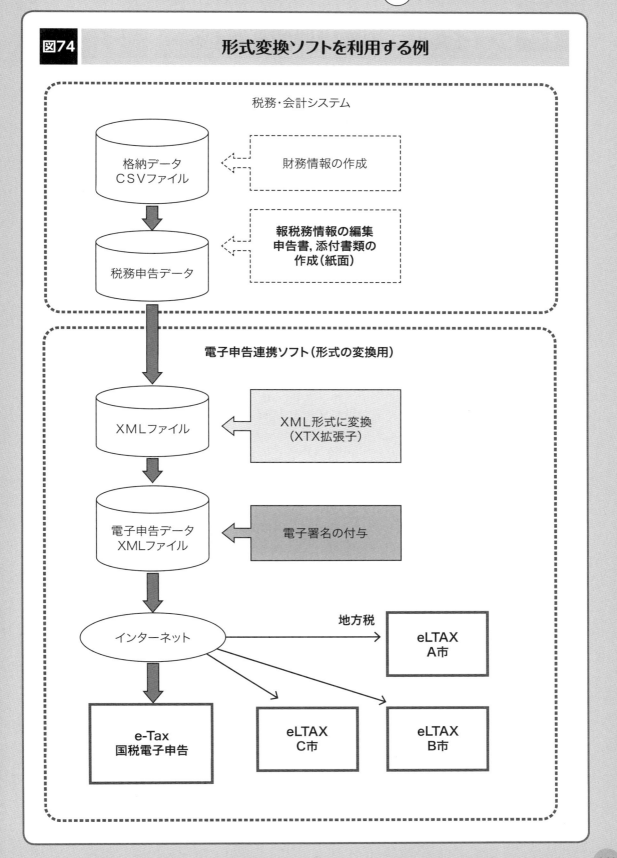

図74 形式変換ソフトを利用する例

申告・納税の部

15 ファイル形式の変換機能を備える

1 アプリケーションとファイル形式

　ファイル形式とは，コンピュータ上のデータをどのように扱うかを定めた規約である。
　コンピュータでは，文字（テキスト）や画像，動画，音声などの情報を扱っており，作成するファイル内のデータの表現方法や構造は異なっている。それぞれが基本にするフォーマットをファイル形式と呼んでいる。
　電子装置内でデータの記録状態は単に0と1の情報（バイナリ）の組み合わせである。ファイル形式はファイル名に拡張子で付記されており，ファイルを読み込むアプリケーションソフトが，ファイル形式に従ってデータを識別してテキストや画像等に再現させる。事務処理では，次のようなファイル形式がよく使用されている。

(1) テキスト

　通常ファイルに格納されたデータは，テキストまたはバイナリ（2進化）の情報である。テキストはデータの内容をすべて人間が読める。コンピュータ上で文章を扱う一般的なファイルフォーマットである。
　このフォーマットで文字以外の情報は一切含まず，テキストデータのみで構成されている。簡単なテキストエディタや表示用のソフトで扱える利便性が高い反面，格納できるのがテキストに限定され，フォント情報などが持てない。関連した情報を格納するにはHTMLなどが利用される。

(2) HTML

　Webページを作成するために開発された言語である。現在，インターネット上で公開されているWebページのほとんどがHTMLで作成されている。Web画面で下線の付いたテキストなどをクリックすると別ページへ移動するマークアップの言語である。

(3) XML

　HTMLと同様のマークアップ言語である。マークアップすると，対象となる情報（文章や言葉）に対して，その特徴や意味，機能を付加する。HTMLでは，定められた要素しか使用できないが，XMLは制作者が独自の要素を定義して利用できる。これにより，文書中のデータの意味などを定義して付加する機能がある。

I章 国税の電子申告・申請等（e-Tax）

図75　e-Tax用ファイル形式への変換機能

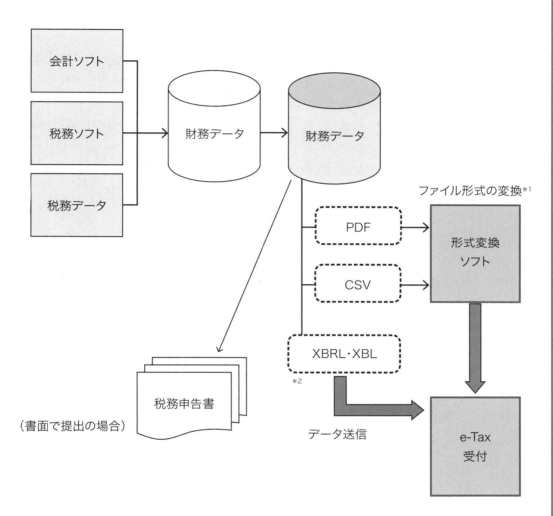

*1　形式変換ソフトは専用ソフト，市販ソフトが備えるものにe-Taxソフトが機能を追加している。
*2　XBRLソフトはe-Taxソフトが備えている。

2　電子申告に対応するファイル形式に変換する

　電子申告用のデータファイルは，各組織が運用する財務会計ソフトを主体に，業務用アプリケーションによる関係データをベースにして作成されている。アプリケーションはそのOSごとに作られ，さまざまなアプリケーションが扱うデータ形式はさまざまである。

　電子申告等のデータ処理に関連して多くみられるのは，次のファイル形式である。

(1)　PDF

　電子ドキュメントは，ほかのコンピュータ上で元のレイアウトを保持したまま表示・印刷するのは難しい。PDFファイル，Adobe Reader（無償ソフト）を利用して異なる環境のコンピュータで元のレイアウトどおりに表示・印刷できる。

　HTMLのドキュメントであれば，多くのコンピュータで閲覧できるが，制限が多く，OSやWebブラウザの種類・設定でレイアウトが変わりやすい。厳密にレイアウトを保持したいドキュメントなどではPDFが利用されている。

(2)　CSV

　CSVとは，フィールド（項目）をカンマ「,」で区切ったテキストデータのファイル形式である。それぞれのソフトが独自のファイルフォーマットでデータを記録すると，他のソフトとデータの互換性がなくなる。CSVファイルなら，使用するソフトがカンマ区切りテキストの出力（エクスポート）と，読み込み（インポート）に対応していれば，データ交換が可能である。

(3)　XBRL

　XBRLは，各種事業報告用の情報（財務・経営・投資などの様々な情報）を作成・流通・利用できるコンピュータ言語である。財務情報・開示情報（財務諸表や内部報告など）の記述に適している。e-Taxシステムは，法人税の電子申告で財務諸表部分のデータ形式に指定している。

3　利用に対応してファイル形式の変換機能

(1)　e-Taxソフトに形式変換の機能を組み込む

　国税庁は，当初e-Taxソフト（PC版）になかったCSV形式のデータファイルをe-Tax用のファイル形式（XBRL・XML）に変換するソフトを編成して，利用の利便性を上げた。

(2)　電子申告データをPDF形式に変換する

　税務代理を行う税理士は顧問先に電子申告データの確認あるいは保存用として，また，メッセージボックスの通知内容を転送する。XBRL形式のファイルをPDF形式に変換すれば，双方が扱い易く，スピーディにその操作が行える。

I章 国税の電子申告・申請等（e-Tax）

図76 **e-Tax ソフトでファイル形式の変換**

国税庁がファイル形式の変換機能の提供

　国税庁が提供するプログラム等により、会計ソフトが保有している「財務諸表」及び「勘定科目内訳明細書」のデータをe-Tax送信可能とします。（平成28年1月）

<概要>
　e-Taxによる法人税申告の送信においては、民間税務・会計ソフトウェアで作成した財務諸表及び勘定科目内訳明細書がe-Taxで送信できるファイル形式で作成されていないなどの場合には、別途、郵送等により提出する必要がありました。
　このため、民間税務・会計ソフトウェア開発業者に対し、財務諸表及び勘定科目内訳明細書について、国税庁が定めるファイル形式（CSV）により出力できる対応を依頼することとしました。
　また、当該ファイル形式（CSV）で出力されたデータについて、e-Taxで受付可能なファイル形式（XBRL/XML）に変換するプログラムを民間税務・会計ソフトウェア開発業者に提供して、e-Tax送信が可能となるようにします。
　なお、国税庁が定めるファイル形式（CSV）データをe-Taxで受付可能なファイル形式（XBRL/XML）に変換するプログラムについては、e-Taxソフト（PC版）にも導入します。

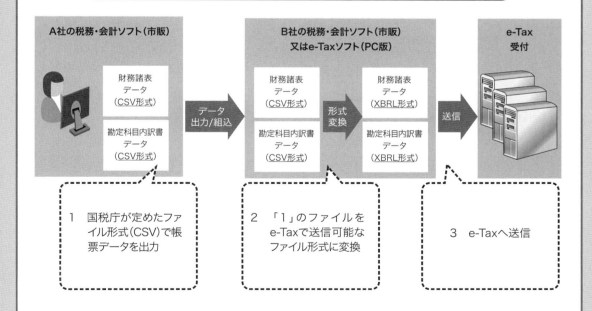

(3) eLTAXでCSV形式のファイルが利用できる

地方税eLTAXのPCdeskソフトには市販の税務，会計ソフトで作成したCSV形式のデータを取り込んで送信する機能がある。この機能を前提に，給与システムで作成したデータ（CSV形式）のまま「給与支払報告書」が作成できて，電子申告の提出ができる。

④　e-Taxのデータ形式へ変換機能を充実

(1) 国税庁がソフトメーカーに機能を提供

各種の会計ソフトで作成される財務諸表及び勘定科目内訳明細書の電子データは，一般にCSV形式が多く，e-Taxが受信できるファイル形式（XBRL・XRL）ではない。

したがって，電子申告を行う場合は，この部分に関してはデータの送信対象に含まれないので，別途，プリントで作成した書類で提出する必要があった。

そこで，国税庁は電子申告の利用を支援する対策として，このような会計ソフトで作成される「財務諸表」及び「勘定科目内訳明細書」のデータをe-Taxデータに利用できる機能の組み込みをソフトメーカーに要請し，そのための形式変換プログラムの提供をはじめた。

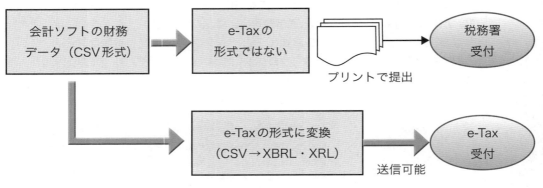

（対象となる帳票）

① 財務諸表

　　貸借対照表，損益計算書，製造原価報告書，株主資本等変動計算書，社員資本等変動計算書，個別注記表，損益金の処分表

② 勘定科目内訳明細書

　　16帳票

II章

電子納税の利用

申告・納税の部

電子納税の手続

　電子納税はe-Taxで税務申告の納税額のデータによる納税手続を行う方法である。その方法も単一でなく，納税者は利便性などで選択できるが領収書の発行はない。金融機関を経由する手続でやや複雑なところがある。

　また，電子納税では，国税の納付手続を自宅やオフィスからインターネットを利用した操作で電子的に行うことができる。金融機関の窓口まで出向く必要がない。

1　ダイレクト納付による納税手続

　ダイレクト納付による方法は，事前に税務署へ届出等をしておき，e-Taxを利用して電子申告等又は納付情報登録をした後に，届出をした預貯金口座からの振替で即時又は期日を指定して電子納税を行う。電子申告等が可能な税目が対象である。

Pay-easyで国税の電子納税

　官庁システムが電子申告・申請による税金や手数料の納付を受けるサービス「Pay-easy（ペイジー）」がある。Pay-easyによる納付は，インターネットバンキング契約のない者でも利用できる。Pay-easyで「国税のダイレクト納付」は次のように行う。
　①　所轄税務署へダイレクト納付利用届出をする。e-Taxを利用する。国税庁と金融機関との契約手続があるので，利用まで若干の日数を要する。
　②　電子申告のデータ送信後，納付手続で「即時」か「納付期日の指定」を行う。

2　インターネットバンキング等による納税手続

　インターネットバンキングは，インターネットを介した銀行の取引サービスである。自宅で利用できることや土日休日の夜間早朝でも利用できる。

　口座の入出金は顧客の端末上で確認できるので，冊子式通帳を発行しない口座もあり，銀行にとって費用の低減につながり普及策が講じられている。

(1)　登録方式

　e-Taxソフト等を使用して納付情報データを作成し，その納付情報に対応する納付区分番号を取得して電子納税を行う。全税目の納税の本税のほか附帯税についても可能である。

(2)　入力方式

　e-Taxに納付データの登録はせず，登録方式の場合の納付区分番号に相当する納付目的コードを作成して納税を行う。申告所得税，法人税，地方法人税，消費税及地方消費税，申告所得税及復興特別所得税，復興特別法人税の6税目が対象になる。

II章 電子納税の利用

  電子納税に多彩な選択肢

納税者が選択できる様々な方法

ダイレクト納付

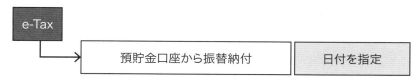

インターネットバンキング納付

クレジットカード納付

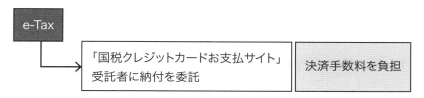

スマホでコンビニ納税

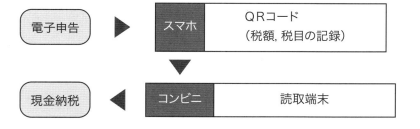

申告・納税の部

2 「ダイレクト納付」方式

　ダイレクト納付では，事前に税務署へ届出等をしておけば，e-Taxを利用して電子申告等又は納付情報登録をした後に，届出をした預貯金口座からの振替により，クリック操作で「即時」または「期日を指定して納付」する指定ができる。

　また，電子申告等により利用が可能な税目は，源泉所得税，法人税，地方法人税，消費税及び地方消費税，申告所得税，贈与税，酒税，印紙税，源泉所得税及び復興特別所得税，申告所得税及び復興特別所得税であるが，納付情報登録（納付情報データ）の送信を行えば，これらの税目にかかわらず全税目の納税を行うことが可能である。

　なお，従来から各省庁等に対する登記・登録等の申請・届出等手続に伴って納付を行っている登録免許税や自動車重量税について，電子納税を行う場合は，申請・届出等手続を所管する各省庁等の電子申請・届出等手続に併せて納付を行うことになる。

　ダイレクト納付による納税手続の手順は，次のとおりである。

① 申告等データの作成・送信

　「申告等データ」又は「納付情報データ」を作成し，e-Taxを利用して送信する。

② ダイレクト納付の時期

　「申告等データ」又は「納付情報データ」の送信後，メッセージボックスに格納される受信通知を確認し，「今すぐに納付される方」又は「納付日を指定される方」のいずれかを選択する。

　（注）メッセージボックスの内容を確認するためには，e-Taxホームページのトップページにある「受信確認（ログイン）」をクリック。

　　納期限当日に申告等データを送信した場合は，納付日を指定して納付することはできない。ダイレクト納付ボタンの有効期間は，「申告等データ」又は「納付情報データ」の送信日から2ヶ月間である。

③ 納付状況の確認

　納付手続の完了後，「ダイレクト納付完了通知」がメッセージボックスに格納される。

　（注）

　①　納付できなかった場合，残高不足等の「ダイレクト納付エラー通知」が格納されるので，必ず納付状況（エラー情報）の確認をする。

　②　納付日を指定した納付は，指定した期日にメッセージボックスの内容を確認する。

④ e-Taxソフト（WEB版）からダイレクト納付

　e-Taxソフト（WEB版）を利用すると納付情報の登録からダイレクト納付までが行える。

Ⅱ章 電子納税の利用

| 図78 | ダイレクト納付の手続 |

e-Tax にログイン

↓

申告書データ, 納付情報データの作成

↓

e-Tax 受付 送信

↓

メッセージボックス 受信確認

↓

「今すぐに納付」・「給付日を指定」選択

↓

メッセージボックス「ダイレクト完了通知」確認

今すぐに納付する	納付日を指定して納付する
●「今すぐに納付される方」ボタンをクリックすることで, 届出をした預貯金口座から振替が行われ, 即時に納付が完了します。 ※e-Taxソフトでは「今すぐ納付を行う。」を選択します。 　今すぐに納付される方	●「納付日を指定される方」ボタンをクリックすることで, 届出をした預貯金口座から, 指定した期日に振替が行われ, 納付が完了します。 ※e-Taxソフトでは「納付日を指定して納付を行う。」を選択します。 納付日を指定される方 （注） 指定できる納付日は, 原則として納期限までの日付になります（土, 日, 祝日等を除きます）。

—151—

申告・納税の部

3 インターネットバンキング納付

1 登録方式による納税手続

登録方式は，全税目の納税が対象で，本税のほか，附帯税についても納税が可能ある。インターネットバンキングを利用するので，認証を受けたID，パスワードを必要とする。

(1) e-Taxへの登録

税目，納付の目的となる課税期間，申告区分，納付金額等の納付情報データ（納付情報登録依頼）を作成し，e-Taxへ送信して事前登録をする。

納付情報データの作成から送信までの手続は，「申告・申請等手続」と同様である。

e-Taxでは，受信した納付情報データの基本的事項の確認を行い，「納付区分番号（10桁）等」をメッセージボックスに格納し，利用者は「納付区分番号等」を取得する。

(2) 金融機関への納付指図

① 金融機関のインターネットバンキングのシステムにログインし，税金・各種料金払込みのメニューを選択する。

② 国税庁の収納機関番号（00200）を入力する。

③ 金融機関システムで表示される各欄に，それぞれの番号を入力して送信する。

金融機関のシステムでの欄の名称	対応するe-Taxの番号の名称
「納付番号」欄	利用者識別番号
「確認番号」欄	納税用確認番号
「納付区分」欄	納付区分番号

④ 利用者の送信データは，システムを通じてe-Taxに送信され，e-Taxでは納付区分番号で登録された情報を通知する。

⑤ 預金口座からの納付指図で，金融機関側は国庫金に納付税額の振替え，領収済データをe-Taxに送信し，利用者に納付完了の画面表示を行う。

⑥ e-Taxは金融機関に領収済データ受信の通知を送信する。

II章 電子納税の利用

図79 登録方式の流れ

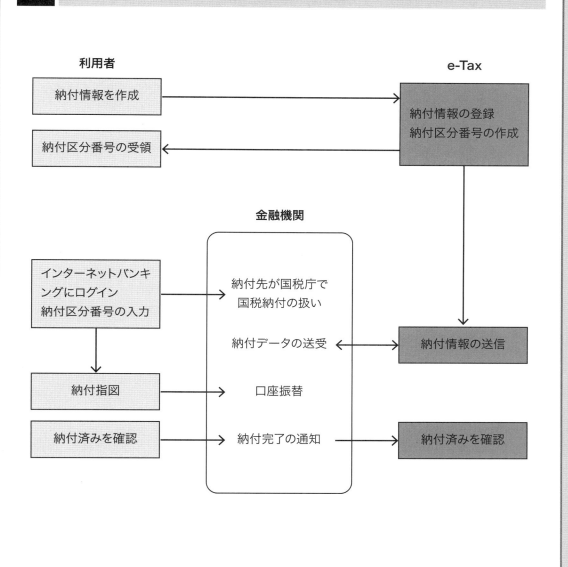

153

申告・納税の部

② 入力方式による納税手続

入力方式は，申告所得税，法人税，地方法人税，消費税及地方消費税，申告所得税及復興特別所得税，復興特別法人税の６税目の納付が行える。

入力方式の手順は，登録方式とほぼ同様であるが，事前に納付情報の登録を行っていないため，インターネットバンキング等を利用して納付指図をする際に，登録方式において使用する納付区分番号に対応する納付目的コード（税目番号，申告区分コード，元号コード，課税期間を組み合わせた番号）を利用者が納付金額と併せて入力する。

(1) 納付目的コード

入力方式による電子納税を行う際の納付目的コードは，利用者が「税目番号，申告区分コード，元号コード，課税期間」を組み合わせて作成する。

（A）税目番号＋（B）申告区分コード＋（C）元号コード＋（D）課税期間（和暦）

（納付目的コードの作成例）

イ）申告所得税の平成17年確定申告分の納付目的コード→　0204417

　　（税目番号）020（申告区分コード）4（元号コード）4（課税期間）17

ロ）法人税の事業年度平成17年４月１日から平成18年３月31日確定申告分の納付目的コード→　03044170401

　　（税目番号）030（申告区分コード）4（元号コード）4（課税期間）170401

(2) 納付金額の入力方法

入力方式では，ATM等の画面に利用者識別番号等の各種番号を入力した後に，納付する金額を入力する。

申告税額の一部納付（分納）や申告所得税の延納も可能である。

（注）延滞税や利子税がかかる場合は延滞税等を含めた納付金額となるので，納期限後に納付する場合は，あらかじめ税務署に確認する。

(3) 金融機関への入力項目

金融機関のシステムへの入力項目は次のとおり

金融機関のシステムでの欄の名称	対応するe-Taxの番号の名称
「収納機関番号」欄	収納機関番号（00200）
「納付番号」欄	利用者識別番号
「確認番号」欄	納税用確認番号
「納付区分」欄	納付目的コード
「金額」欄	申告等により納付すべき金額

II章 電子納税の利用

図80 入力方式の流れ

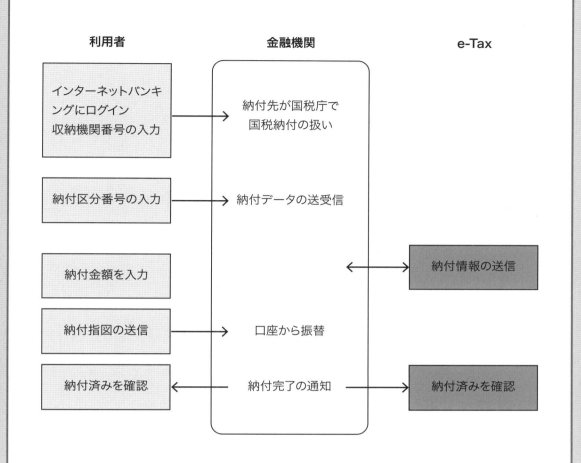

申告・納税の部

⑷ 入力方式の入力項目

入力方式での金融機関のシステムへの入力項目は次のとおり

(A) 税目番号

税　　　目	番号
申告所得税	020
法人税	030
地方法人税	040
消費税及び地方消費税	300
申告所得税及復興特別所得税	320
復興特別法人税	330

(B) 申告区分コード

申告区分	申告区分コード
予定納税1期分	1
予定納税2期分	2
中間申告	3
確定申告	4
修正申告	5
更正	6
決定	7
予納	8
その他	9

※「予納」は法人税，地方法人税，
　復興特別法人税に限られる

(C) 元号コード

元号	元号コード
昭和	3
平成	4

(D) 課税期間

税　　　目	入　力　方　法
申告所得税 申告所得税及復興特別所得税	納付される申告年分を和暦で入力 （例）　平成17年分の場合→年分のみ「17」と入力
法人税 地方法人税 復興特別法人税	納付される事業年度の始期6けたを和暦で入力 （例）　事業年度が平成17年4月1日から平成18年3月31日分の場合 →「170401」と入力
消費税及地方消費税	納付される課税期間の始期6けたを和暦で入力 （例）　課税期間が平成17年4月1日から平成18年3月31日分の場合 →「170401」と入力

II章 電子納税の利用

図81 　　　　　　　　　　　電子納税に多彩なルート

ダイレクト納付の手続

> e-Taxで手順は電子申告と同じ
> システムに基本情報が登録されている
> 「今すぐ納付」か「納付日の指定」を選択

インターネットバンキング納付の手続

（1）登録方式

> e-Taxに「納付情報」を送信
> 「納付区分番号」を受領
> 番号でインターネットバンキング口座から納付指図

（2）入力方式 e-Taxに「納付情報」を登録せず

> 「納付目的コード」を作成
> インターネットバンキング等で各種番号, 納付金額を入力
> 口座から納付指図

申告・納税の部

源泉所得税の納付方式

　源泉所得税及び復興特別所得税の納付手続（自主納付分）は，登録方式により，次の手順で徴収高計算書データを作成して納付手続を行う。

(1) 現在の所得税徴収高計算書の様式に準じた入力画面に必要事項を入力することで徴収高計算書データを作成する

(2) 上記で作成したデータをe-Taxに送信する
　　　e-Taxでは受信した徴収高計算書データの内容審査を行い，納付区分番号等を表示した受信通知をメッセージボックスに格納する。
　　（注）　徴収高計算書については，利用者識別番号，暗証番号のみで送信することができる。利用者識別番号，暗証番号のみの送信では改ざんの検知等を行うことができないので，電子納税を行う際には，支払先税務署名，支払内容，納付金額等が送信したデータと同じであることを確認する必要がある。

(3) e-Taxにログインし，メッセージボックスで納付区分番号等を確認する
　　　受信通知において，エラー情報が表示されている場合は，納付区分番号等は，表示されないので，訂正等を行って再送信する。
　　（注）　納付区分番号の有効期限は2ヶ月，有効期限内に電子納税を行わなかった場合は，再度，徴収高計算書データを送信し，新たに納付区分番号を取得する。

(4) メッセージボックスに格納された納付区分番号通知の「インターネットバンキング」から取引のある金融機関にログインする
　　　税目，納付金額等を確認し，納税手続を行う。
　　（注）納付区分番号通知からインターネットバンキングにログインせず，別途インターネットバンキングやATMを利用して納付することも可能である。
　　　徴収高計算書データの送信は，電子納税を行うために必要な手続であるが，徴収高計算書データを送信しただけでは納付の効果は発生しない。
　　　したがって，期限内に徴収高計算書データを送信し，電子納税を期限後に行った場合には期限後納付となる。

源泉所得税の納付

> 登録方式

> 納付情報を登録し**「納付区分番号」**の通知を受ける

源泉所得税の自主納付分について，e-Taxを利用した納税方式である。
e-Taxに納付情報を登録，納付区分番号をメッセージボックスで受信する。

> 所得税徴収高計算書の例

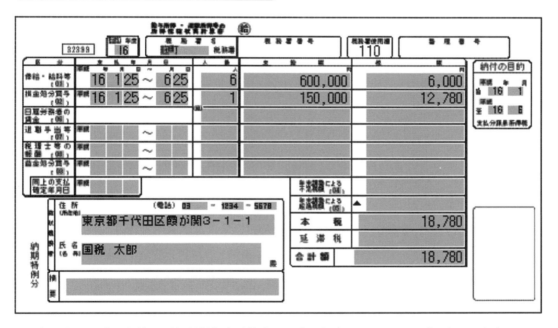

給与所得・退職所得等の所得税徴収高計算書データの場合，以下の項目が入力項目となる。

・会計年度，税務署名
・納付の目的，支払年月日，支払確定年月日，人員，支給額，税額
・年末調整による不足税額，年末調整による超過税額，本税，延滞税，合計額
・徴収義務者の住所（所在地），氏名（名称），電話番号
・摘要

申告・納税の部

5 クレジットカード納付を利用する

　クレジットカード納付は，インターネット上のクレジットカード支払の機能を利用して，国税庁長官が指定した納付受託者（トヨタファイナンス株式会社）に国税の立替払いを委託する。

　全ての税目が利用可能であるが，納付税額に応じた決済手数料がかかる。

クレジットカード利用で納付する手続

納付する税金→　納付手続の確定→　クレジットカードの決済

1 「国税庁ホームページ」又は「確定申告書等作成コーナー」からアクセス

　「国税庁ホームページ」で「国税クレジットカードお支払サイト」をクリックするか，「確定申告書等作成コーナー」で納税額のある申告書を作成した場合等に表示される納付方法の案内画面から「国税クレジットカードお支払サイト」を利用する。

2 e-Taxからアクセス

　e-Taxを利用して電子申告・徴収高計算書データの送信又は納付情報登録依頼をした後に，メッセージボックスに格納される受信通知から「国税クレジットカードお支払サイト」を利用する。

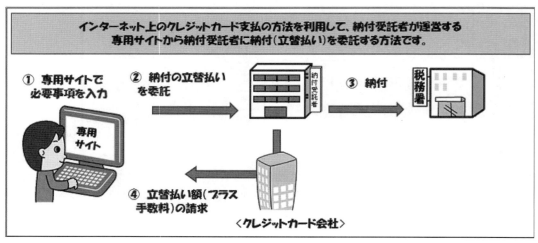

図83 徴収高計算書(源泉所得税)の事例

(例)クレジットカード利用の納税(e-Tax(WEB版)を利用)

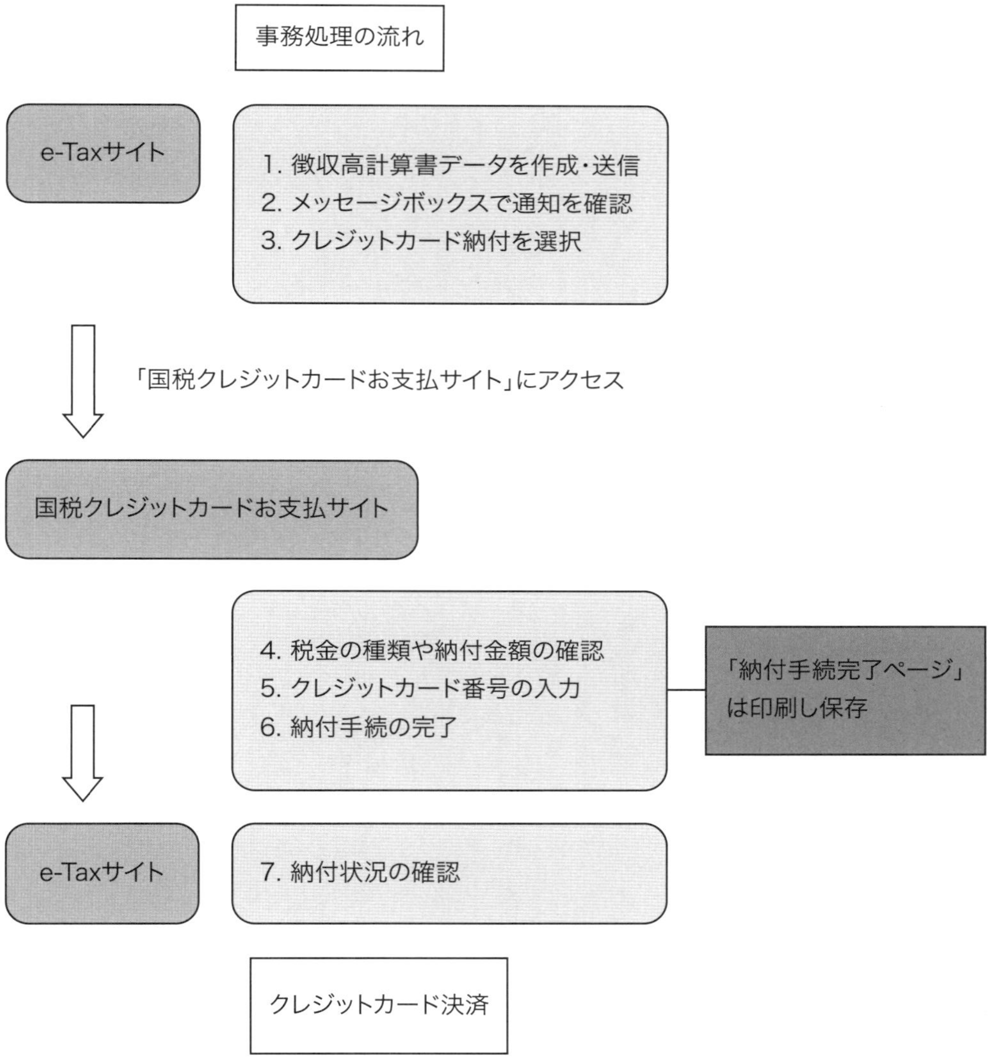

事務処理の流れ

e-Taxサイト
1. 徴収高計算書データを作成・送信
2. メッセージボックスで通知を確認
3. クレジットカード納付を選択

「国税クレジットカードお支払サイト」にアクセス

国税クレジットカードお支払サイト

4. 税金の種類や納付金額の確認
5. クレジットカード番号の入力
6. 納付手続の完了

「納付手続完了ページ」は印刷し保存

e-Taxサイト
7. 納付状況の確認

クレジットカード決済

Ⅲ章

その他
電子手続のルート

申告・納税の部

e-Taxソフト（WEB版）の利用

　e-Taxソフト（WEB版）は，e-Taxソフトをパソコンにインストールせずに，Web上でe-Taxの利用ができる。e-Taxソフト（WEB版）は電子申告の開始届出のオンライン提出から申告データの作成，電子データの送信までを連携した一連の操作で行える。

分　類	手　　　　　続
納税関係	納付情報登録依頼
納税証明書交付関係	納税証明書の交付請求（署名省略文） 納税証明書の交付請求（書面交付用） 納税証明書の交付請求（電子交付用）
源泉所得税関係	給与所得・退職所得等の所得税徴収高計算書（一般） 給与所得・退職所得等の所得税徴収高計算書（納期特例分） 報酬・料金等の所得税徴収高計算書 利子等の所得税徴収高計算書 配当等の所得税徴収高計算書 定期積金の給付補てん金等の所得税徴収高計算書 非居住者・外国法人の所得についての所得税徴収高計算書 償還差益の所得税徴収高計算書 上場株式等の源泉徴収選択口座内調整所得金額及び源泉徴収選択口座内配当等の所得税徴収高計算書
法定調書関係	給与所得の源泉徴収票等の法定調書（及び同合計表）（※）

（※）作成できる法定調書は，「給与所得の源泉徴収票」，「退職所得の源泉徴収票」，「報酬，料金，契約金及び賞金の支払調書」，「報酬，料金，契約金及び賞金の支払調書（社会保険診療報酬基金用）」，「不動産の使用料等の支払調書」，「不動産等の譲受けの対価の支払調書」，「不動産の売買又は貸付けのあっせん手数料の支払調書」及び「給与所得の源泉徴収票等の法定調書合計表」である。

e-Taxソフト（WEB版）利用の注意事項

(1)利用の前に「e-Taxソフト（WEB版）の推奨環境」を確認する。

(2)e-Taxソフトを利用している場合も，e-Taxソフト（WEB版）を利用の際は，事前準備が必要となる。

(3)ブラウザの「戻る」，「進む」，「更新」のボタンを使用すると，入力内容が消えてしまうおそれがある。必ずe-Taxソフト（WEB版）の画面内のボタン，リンクを使用する。

Ⅲ章 その他電子手続のルート

| 図84 | e-Taxソフトとe-Taxソフト（WEB版）の違い |

e-Taxソフト（WEB版）はe-TaxソフトをインターネットのWEB上で使用できるシステム

e-Taxソフトとの相違

1. 作成可能な手続の種類

> e-Taxソフト（WEB版）を利用すると，開始届出書のオンライン提出から申告等作成，送信までを一連の操作で連携して行うことができる。ただし，利用可能な時間は，e-Taxの利用可能時間に限られる。

2. インターネットに接続している環境が必要

> e-Taxソフト（WEB版）の推奨環境は「利用環境の確認」を確認する。

3. 法定調書のデータ作成方法

> 法定調書のデータ作成は1枚ずつ入力して作成する方式のほか，CSVファイルを用いて作成する方法がある。

4. 納税証明書の交付請求方法

> e-Taxソフト（WEB版）から納税証明書の交付請求を行い，税務署窓口で納税証明書を受け取る場合は，電子証明書やICカードリーダライタを使わないでできる。

5. 税理士等による代理送信を行う際の流れ

> e-Taxソフト（WEB版）は税理士の利用者識別番号でログイン後に，利用者の情報を入力する手順になる。

申告・納税の部

e-Taxソフト(SP版)の利用

「e-Taxソフト（SP版）」は，パソコン利用者向けに提供されている「e-Taxソフト（WEB版）」を，スマートフォンやタブレット端末の利用者向けに操作性を上げたWEBアプリケーションである。

1　e-Taxソフト（SP版）でできること

・e-Taxホームページ（スマートフォン等専用）の閲覧
　スマートフォン等専用e-Taxホームページで「重要なお知らせ」及び「お知らせ」の閲覧等ができる。

・e-Taxソフト（SP版）の利用
　スマートフォン等専用のe-Taxホームページへアクセスし，「e-Taxソフト（SP版）」へログインして利用する。

(1)　利用者情報の登録・確認・変更

申告・申請等データの基本情報となる氏名，住所等の情報，「税務署からのお知らせ」等を受信するメールアドレスの登録・確認・変更（法人利用者については，利用者情報の確認機能のみ利用が可能である。）

(2)　納税

納付情報登録依頼（税目，納付金額等の納付情報データの作成及び送信等），ダイレクト納付，インターネットバンキング（金融機関等サイト）へのリンク

(3)　メッセージボックスの確認

e-Taxに送信した申告・申請等データの送信結果，「税務署からのお知らせ」等の確認

(4)　還付金処理状況の確認

e-Taxを利用して還付申告を行った場合の，還付金の処理状況の確認

2　e-Taxソフト（SP版）利用の流れ

開始届出書の作成・提出を行う。

III章 その他電子手続のルート

図85 e-Taxソフト(SP版)の利用の手順

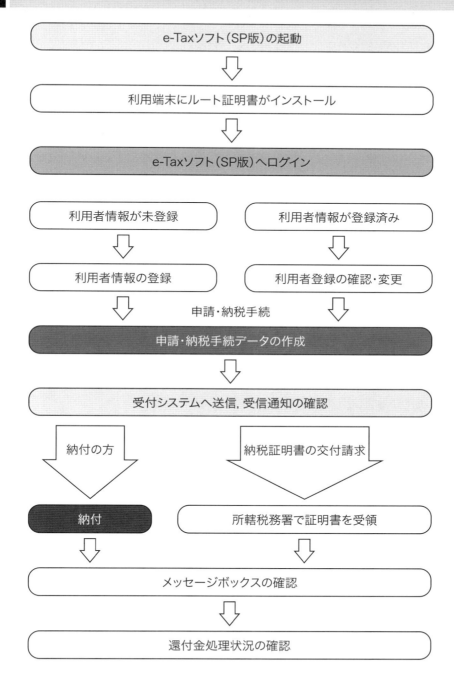

申告・納税の部

確定申告書等作成コーナーの利用

国税庁ホームページの「確定申告書等作成コーナー」で確定申告の作成ができる。
作成した確定申告書はプリントで提出あるいはe-Taxで電子申告ができる。

1 確定申告書等作成コーナーは何ができるか

(1) 作成コーナーで画面の案内に従って金額等を入力することにより，所得税，消費税，贈与税の申告書等を作成する

作成した確定申告書等は印刷して税務署へ郵送等により提出する。
電子申告等データを作成すれば，e-Taxによる電子申告等を行うことができる。

(2) 作成コーナーで作成したデータを保存し，保存したデータを読み込んで続きの作業ができる。

申告済みで保存したデータは，翌年の申告時に読み出して利用できる。

2 確定申告書等作成コーナーの構成

確定申告書等作成コーナーは，次の帳票の作成に分けられている。
・所得税確定申告書
・決算書・収支内訳書
・消費税及び地方消費税確定申告書
・贈与税の申告書
・更正の請求書・修正申告書

これら申告書等以外に計算明細書等が作成でき，所得税，消費税のコーナーは，納税に便利な「振替依頼書」の作成ができる。

納税者の利用者識別番号があれば，税理士による代理送信ができる。

3 申告データの作成

(1) 入力・操作の説明

画面でのデータ入力は，入力欄やチェックボックスがあり，画面の説明を参照しながら該当する項目に数値等の入力，チェック欄の表示を行う。

確定申告書等を印刷して提出する場合は，入力欄のうち，住所や氏名など税額計算に関係ない項目は任意入力項目で，入力しなかった項目は，印刷後に手書きで追記する。

Ⅲ章　その他電子手続のルート

| 図86 | 国税庁HPの確定申告作成コーナー |

◆ 国税庁ホームページの「確定申告書等作成コーナー」を利用する

申告用データを作成し，
(1)　書面の確定申告書を印刷して提出する。
(2)　電子署名を付与してe-Taxに送信する。

利用モデル

> 自宅のPCで「国税庁ホームページに接続」
> 　　「確定申告書等作成コーナー」を利用して，申告データを作成する
> 　　「作成完了したデータ」は書面にして保存用とする
> 　　「電子申告データ」はUSBメモリ等の電子記録に取り込み保存する
> 電子記録を持って最寄りの税務署，市町村に出向く
> 電子申告は備付けのPCを利用して送信する

「確定申告書等作成コーナー」を利用してe-Taxする手順

①　準備	②　利用者識別番号の取得	③　初期登録	④　作成・送信
電子証明書の取得 ICカードリーダライタの同意	開始届出を送信 利用者識別番号の取得	電子証明書を登録 電子署名の付与	申告データを作成 送信

スマホで電子申告が可能

　給与所得者で利用が多い医療費控除や，ふるさと納税等による還付申告等を対象に「確定申告書等作成コーナー」でスマートフォン・タブレットの専用画面が用意され，電子申告ができる。
（平成31年1月以降）

169

申告・納税の部

⑵　申告データの作成

利用者識別番号を入力，暗証番号欄は空欄で「申告書の作成を行う」欄にチェック。

暗証番号等を入力する画面の一番下に「税理士等の方が代理送信される場合〜」で氏名，電話番号を入力する。

⑶　入力作業が中断する場合・途中から作成する場合

申告書等の作成の途中で入力作業を中断するときは，入力途中のデータを一時保存する。一時保存したファイルは，その後にファイル名を指定して読み込むことができる。

4　申告書等の提出

作成したデータはe-Taxの電子申告データとして送信できる。

送信準備段階で保存した申告書の作成データを開き，作成コーナーの「作成再開」ボタンで保存のファイルを読み込む。

電子証明書やICカードリーダライタを使用して電子申告の送信をする場合は，電子証明書ICカードの準備を確認して入力終了まで進める。

書面で申告書を提出する場合，画面の「印刷」ボタンをクリックする。

| | 確定申告書等作成コーナーの画面 |

申告・納税の部

法定調書を光ディスクで提出

　法定調書とは,「所得税法」,「相続税法」,「租税特別措置法」及び「内国税の適正な課税の確保を図るための国外送金等に係る調書の提出等に関する法律」の規定により税務署に提出が義務づけられている資料をいう。

　その代表格は給与所得の源泉徴収票であるが,利子等の支払調書や配当,剰余金の分配及び基金利息の支払調書のように,支払調書の名称を付したものが多いので「支払調書」,あるいは税務署に提出を指定されているので「法定調書」という。古くは「法定資料」とも呼ばれていたもので,種々の名称が使われている。

　法定調書は書面で,定められた様式に記載して所轄税務署に提出するのを原則とする。電子申告の提出に併せて,e-Taxによる送信ルート,あるいは光ディスク等に記録して電子記録媒体で提出する方法がある。

地方自治体,受給者への交付との関連

法定調書のペーパーレス化に関しては,個人の所得税確定申告の添付書類に指定されていることとの関連で,扱いが多様なパターンになっているので注意したい。
給与等の支払者が法定調書の提出を上記の方法で選択すると,ペーパーレス化されるが,同様に受給者にも電子交付を行う制度がある。受給者が個人が所得税確定申告書に添付資料として提出することが原則であるが,個人が電子申告を行うときは確定申告に添付を省略できる扱いがある。(受給者から要求があれば支払者はその受給者に従来どおりの書面で交付しなければならない扱いとされている。)
地方税に関しても国税と同様の扱いがある。

■　光ディスク等で提出する手続

　光ディスク等によって提出する場合には,「支払調書等の光ディスク等による提出承認申請書(兼)支払調書等の本店等一括提出に係る承認申請書」を,法定調書を提出しようとする日の2ヶ月前までに提出義務者の所轄税務署へ提出する。

　提出者は,提出期限までに法定調書の提出先税務署へ次のものを提出することになる。

① 　編集した正本用及び副本用の光ディスク等
② 　支払調書等合計表
③ 　支払調書等合計表付表
(注) 承認申請書の用紙については,国税庁ホームページからダウンロードする。
　　　提出された申請書について,その申請書の提出の日から2ヶ月を経過しても承認又は承認しない旨の通知がない場合は,その経過する日において,その申請は承認されたものとみなす。

図88　法定調書の光ディスクでの提出

~税務署からのお知らせ~

平成26年4月から　法定調書を光ディスク等で提出する際の申請方法等が変わります

▶ 平成26年度税制改正において、法定調書(※)を光ディスク等（CD・DVD・FD・MO）で提出する場合等の申請方法等が一部変更され、平成26年4月から施行されました。

※ 法定調書とは、所得税法などの規定により税務署に提出が義務づけられている資料をいい、平成26年4月1日現在、全部で58種類の法定調書があります（例：給与所得の源泉徴収票）。

改正の概要

◎ 本店等一括提出制度

支店等が提出すべき法定調書を本店等が取りまとめて光ディスク等により提出（本店等一括提出）できることについて、法令上明確化されました。

具体的には、支店等が当該支店等を所轄する税務署長の承認を受けた場合に、光ディスク等又はe-Taxにより、当該支店等が提出すべき法定調書を本店等が取りまとめて提出することができることとされています。

これに伴い、支店等が上記の本店等一括提出を選択する場合には、その支店等が当該支店等を所轄する税務署長に対して、承認申請書を提出することとなります（平成26年4月1日以後に提出する承認申請書から適用されます）。

なお、承認申請書の新様式については国税庁ホームページからダウンロードできます。

（掲載場所）「国税庁ホームページ（ホーム）＞申告・納税手続＞税務手続の案内＞法定調書関係＞［手続名］支払調書等の光ディスク等による提出申請手続」

【光ディスク等により本店等一括提出を行う場合の承認申請書の提出ついて（イメージ）】

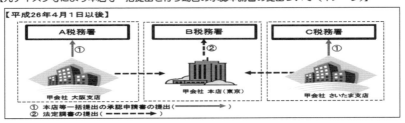

◎ みなし承認制度

従来は、「支払調書等の光ディスク等による提出承認申請書」の提出があった場合には、申請につき承認した旨（又は承認をしないこととした旨）を税務署長が書面により通知することとされていましたが、その承認申請書の提出の日から2か月を経過しても通知がない場合には、その経過する日においてその申請は承認したものとみなされることとされました（平成26年4月1日以後に提出する承認申請書から適用されます）。

（出典：国税庁パンフレット）

(1) 大口提出者は光ディスク等での提出が義務

　法定調書は，紙の小票で作られて提出するのが原則であった。法定調書の種類ごとに，基準年（その年の前々年）の提出すべきであった当該法定調書の枚数が1,000枚以上（平成33年1月1日以降は100枚以上に引き下げられる）である場合は，e-Taxを使用して送付するか光ディスク等で提出しなければならない。

　法定調書をe-Taxを利用して提出する場合は，「電子申告・納税等開始届出書」を事前に所轄税務署に提出する。

(2) 本店等で一括して提出する手続

　支店や工場が多く，法定調書を複数の税務署に提出している場合には，光ディスク等又はe-Taxを利用して本店等で一括して提出することができる。

　本店等一括提出を選択する提出義務者（支店等）は，「支払調書等の光ディスク等による提出承認申請書（兼）支払調書等の本店等一括提出に係る承認申請書」を，法定調書を提出しようとする日の2ヶ月前までに，その支店等を所轄する税務署に提出する。承認申請書の用紙については，国税庁ホームページからダウンロードする。

（注）提出された申請書については，その申請書の提出の日から2ヶ月を経過しても承認又は承認しない旨の通知がない場合には，その経過する日において，その申請は承認されたものとみなす。

Ⅲ章 その他電子手続のルート

図89　電子記録で提出が義務化された書類

光ディスク等による支払調書の提出が義務化されています！
～支払調書ごとの提出枚数が1,000枚以上となった場合～

【改正の内容】
　支払調書の種類ごとに、前々年の提出すべきであった当該支払調書の枚数が1,000枚以上である支払調書については、平成26年1月1日以降、光ディスク等又はe-Taxによる提出が必要となります。

《提出義務の判定（例：㈱国税商事）》
　㈱国税商事は、平成24年に配当の調書を1,200枚、給与の源泉徴収票を1,100枚提出しました。
　また、翌年の平成25年には配当の調書を1,300枚、給与の源泉徴収票を900枚提出しました。
　㈱国税商事は、平成26年と27年に、これらの調書を光ディスク等により提出する必要があるでしょうか。

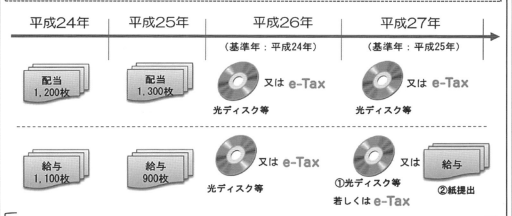

《解説》
　㈱国税商事の平成24年（平成26年の基準年）における支払調書の提出枚数は給与、配当いずれも1,000枚以上であるため、平成26年は、いずれの調書も光ディスク等又はe-Taxによる提出が必要となります。
　しかしながら、平成25年（平成27年の基準年）における給与の源泉徴収票の提出枚数は900枚と1,000枚未満となったため、平成27年において配当の調書は光ディスク等又はe-Taxで提出する必要がありますが、給与の源泉徴収票は光ディスク等、e-Tax、紙のいずれの方法でも提出することができます。

○　支払調書の光ディスク等による提出については、国税庁ホームページの「申告・納税手続」から「法定調書の光ディスク等による提出のご案内」をご覧ください。
○　基準年の支払調書の提出枚数が1,000枚未満の方でも、光ディスク等により提出することができます（事前に所轄の税務署長の承認が必要な場合があります。）。
○　給与所得（及び公的年金等）の源泉徴収票の光ディスク等又はe-Taxによる提出が義務付けられた年分については、平成26年1月1日以降に市区町村に提出する給与支払報告書（及び公的年金等支払報告書）についても光ディスク等又はeLTAX（地方税ポータルシステム）による提出が義務化されています。

（出典：国税庁パンフレット）

IV章

地方税の電子申告・
申請等（eLTAX）

申告・納税の部

1 地方税共同機構とeLTAX

1 地方税電子化協議会の設立

　地方税の徴税機構は県・市区町村の二階層の行政主体で構成されており，地方自治の自主性が尊重されている。地方税法によって全国の都道府県が執行する税制の基本方式は規定されているが，適用税率では標準税率と限度幅が規定されている等，各地方公共団体はその範囲内で適用が選択されている。したがって，地方公共団体の全部が完全に一致した方式によるものではない。

　また，地方税の申告者が各公共団体の所轄地域内に居住するとは限らない。所轄地域内の資産の所有者が所轄地域外の住民であって資産の所在地の地方公共団体に申告と納税の手続を行っているパターンは多い。

　従来の書面と手作業によっていた行政事務の執行体制が，電子化による改革が進められてきた。電子化への移行は，地方公共団体ごとで電子化を設定するのは重複した投資やデータの連携等に課題や無駄が出る。そこは全国で共通したシステム化と共同利用を行う構想に基づいて電子化を推進するのが合理的である。この理念のもとに，全国の都道府県市町村が会員で参加する一般社団法人地方税電子化協議会が設立された。

　一般社団法人で開始した協議会は平成31年4月に，その役割の重要性から地方税法に設置根拠及び組織運営が規定される法人に改組され「地方税共同機構」と改称される。

2 地方税共同機構が運営するeLTAX

　機構は地方公共団体と接続するネットワークのもとで，地方税に関する電子化した処理システム「地方税ポータルシステム（eLTAX）」によって，地方公共団体からの受託業務を行うのである。全国の地方公共団体が利用に参加しており，関連機関とのデータ交信が実行され，さらに適用業務の拡大を進めている。

　eLTAXは国税のe-Taxのような行政機関として運用されるデータセンタではないが，地方税の電子処理の中心機関であり，e-Taxと同様の役割を果たしているのである。

　eLTAXが運用を開始した主な業務は次のとおりである。

　平成17年　電子申告受付サービスを開始
　平成20年　給与支払報告書の電子的提出
　平成20年　電子納税を追加
　平成21年　公的年金から個人住民税の特別徴収
　平成23年　確定申告データを地方公共団体に送信）'
　平成25年　法定調書を市町村へのデータ送信

図90　eLTAX（システムの構成）

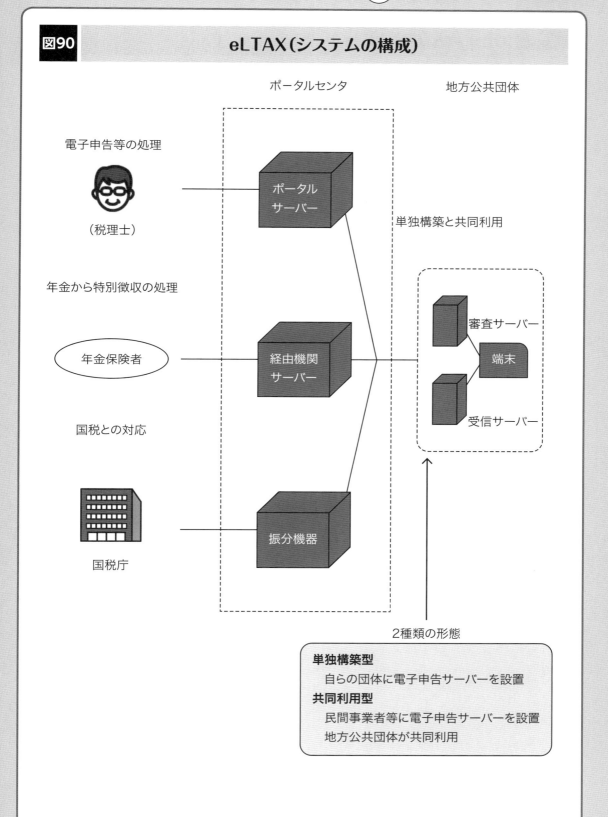

申告・納税の部

eLTAXの概要

　eLTAXとは「地方税ポータルシステム」の呼称であり，インターネットを利用して地方税に関する手続を電子データで行う，国税のe-Taxと同じような税務申告のシステムである。

　地方税の申告書は，提出先が本店あるいは事業所の所在地の地方自治体である。法人の税務申告を本店で，支店・出張所分を統合して管理する場合が多い。大企業を中心に，支店，事業所，工場など，事業の拠点は全国各地に所在する。本店は各地の税務申告に関する通知，申告用紙の取り寄せ，あるいは申告書の提出手続を行う必要があり，遠隔地では，郵送等の手続で事務負担がある。

　地方自治が尊重されているが，同じ地方税の諸手続（申告書の様式，説明内容）であっても，別々に作成されることが多い。企業サイドでは，当該用紙の取り寄せなどの事務負担があり，合理化の余地はある。

　eLTAXは地方公共団体が共同（「一般社団法人地方税電子化協議会」（注））でシステムを運営する。地方税の申告，申請，納税等の電子データを全国一つの窓口によって受入れ，各地方公共団体別に処理することができる。

　地方税の税務処理は本社で一括して行っている大企業などにとって，このシステムを利用した電子申告の提出は，事務の効率化が図れる。このシステムのオープン，あるいは，全国の自治体の受付が可能になるまでに時間を要したなど，システムの運用，あるいはサービスの拡充に課題がみえる。

eLTAXで利用可能な手続

税目	電子申告	電子申請・届出	電子納税
法人都道府県民税 法人事業税 地方法人特別税	予定申告 中間申告 確定申告 修正申告 清算確定申告等	法人設立・設置届・異動届 法人税に係る確定申告書又は連結確定申告書の提出期限の延長の処分等の届出 申告書の提出期限の延長の承認申請	本税の納付 延滞金，加算金の納付 見込納付
法人市町村民税	予定申告 中間申告 確定申告 修正申告 清算確定申告等	法人設立・設置届 異動届	本税の納付 延滞金，加算金の納付 見込納付
固定資産税	全資産申告		

（注）2019年（平成31年）4月に「地方税共同機構」と改称される。

Ⅳ章 地方税の電子申告・申請等（eLTAX）

図91 **eLTAXの概要**

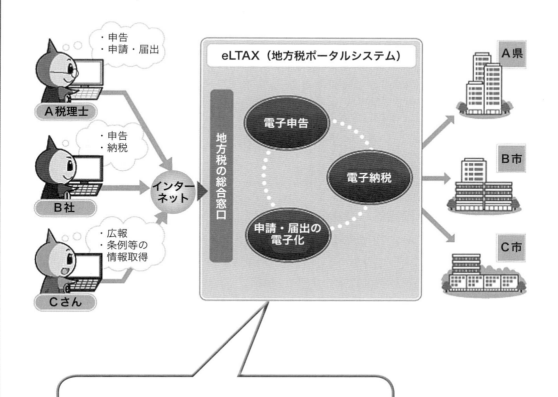

eLTAXは地方税の手続を，インターネットで行うシステムで，地方公共団体が組織する「一般社団法人地方税電子化協議会」(注)が運営する。
全国の地方税申告，申請，納税等の電子手続が一つの窓口で受付ける。

（注）2019年（平成31年）4月に「地方税共同機構」と改称される。

償却資産	増加資産/減少資産申告 修正申告等		
個人住民税	給与支払報告 給与支払報告・特別徴収に係る給与所得者異動届出 普通徴収から特別徴収への切替申請 退職所得に係る納入申告及び特別徴収票又は特別徴収税額納入内訳届出 公的年金等支払報告等	特別徴収義務者の所在地・名称変更届出書	特別徴収に係る本税の納付 特別徴収に係る延滞金，加算金の納付
事業所税	資産割，従業者割の納付申告 免税点以下の申告 事業所用家屋貸付等申告等	事業所等新設・廃止申告	本税の納付 延滞金，加算金の納付

① eLTAXの安全，安定的な運営の措置

　eLTAXは国税のe-Taxが行政機関によって運営されるのとは違い，一般社団法人である地方税電子化協議会によって運営されている。行政手続を行うための電子データ処理を受託するのであるから，行政機関による場合と同様に，業務処理に関しては厳格なセキュリティが確保されなければならない。平成30年度の税制改正において，地方税法に設置が規定され，組織運営が規定される法人「地方税共同機構」に改組され（平成31年4月），eLTAX運営の安全と安定のために次の措置が講じられた。

(1)　内閣総理大臣の監督権限

　内閣総理大臣は，eLTAXの運営主体に対し，地方税法及び定款に違反するおそれがある場合の報告，立入検査及び違法行為等の是正の要求，並びにeLTAXの運営主体による適正な事務の実施のための命令及び報告，立入検査等を行うことができる。

(2)　安全確保の措置

　eLTAXの運営主体の役職員に対する秘密保持義務，義務に違反した場合の罰則，役職員を刑法その他の罰則の適用について，公務員とみなす規定等の所要の措置を講じる。

　一般社団法人地方税電子化協議会は地方税法に設置根拠，組織運営が規定される法人とする。

② 大法人に電子申告での提出を義務化（平成32年度から制度改正）

　国税の法人税及び消費税について，大法人は電子申告によることが義務化された。

　地方税においても国税と同じ扱いとされ，大法人の法人住民税及び法人事業税については電子申告によることが義務化された。

　この改正は2020年（平成32年）4月1日以降開始する事業年度から適用になる。

IV章 地方税の電子申告・申請等（eLTAX）

図92 eLTAXの電子申告サービスを利用する効果

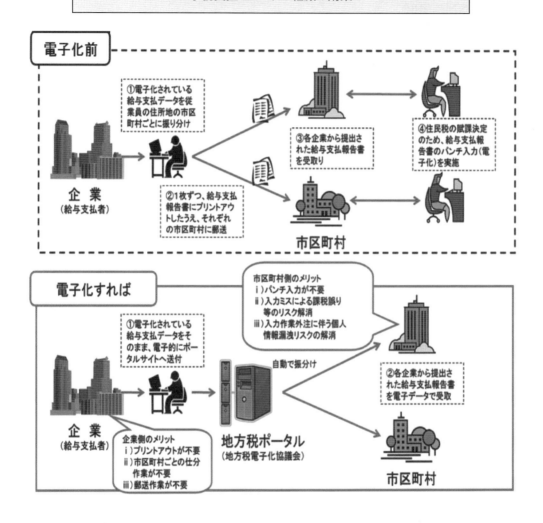

申告・納税の部

3 eLTAXの利用手順

eLTAXを利用する場合は,「利用届出（新規）」の手続を行い,利用者IDを取得する。

■eLTAXを利用する流れ

Step1　利用届出

利用届出（新規）の操作の流れは,以下のとおりである。
① インターネットに接続し,eLTAXのホームページを表示する。
　利用届出（新規）のリンクをクリックし,届出を開始する。
② 氏名・名称,住所・所在地,提出先など,eLTAXを利用するために必要な情報を入力し,利用届出を作成する。
③ 利用届出の作成が完了後,電子署名を付与する。ポータルセンタに送信する。
④ 作成した利用届出をポータルセンタに送信する。
（注）電子署名を付与する場合,ActiveXコントロール（ソフト）が必要であり,インストールされていない場合は,インストールする。
　「eLTAX電子申請・届出」では,eLTAXのサイトを「信頼済みサイト」へ追加すること,eLTAXのサイトの「ポップアップ画面表示を許可する」ことが必要である。

Step2　手続,完了通知

利用届出（新規）の提出後に画面表示される「送信結果」に利用者ID（11桁）と仮暗証番号（8桁）が表示される。

利用届出（新規）の提出後,ポータルセンタへログインする。

申告データの送信等は行えるが,提出先の地方公共団体において利用届出の審査が完了した際に「手続完了通知」メールが送信される。

Step3　ソフトウェア（PCdesk取得）

PCdeskは,eLTAXのホームページでダウンロードできる。

eLTAXに対応した市販の税務・会計ソフトを利用することもできる。

Step4　仮暗証番号の変更

最初にログインするために通知された仮暗証番号を利用者本人が決めた番号に変更する。暗証番号として使用できる文字は8〜16桁。

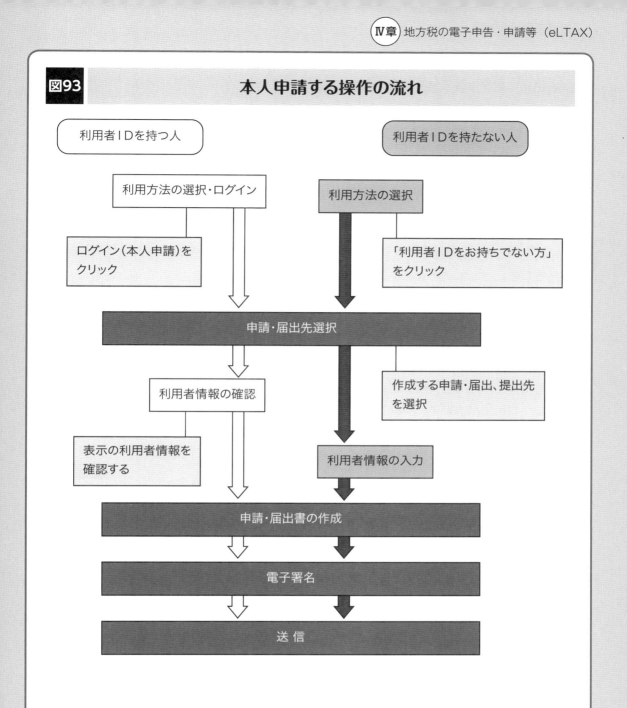
図93 本人申請する操作の流れ

申告・納税の部

Step5　電子申告・電子納税・申請/届出

　自身の申請の場合は，利用者IDがなくても，申請・届出書の作成・送信などの手続ができる。税理士等の代理人が他の方（申請・届出者）の代理申請を行う場合，利用者IDの取得が必須になる。

(1)　利用届出の内容

　提出先の地方公共団体のうち，1ヶ所だけを提出先として指定する。利用者情報の住所，電話番号等には，本店のものを入力する。

　提出先として指定した地方公共団体に関係する情報（利用税目，区・事務所等，事業所又は給与支払者の所在地もしくは課税地）を入力する。

(2)　提出先が複数ある場合の利用届出（変更）

　(1)で指定した地方公共団体に加えて，他の地方公共団体に対しても申告書等を提出する場合は「利用届出（変更）」を行い，全ての提出先を追加の処理をする。

複数の地方公共団体に電子申告をする（東京都に利用届出を行う例）

所等の所在地	申告書提出先	電子申告	利用届出	利用届出 （変更）
東京都千代田区	東京都	可	○	—
神奈川県横浜市	神奈川県	可	—	○
	横浜市	可	—	○

　つまり，利用届出（新規）を行うのは1ヶ所で，それ以外は利用届出（変更）の手続で処理する。

(3)　代理人が関与する場合の利用届出

納税者の申告書等を税理士が作成・送信する場合

対象者	電子証明書の取得	利用者IDの取得（利用届出）	受付状況の確認
納税者	不要	必須	可能
税理士	必須	必須	可能

Ⅳ章 地方税の電子申告・申請等（eLTAX）

図94　e-Taxと相違するポイント

税理士が納税者の代理申告をする

e-Tax

税理士本人の電子申告開始の届出と電子署名の登録で他の納税者の代理送信

eLTAX

申告書の提出先ごとに納税者と代理人が利用届出
税理士の届出は代理行為か本人申告かを登録

税理士の利用届出先（利用者IDの取得）

e-Tax

税理士本人の所轄税務署に利用開始届を提出

eLTAX

「届出（新規）」の手続は1回限りで利用者情報を登録し利用者IDを取得
　代理申告は「主に申告書を提出する地方公共団体」に届出（新規）」するのが便利とアドバイスがある
　その後はすべて「届出（変更）」の手続

納税者と税理士が行う操作（基本情報の引き渡し）

e-Tax

代理送信では「税務代理権限証書」を送信

eLTAX

税理士（代理人）は納税者の基本情報ファイルを授受
「納税者の切り替え」操作で納税者データを送信

(4) 固定資産税（償却資産）の共有資産を申告する場合の利用届出

固定資産税（償却資産）で，複数人で共有する償却資産（共有資産）の申告書を提出する場合，単独で所有する償却資産（単独所有資産）の申告を行うのとは別の利用者（納税者）として利用者IDを取得する必要がある。そのため，単独所有資産の申告用，共有資産の申告用で，それぞれ利用届出を行う。

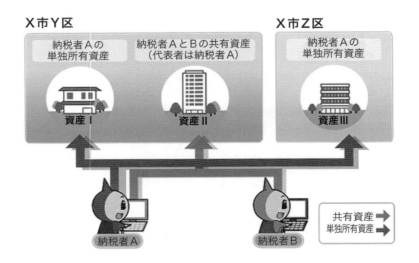

納税者Aは，次の申告をそれぞれ別の利用者（納税者）として行う。
・単独所有資産（「資産I」及び「資産III」）の申告
・納税者Bとの共有資産（「資産II」）の申告
納税者Aは，それぞれ個別に利用届出を行い，利用者IDを2つ取得する。

利用届出（新規）の内容

項目	届出内容
利用届出を行う者	共有者を代表する1名（共有代表者）
利用届出の提出先	共有資産が所在する地方公共団体を選択
利用者情報	それぞれ共有代表者の情報を入力
提出先・手続情報	共有資産の所在地住所を課税地として入力

電子申告は資産ごとに申告

資産IはY区に申告	資産IIはY区に申告	資産IIIはZ区に申告
納税者Aの単独所有	納税者A及び納税者Bの共有	納税者Aの単独所有

図95 償却資産の単独所有・共有の届出

> 納税者AはX市Y区に「資産Ⅰ」，Z区に「資産Ⅲ」を所有する
> X市Y区の「資産Ⅱ」を納税者A(代表者)と納税者Bが共有する

利用届出（新規）の手続

納税者Aは「資産Ⅰ」，「資産Ⅲ」，共有「資産Ⅱ」の利用届出と利用者IDを2つ取得。

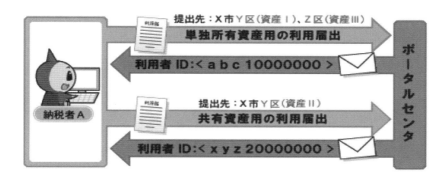

電子申告の手続

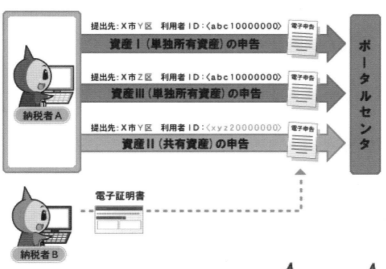

※申告は，納税者A と納税者B の電子署名を付与
ただし，税理士に申告書の作成・送信を依頼している場合，納税者の電子署名は不要

申告・納税の部

eLTAX対応ソフト(PCdesk)の取得

> **Step1**
> **利用者届出（新規）を行い，利用者IDを取得する**
> 　オンライン申請による即時発行及び即時利用が可能であり，書面による利用届出はできない。仮パスワードを受け取り，初回ログイン時で使用後に変更（有効期限内）する。
>
> **Step2**
> **PCdeskなどeLTAX対応ソフトを準備する**
> 　eLTAXホームページからダウンロードできる。

(1) **PCdeskを取得する**

① 利用者用ソフトウェア（PCdesk）はeLTAXホームページからダウンロードする。「PCdeskをダウンロードする」をクリック。ログイン画面で，利用者IDと暗証番号を入力してeLTAXにログインする。（表示された仮パスワードを控えておく。）

② 「PCdeskダウンロード」をクリックで都道府県名のリンク画面が表示される。居住する（又は勤務地）都道府県を選択し，仮パスワードを入力してダウンロードを行う。

③ PCdeskを利用するには，ダウンロードしたファイルの「setup.exe」を実行し，インストールを行う。
　（注）eLTAXの利用可能時間は月〜金（祝日を除く。）8時30分〜24時

④ パソコンに，以下のソフトがインストールされているかを確認する。
　NET Framework 3.5 SP1
　NET Framework 3.5 Language Pack SP1-日本語

(2) **申告データの作成の際に納税者切替の操作**

税理士がPCdeskを利用して納税者の申告データを作成する場合，PCdeskソフトの特有の操作手順に注意する。

① 「PCdeskログイン」の画面で，税理士自身の利用者名を選択する。
② 「申告データ作成メニュー」の画面で「納税者切替」の操作を行う。

IV章 地方税の電子申告・申請等（eLTAX）

図96　eTLAX細目の説明

eLTAXの用語

「代理申告」	e-Taxの「代理送信」に同じ
「PCdesk」	eLTAXを利用する無償ソフト
「ポータルセンタ」	eLTAXの窓口

eLTAXのログイン（メニュー画面）

利用者ID　　　　　　利用者氏名
納税者の利用者ID　　納税者の氏名又は名称

1　利用者情報メニュー → 利用届出で登録した利用者情報の照会・変更を行う

2　基本情報ファイルメニュー → 納税者の基本情報ファイル操作を行う

　主に代理申告の税理士が納税者の切換えで利用
　　クリックで表示メニュー
　「納税者切換え」
　「基本情報ファイル」の
　　・エクスポート
　　・インポート
　　・提供依頼
　　・提供承認
　　・ダウンロード

3　申告データ作成メニュー

4　メッセージボックス

5　処分通知等メニュー

6　電子納税メニュー

7　オープンメニュー

8　電子申請・届出メニュー

「申告データ作成」の操作を行う
　・新規作成（地方税・国税）
　・読込み
　・署名
　・送信
　・分割基準の事業所登録等

申告・納税の部

　代理申告する場合のeLTAXの利用手順

　税理士がeLTAXを利用した納税者の代理申告を行うことができる。e-Taxによるデータ処理の方式とは，システムの基本設計の方針が違う点を意識する必要がある。

代理申告する税理士にとっての利用上の留意点

　１台のPCにインストールしたeLTAXで，複数の利用者を登録し利用できる。
　利用者は申告者（個人，法人）本人と，代理人（税理士，税理士法人）になる。
　利用者がeLTAXで申告データ等を提出する先は複数である場合が多い。
　納税者も代理申告者も提出先すべてに利用届出を必要とする。
　システム利用の基本的なパターンは次のとおり。
　・eLTAXシステムでログインし，登録してある利用者を選択する
　・利用者はデータ処理の対象とする納税者を選択する
　・代理申告等では，利用者（代理人）と申告データの対象（納税者）の切り換えを行う。
　このような基本方式で構成されている特徴がある。

税理士と納税者が行う作業の手順

　代理申告を行う税理士は主に申告書提出する地方公共団体に利用届出（新規）を行う。利用者IDを１度取得していれば，他の納税者とその地方公共団体についての代理申告が行える。
　この場合，納税者が利用者IDを取得していて，提出先の地方公共団体に利用届出を提出している必要がある。

(1)　ログインの方法

　納税者，税理士ともに，それぞれの利用者IDでシステムにログインする。
　代理申告を行う税理士は，ログイン後，「納税者を切り替える」作業を行う。

(2)　納税者を切り替える

　他の納税者の申告データを作成するための作業で，この切り替えを行うことで納税者の代理人として申告書データの作成等の操作ができる。
　（注）　申告書の「関与税理士」欄には税理士氏名の入力を必ず行う。

図97 代理申告に対応

　税理士や税理士法人は関与先納税者の代理申告を行うことができる。
代理申告人は，主に申告書等を提出する地方公共団体に利用届出（1度だけ）を行い，利用者IDを取得する。
取得の利用者IDで，他の地方公共団体に対しても代理行為が行える。
（関与先納税者は利用者IDを取得し，提出先の地方公共団体に利用届出が必要です。）

利用届出（新規）

代理申告

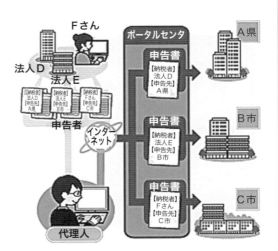

（出典：eLTAXホームページ）

（3） 基本情報ファイルを授受する

　税理士が代理申告の作業のために，納税者との間で「基本情報ファイル」（利用届出で登録した利用者の情報）の受け渡しを行う必要がある。

　税理士は納税者に基本情報ファイル提供の依頼と受け取りを行い，納税者は基本情報ファイルの引渡しを承認する。

（4） 申告データを作成する

　税理士は，データ作成画面の「納税者」氏名が切り替わっていることを確認する。

（5） 電子署名を付与する

　代理人として税理士の電子署名を付与する。

1 基本情報ファイルを授受する操作

（1） 税理士が行う操作

「基本情報ファイルメニュー」で作業を選択する。

① 「基本情報ファイルのインポート」

　　電子記録媒体を使って授受する操作はPCdeskからファイルを出力する。

② 「基本情報ファイル提供を依頼」

　　ポータルセンタからファイルを収受する操作の手順は

・納税者にファイル提供の依頼で，納税者の利用者IDを入力して対象を指定する。

・申告税目と申告先を指定する。

・納税者が提供を承認したものが一覧に表示される。

③ 「基本情報ファイルダウンロード」

　　画面が納税者に切り替わったことを確認後，ダウンロードを実行する。

　　納税者の基本情報ファイルを取り込む。代理申告のデータ作成になって，入力欄に基本データが自動入力される。

　　納税者の基本情報ファイルを取り込んでいない場合でも，「申告データ作成メニュー」の申告税目，提出先選択画面で「申告データの新規作成」を行い，申告データを作成することができる。ただし，納税者が利用届出で提出先・手続を登録している場合に限る。

（2） 納税者が行う操作

「基本情報ファイルメニュー」で作業を選択する。

① 「基本情報ファイルをエクスポート」

　　電子記録媒体を使って授受する操作はPCdeskからファイルを出力する。

② 基本情報ファイルの提供を承認

　　税理士の依頼内容が一覧で表示されるので，提供の承認か拒否を指示する。

Ⅳ章 地方税の電子申告・申請等（eLTAX）

図98　eLTAXで税理士が税務代理のデータを作成する

eLTAX で税理士が税務代理を行う場合

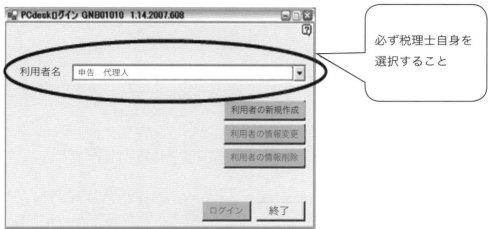

「PCdesk ログイン」の画面で、税理士の利用者名を選択、データを作成する納税者に切り替える操作（納税者切替）を行う

必ず税理士自身を選択すること

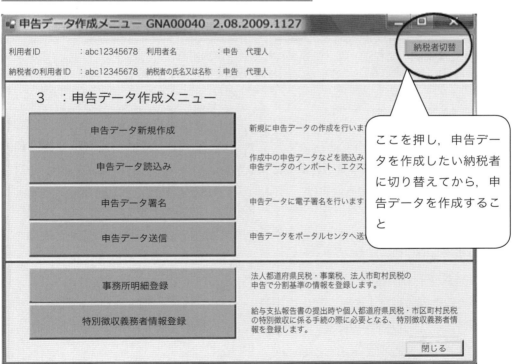

ここを押し，申告データを作成したい納税者に切り替えてから，申告データを作成すること

2 代理申告の操作要領（参考要領）

・インターネットで接続するポールセンタは利用可能な時間帯がある。
　利用可能な日及び時間帯以外でPCdeskのアイコンをクリックしても反応しない。
　利用途中で利用時間を超えると接続が切れる。
　また，長時間接続していると自動的に接続が切れる。

・利用者番号，仮暗証番号等で使用される英字は大文字，小文字がある。
　ログイン等で入力の際，指定された大文字，小文字の区別が正しく合致しないと該当者と認識されない。

・納税者の基本情報に「利用税目」が登録されてないと，申告データ作成の画面で「提出先・手続一覧」に表示されない。

・代理申告の税理士と納税者の双方で，提出先の地方公共団体に利用届出をしていないと代理行為はできない。
　申告の準備段階で，税理士は納税者の基本ファイルを受け取る必要がある。

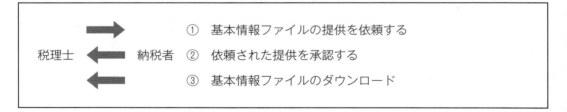

・代理申告する税理士がPCdeskソフトで申告データの作成をする場合は「納税者切り替え」操作で納税者の基本情報から必要な項目を引き出し，利用税目を指定して行う。
　納税者の情報処理をする最中は，画面上部に表示の納税者氏名を確認しておく。

・利用者が他の地方公共団体に申告書等を提出する場合は，利用者情報にその追加を「利用届出（変更）」の手続をし，追加登録をする。代理申告で納税者に異動があったときの登録変更も同様の手続による。
　（例）代理申告の税理士が行う届出の手続

申告者	申告書提出先	利用届出	申告データの作成
税理士（本人）	東京都台東区	新規	
納税者（A）	東京都足立区	変更	納税者を切り替える
納税者（B）	埼玉県越谷市	変更	納税者を切り替える

IV章 地方税の電子申告・申請等（eLTAX）

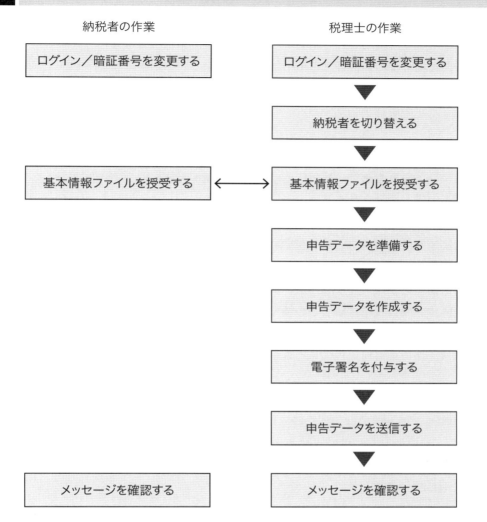

図99 代理申告の基本的な流れ

操作はデリケートで手順の正確さが求められる。操作マニュアル（「eLTAXホームページ」に掲載）を参照して実行すること。

申告・納税の部

eLTAXで地方税の電子納税を行う

電子納税では，納付手続を電子的に行うことができ，金融機関に出向く必要がなく，金融機関の場所や受付時間などの制約がない。ただし，領収証書は発行されないので，領収証書が必要な場合は，納付書による納付手続を要する。

電子申告の利用が可能な地方公共団体でも，電子納税が利用できるとは限らない。利用できるかどうかの確認が必要である。

(1) 納付の手続

電子納税は，税目や納付の種類に応じて納付手続の方法が異なる。

① 電子申告と連動させる方法

提出済みの申告データを選択する。その申告内容に応じた税額を納付することができる。

（法人都道府県民税，法人事業税，地方法人特別税，法人市町村民税，事業所税，個人住民税，退職所得に係る納入申告）

② 納付情報を新規入力する方法

納付先団体，税目，納付額などの情報を新規入力して納付手続を行う。

（法人都道府県民税の見込み納付，法人事業税の見込み納付，地方法人特別税の見込み納付，法人市町村民税の見込み納付）

(2) 代理人が利用可能な手続

税理士等の代理人が納付手続を行う場合は，「電子申告と連動させる方法」のみ利用可能であり，「納付情報を新規入力する方法」は利用できない。

納付の手続	納税者	代理人
電子申告と連動させる方法	○	○
納付情報を新規入力する方法	○	×

代理人とは，申告データに関して次のいずれかの条件を満たしている者を指す。

・申告データの送信者である

・申告データに代理人として設定されている

(3) 納付情報を受け取り金融機関へ納付

金融機関へ税額納付は，「収納機関番号」「納付番号」等の「納付情報」が必要になる。

eLTAXの電子納税では，納付情報を発行するための手続（「納付情報発行依頼」）を行い，次にポータルセンタから発行された納付情報を受け取り，その納付情報をもとに金融機関へ納付する。

Ⅳ章 地方税の電子申告・申請等（eLTAX）

図100 地方税納税の基本的な流れ

地方税の税目、納付の種類で操作の流れが違う

1. **申告データをもとに納付手続**
   電子申告した申告データをもとに、納付手続を行う方法
   税理士等の代理人が納付手続を行う場合は、この方法のみ利用できる。
2. **納付用の基本情報を入力して納付手続**
   納付用の基本情報を新規入力して納付手続を行う方法
   個人住民税（特別徴収）の納付、見込み納付のみが行える。

---

① 申告データをもとに納付手続を行う
※納税者、代理人ともに利用可能

② 給付用の基本情報を入力して納付手続を行う
※納税者のみ利用可能

1 あらかじめeLTAXで電子申告をしておく

1 納付する税目の利用届出を提出しておく

2 対象となる申告データを選択し、納付情報発行依頼を送信する

申告データ1
▶申告データ2
申告データ3

2 納付用の基本情報を入力し、納付情報発行依頼を送信する

提出先 ×××県
税目 ××××税

3 納付情報を受け取り、内容を確認する
※納付情報を確認できるのは、納税者本人だけ。代理人は確認できない。

収納機関番号、納付番号
確認番号、区分番号

ポータルセンタ
納付情報

4 ペイジーを介して納付する
※金融機関が提供しているインターネットバンキングやATMなどから納付する。
※地方公共団体によって、納付方法が制限される場合がある。

金融機関
ATM

申告・納税の部

7 国税，地方税の支払調書の処理をeLTAXで一元化

国税，地方税の支払調書の電子データはeLTAXで一元化で作成し，送信を完了する。

1 国税の法定調書の提出先

「事業所ごと」の原則は源泉徴収義務者ごとで，その所轄税務署長あてに提出する。

平成26年に導入されたのが，本店等一括提出の制度で，本店等で源泉徴収事務を統括して能率的に実行する体制が広がっていることに対応して，法定調書の提出の手続もすべて本店で一括した提出が可能とされた。

2 国税と地方税が法定調書の提出先を一元化

国税の法定調書と地方税の支払調書の様式は，作成の能率化を考慮して，共通した様式を採用している。これは，手作業で作成していた当時から，作成対象となる件数が膨大である実態に対応して，事務の能率化を考慮したワンライティングの手法を採用したものである。ただし，調書の提出先はそれぞれの規定に従うものであった。

このような従来の提出先について，国税と地方税がそれぞれのシステムの連携に基づいて，電子データの受け入れを一元化した制度が設定された。

3 法定調書をeLTAXを利用して一括作成と提出

平成29年1月以降は，税務署へ提出する法定調書の電子データがeLTAXで作成できることになった。その法定調書の電子データはeLTAXに一括送信することで提出が完了する。

電子データで一元化の提出ができる帳票は次のとおりである。

国税	地方税
給与所得の源泉徴収票	給与支払報告書（個人別明細書）
源泉徴収票等法定調書合計表	給与支払報告書（総括表）
公的年金等の源泉徴収票	公的年金等支払報告書（個人別明細表）
公的年金等の源泉徴収票合計表	公的年金等支払報告書（総括表）

| 図101 | 給与支払報告書と源泉徴収票を一括提出 |

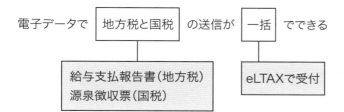

書面で提出する場合

電子申告を利用する場合

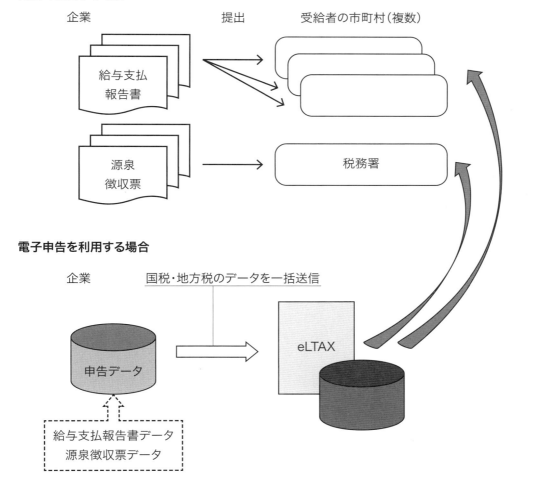

帳簿・書類の部

I

章

電子帳簿・
書類の利用

帳簿・書類の部

電子帳簿保存法の制定

■ 電子帳簿の存在

　政府は電子帳簿保存法の制定について，その経緯を次のように記述している。
　「高度情報化・ペーパーレス化が進展する中で，会計処理の分野でもコンピュータを使用した帳簿書類の作成が普及してきており，経済界をはじめとする関係各界から，帳簿書類の電磁的記録（いわゆる電子データ）及びマイクロフィルムによる保存の容認について，かねてから強い要望が寄せられていた。
　政府においては，こうした要望を受けとめ，規制緩和推進計画等の閣議決定，緊急経済対策，市場開放問題苦情処理対策本部決定等において，平成9年度末までに，帳簿書類の電磁的記録等による保存を容認するための措置を講ずることを決定した。
　このような関係各界からの要望や政府全体としての取組を踏まえ，平成10年度税制改正の一環として，適正公平な課税を確保しつつ納税者等の帳簿保存に係る負担軽減を図る等の観点から，国税関係帳簿書類の電磁的記録等による保存制度等の創設等が行われました。」（国税庁ホームページ掲載）

(1)　政府税調の答申

　国税関係帳簿書類の電磁的記録等による保存制度等の創設等について，政府税制調査会の「平成10年度の税制改正に関する答申（平成9年12月16日）」では，次のような基本的考え方が示されている。
　「新しい時代の流れに対応し，納税者の帳簿書類の保存の負担軽減を図るために，記録段階からコンピュータ処理によっている帳簿書類については，電子データ等により保存することを認めることが必要であると考えます。
　その際には，コンピュータ処理は，痕跡を残さず記録の遡及訂正をすることが容易である，肉眼でみるためには出力装置が必要であるなどの特性を有することから，適正公平な課税の確保に必要な条件整備を行うことが不可欠です。
　また，電子データ等による保存を容認するための環境整備として，EDI取引（取引情報のやり取りを電子データの交換により行う取引）に係る電子データの保存を義務づけることが望ましいと考えます。」

(2)　電子帳簿保存法の制定

　国税関係帳簿書類の電子記録による保存の制度は，政府税制調査会の答申における考え方を踏まえて創設された。
　法令によって行政官庁に提出をする申告，申請等は紙による書類で作成することが，原則とする制度で運用されてきた。社会全般が高度化し，グローバル化して発展，成長を遂げており，IT活用が民間の経営活動や業務運営の基盤になっている。

I章 電子帳簿・書類の利用

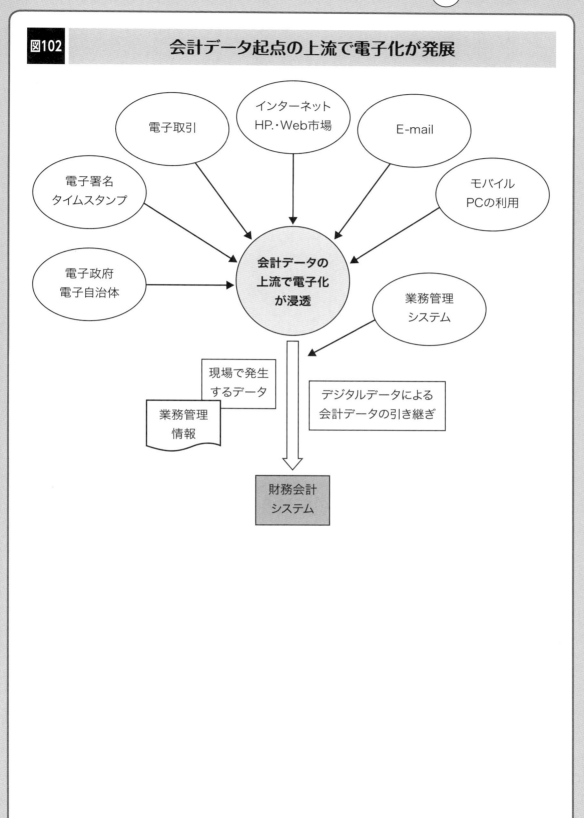

図102　会計データ起点の上流で電子化が発展

帳簿・書類の部

　そのような時勢の一方で，行政手続がペーパー依存の制度を原則とした手続を変えないのは，いかにも不合理なばかりか，社会全体の効率化を阻害する要因ともみられていた。

　技術的には情報通信技術の進歩により，紙による文書作成とその保存に代えて，電子記録で行うことが十分可能となっている。

　日本経団連をはじめ，民間組織等から政府に対して，法令により義務付けている紙文書の作成，保存について，早急に電子記録とその保存が可能となるような改正の強い要望が出ていた。

　また，このような状況を踏まえ，書面の保存等に要する負担軽減を通じて国民の利便性の向上，国民生活の向上及び国民経済の健全な発展に寄与するため，民間事業者等に対して書面の保存が法令上義務付けられている場合について，税務関係書類を含めた原則としてすべての書類に係る電子記録による保存等を可能とするため，IT戦略本部を中心に検討が進められた。

(3)　e-文書法の制定

　IT戦略本部における検討の結果，民間の文書保存に係る負担の軽減を図るため，紙での保存を義務付けている多数の法令について，統一的な方針の下に電子保存を容認する措置を講ずることとされ，高度情報通信ネットワーク社会形成基本法に基づき作成された「e-Japan重点計画―2004」（平成16年6月15日IT戦略本部決定）において，民間における文書・帳票の電子的な保存を原則として容認する統一的な法律の制定を行うものとされた。

　これを受けて，関係法律案が平成16年10月12日に第161回臨時国会へ提出され，衆議院内閣委員会及び参議院内閣委員会における審議を経て，全会一致で原案のまま可決成立し，「民間事業者等が行う書面の保存等における情報通信の技術の利用に関する法律（平成16年法律第149号）」（以下「e-文書通則法」という。）と「民間事業者等が行う書面の保存等における情報通信の技術の利用に関する法律の施行に伴う関係法律の整備等に関する法律（平成16年法律第150号）」（以下「e-文書整備法」という。）が，平成16年12月1日に公布された。

　e-文書通則法は，民間事業者等が電磁的記録による保存等をできるようにするための共通事項を定めたものであり，通則法形式の採用により，約250本の法律による保存義務について，個別の法改正の手続によらず電子保存が容認された。また，e-文書整備法は，文書の性質上一定の要件を満たすことを担保するために行政庁の承認等特別の手続が必要である旨の規定等，e-文書通則法のみでは手当てが完全でないもの等について，約70本の個別法の一部改正により，所要の規定を整備した。

　税務関係書類については，適正公平な課税の確保のため，税務署長の事前承認を要件としており，e-文書整備法において電子帳簿保存法の一部改正が措置された。

I章 電子帳簿・書類の利用

図103　電子帳簿保存法は特例法で制定

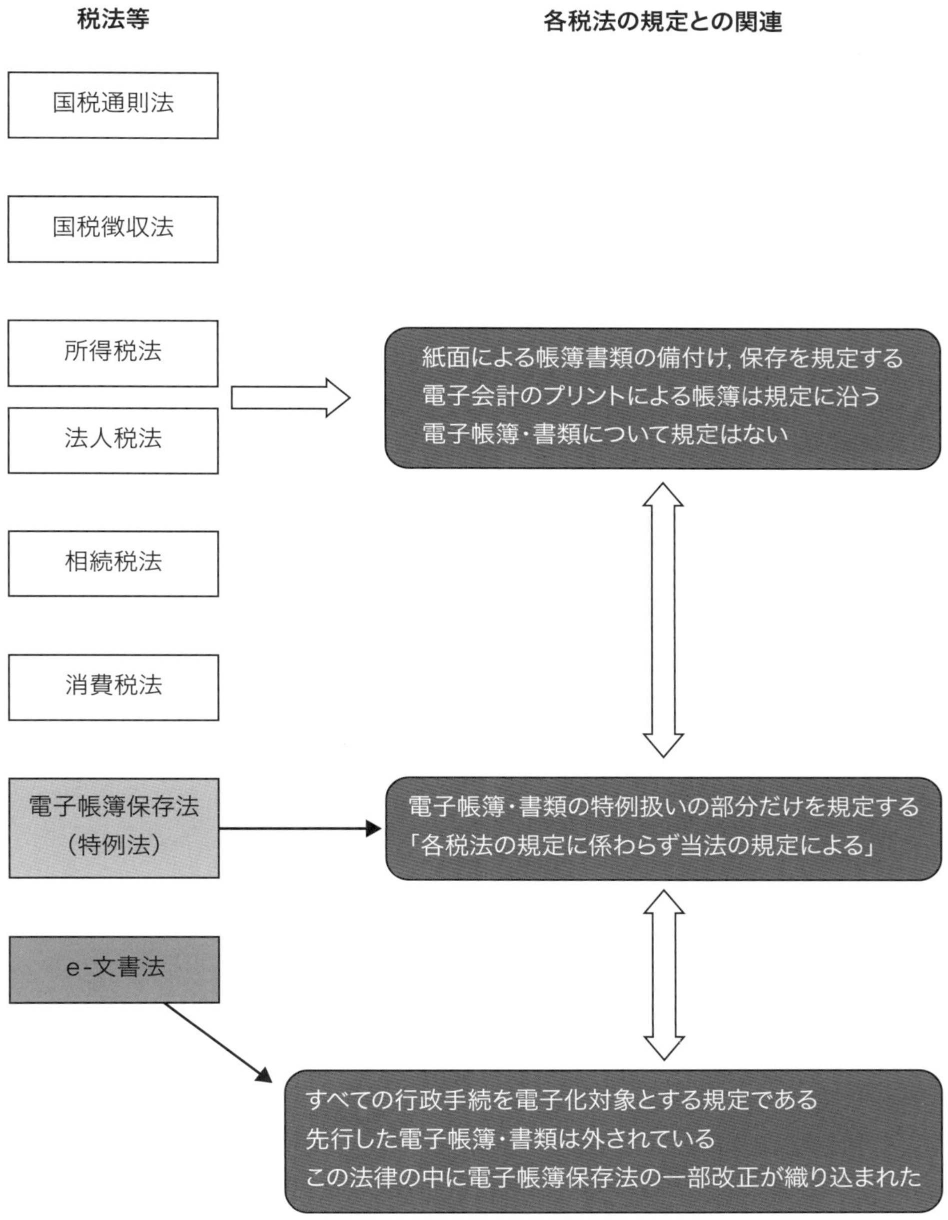

税法等　　　　　　　　　　　　各税法の規定との関連

国税通則法

国税徴収法

所得税法

法人税法
→ 紙面による帳簿書類の備付け, 保存を規定する
電子会計のプリントによる帳簿は規定に沿う
電子帳簿・書類について規定はない

相続税法

消費税法

電子帳簿保存法
（特例法）
→ 電子帳簿・書類の特例扱いの部分だけを規定する
「各税法の規定に係わらず当法の規定による」

e-文書法
→ すべての行政手続を電子化対象とする規定である
先行した電子帳簿・書類は外されている
この法律の中に電子帳簿保存法の一部改正が織り込まれた

207

帳簿・書類の部

　国税関係書類の電子化については，税務行政の根幹である適正公平な課税を確保しつつ，電子化によるコスト削減をいかに図るかという観点から，業界団体等とも意見交換を行い，積極的な検討が進められてきた。

(4)　スキャナ保存の容認

　平成17年度の電子帳簿保存法の一部改正では，適正公平な課税を確保するため，特に重要な文書である決算関係書類や帳簿，一部の契約書，領収書を除き，原則的に全ての書類を対象に，真実性，可視性を確保できる要件の下で，スキャナを利用して作成された電磁的記録による保存（以下「スキャナ保存」という。）を認めた。

　スキャナ保存制度については，近年，民間企業等から要件緩和についての要請がなされており，「規制改革実施計画（平成26年6月24日閣議決定）」において，スキャナ保存の要件緩和に係る指摘がなされていた。

　このような状況を踏まえ，適正公平な課税を確保しつつ電子保存によるコスト削減等を図る観点から，制度創設以来，初めての要件緩和等が行われた。

　要件緩和に係る主な改正事項は，スキャナ保存の対象となる国税関係書類の範囲の拡充，スキャナ保存の要件緩和，適時入力方式に係る要件緩和である。

電子帳簿の保存制度の総括

国税関係帳簿書類の保存方法別

保存方法		紙の保存		電子データ COM保存 （一貫した電子処理）		スキャナ保存 （紙→スキャナ）	
帳　簿		○	原則	◎	特例	×	
書類	受領するもの	○	原則			◎	特例
	発行するもの （控）	○	原則	◎	特例	◎	特例

○：所得税法，法人税法等で保存が義務付けられているもの

◎：電子帳簿保存法での保存が可能なもの

×：保存が認められないもの

図104　税務関係帳簿・書類の保存形式

1　電子会計で帳簿・書類の作成

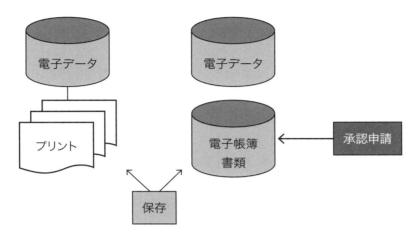

2　外部から収受した書類

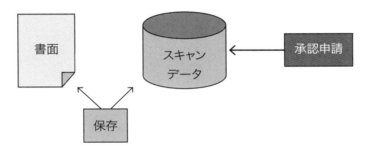

3　電子取引（ペーパーレス）

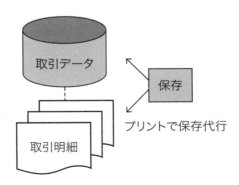

2 帳簿書類の電子記録による保存

　電子帳簿保存法では，国税関係帳簿書類の電子記録による備付けと保存を規定している。
　また，規定の対象や内容には細微な部分で相違する点があって，その識別を見落とすとルールの理解が混乱してくるので注意を要する。
　例えば，帳簿と書類の区分があり，前者は備付けと保存が対象となり，書類は保存の扱いだけになる。共通する扱い等で両者を合わせたときは帳簿書類の用語によっている。
　帳簿書類の扱いは各税法で原則の扱いが規定されており，電子帳簿保存法は，電子帳簿として特別な扱いとする部分だけを規定している。
　したがって，同法に規定されていない部分は各税法の規定が適用されているのであって（例えば，帳簿書類の保存年数），相互の関連に注意する。
　保存のできる対象は，次のとおりである。

(1)　帳簿書類の保存義務者は，帳簿の全部又は一部について，自己が最初の記録段階から一貫してコンピュータを使用して作成する場合であって，納税地等の所轄税務署長等の承認を受けたときは，記録の真実性及び可視性等の確保に必要となる所定の要件の下で，その電子記録の備付け及び保存をもって，その帳簿の備付け及び保存に代えることができる。
　　(注)　「保存義務者」とは，国税に関する法律の規定により国税関係帳簿書類の保存をしなければならないこととされている者

(2)　書類の全部又は一部について，自己が一貫してコンピュータを使用して作成する場合であって，税務署長等の承認を受けたときは，所定の要件の下で，その電子記録の保存をもって，その書類の保存に代えることができる。

(3)　「電子記録」とは，電子的方式，磁気的方式その他の人の知覚によっては認識することができない方式で作られる記録であって，電子計算機による情報処理の用に供されるもの。
　　具体的には，フロッピーディスク，コンパクトディスク，磁気テープ等の記録媒体上に，情報として使用し得るものとして，情報が記録・保存された状態にあるもの。

図105 プリント帳簿は簿記原則をはみ出る

手作業による基本的な簿記の記帳の流れ

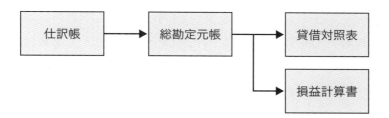

電子会計におけるプリント帳簿の作成の流れ

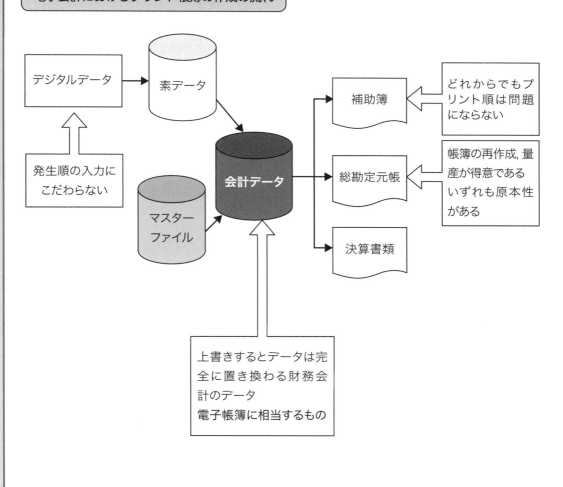

帳簿・書類の部

1 電子データで保存する要件

電子帳簿保存法では，帳簿書類の電子データを保存する場合の要件として，次の5つが規定されている。

(1) 訂正・削除履歴の確保（帳簿関係）

帳簿に係るコンピュータ処理に，次の要件を満たすコンピュータ処理システムを使用する。

① 帳簿に係る電子記録の記録事項について訂正又は削除を行った場合は，これらの事実及び内容を確認することができること

② 帳簿に係る記録事項の入力をその業務の処理に係る通常の期間を経過した後に行った場合には，その事実を確認することができること

電子記録のシステムは入力したデータを直接の書き換えが簡単にできる。この上書き訂正の機能はデータ入力の作業上では，作業能率が上がる機能として入力担当者が重宝しているものである。

しかし，従来から紙の記録に慣れてきたのと相違して，書き換えがやりやすく，書き換えた痕跡がない電子記録の場合は，確定した電子記録に加筆を不可能にする措置が必要である。電子記録は一瞬のボタン操作で，記録の電子データの消去，改ざんが行える。記録の保存が簡単に消去されるとか，データが置き換えられるのは，不安定で信憑性が問題視される。

会計記録に関しては，入力，審査，承認を得たデータが，簡単に改ざんができる状態では適正な管理とはいえない。会計システムの情報が信用されない。

このような事情を踏まえて，電子帳簿ファイルを作成するシステムは，遡及したデータの訂正加除ができない構造が条件とされる。

業務の実践上で，既述のデータに誤りが発見されて，その訂正，削除が必要なときは，当該会計データに対応した反対仕訳で，いったんゼロクリア後に，修正後データを再入力する手順とする。

電子帳簿のシステムは，入力したデータを訂正した履歴を全て保存する必要がある。

財務会計のシステムは，先行する業務システムから，取引のデータを引き継いで利用する，いわゆるERPシステムのパターンが多くなっている。企業の総合化したシステムにあっては，業務システムにおける訂正・加除に関しても，履歴保存が適用される。

(2) 相互関連性の確保（帳簿関係）

帳簿に係る電子記録と，関連する他の帳簿の記録事項と相互の関連性が確認できるようにしておく。

帳簿の作成において，帳簿間の転記が多く行われる。仕訳帳から総勘定元帳への転記，あるいは補助簿からの集計転記等である。伝票から帳簿への記帳も同様であり，手作業で

図106 電子データの訂正・加除は履歴を保存

◆ 記録済みのデータに直接上書きで書き換えができるシステムの場合
　訂正・加除の履歴を自動的に保存する。

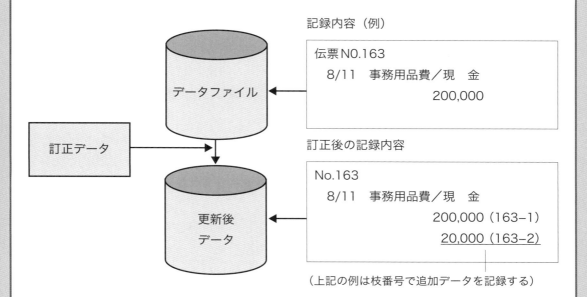

（上記の例は枝番号で追加データを記録する）

◆ 記録済みのデータに直接訂正・加除を受け付けないシステムの場合
　データの訂正・加除は反対仕訳のデータと訂正後のデータを追加入力する。

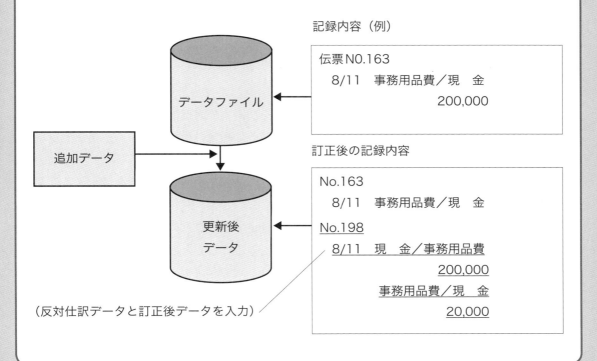

は転記先の追跡が可能である状態と同じように，電子記録による帳簿間でも記録の追跡が可能な手掛りは確保しておく必要がある。

一般に伝票番号，取引番号は，記録を追跡するキーである。電子記録の処理では，キー項目をファイル上に残す。プログラムによる転記や集計が自動化して正確であることと，その検証の手掛かりを残すこととは別問題である。

(3) システム関係書類等の備付け

帳簿書類に係る電子記録の保存等に併せて，システム関係書類等の備付けが要件になる。

システム関係書類は，システム概要書，システム仕様書，操作説明書，事務処理マニュアル等である。

企業のシステム設計の段階では，システム構築の設計図として，各種のドキュメンテーションが作成されるが，その後に生ずる都合等で，当初の設計に部分的な変更が行われるケースも多い。その際，改修作業を急ぐ事態に忙殺される等，設計図の修正が実行されずじまいになる例が少なくない。

実際に稼動しているシステムの内容を正確に説明した書類が必要なのである。

電子帳簿の承認の条件には，承認を得るために提出したシステムの関係書類で，提出後に重要な変更があれば，その変更内容は追加資料として税務署に届出る。

(4) 見読可能性の確保

帳簿書類に係る電子記録を保存する場所には，電子記録を読み込めるコンピュータ機器，プログラム，ディスプレイ，プリンタ及びこれらの操作説明書を備え付ける。

その電子記録をディスプレイの画面及び書面に，整然明瞭な状態で，速やかに出力できることである。

(5) 検索機能の確保

帳簿書類に係わる電子記録について，次の要件を満たす検索機能を確保しておく。

① 取引年月日，勘定科目，取引金額，その他のその帳簿の種類に応じた主要な記録項目を検索条件として設定できること

日付又は金額に係る記録項目については，その範囲を指定して条件を設定することができること

② 複数の記録項目を組み合わせた検索条件を設定できること

電子データの「記録項目を検索条件として設定できること」とは，蓄積された記録事項から設定した条件に該当する記録事項を探し出すことができ，ディスプレイの画面あるいは書面にプリントできる機能を備えていることである。

「その範囲を指定して条件を設定すること」とは，課税期間ごとの帳簿書類別に日付，金額を任意に指定して条件設定を行い，検索ができることである。

I章 電子帳簿・書類の利用

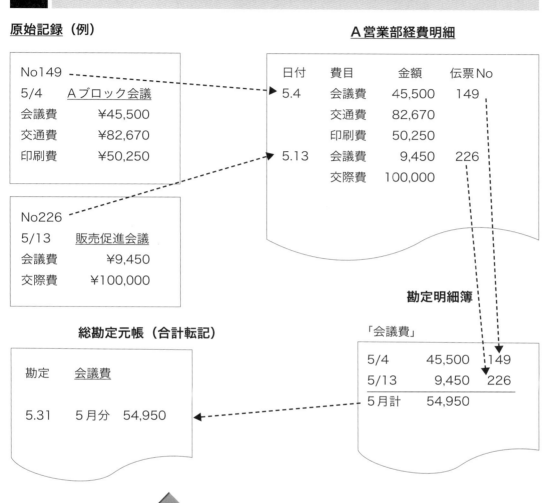

図107 帳簿の記録は相互関連を明確に

関連帳簿でデータの転記元と転記先の双方に共通のキーコードがあって，転記の状況が識別できる
いずれも，プリント上で見分けられますが，電子帳簿を映像表示するときも同様の状況でデータが識別できることが必要である

帳簿・書類の部

② 電子化に適応した帳簿体系を検討する

　法定帳簿は保存義務がある。電子会計では電子帳簿を法定帳簿の承認を受けて保存する方法と，従来の手作業と同様に，プリントの帳簿にして保存する方法が選択できる。

　電子帳簿を選択すれば，保存期間中は見読できる環境を確保しておかなければならない。プリント帳簿は物量として大量になるが，その保存場所が確保できれば管理はしやすい。

　電子会計を導入してプリント帳簿の体制を選択する場合でも，手作業による従前の帳簿体系をそのまま継続している企業が多い。

　そもそも手作業のもとで構成された帳簿体系は，手作業で帳簿を作成する工程をいかに効率化するか，その観点から改善と工夫を追求した体系なのである。電子化したシステムにおいても，従来の帳簿体系を忠実に踏襲する必要はないし，そのまま踏襲するのでは，電子化のメリットを十分に活用していることにはならない。不要なプリント帳簿を作成するムダが生じていないか，見直しをすることが必要である。

　法人税法の規定では基本の帳簿として，仕訳帳と総勘定元帳の備え付けを規定している。

　あとは企業の規模，業種，業態に応じた対応を重視し，その企業として合理的な帳簿体系を設定することに尽きる。その構成は企業自体が個別の状況に応じて決めればよいのである。帳簿体系の変更も企業自体の判断で行うべきものである。

　電子会計システムは確定した会計データを基盤に確保すれば，帳簿を全てプリントで作成する必要はない。目的にあわせて会計情報の随時供給体制は整うのである。法定帳簿として仕訳帳と総勘定元帳を作成すれば問題はない。以前のような記帳の分業に合わせた帳簿の作成は不要である。

　電子記録の検索機能を前提にすれば，詳細な補助簿のプリントも無駄である。電子会計の帳簿体系は基本形に近いシンプルなものに収斂する。

　利用されていない帳簿の作成はやめる判断が必要である。

法人税法施行規則（仕訳帳及び総勘定元帳の記載方法）

第55条　青色申告法人は，仕訳帳には，取引の発生順に，取引の年月日，内容，勘定科目及び金額を記載しなければならない。

2　青色申告法人は，総勘定元帳には，その勘定ごとに記載の年月日，相手方勘定科目及び金額を記載しなければならない。

I章 電子帳簿・書類の利用

図108　帳簿体系の発達は省力化を追求した

基本的な帳簿型

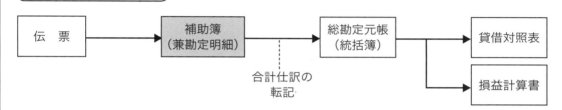

補助簿の活用

- 重複記帳の排除と合計仕訳による省力化の工夫
- 記録頻度の多い特定勘定の取引を特殊仕訳帳あるいは補助簿を設定して勘定の明細記録とする

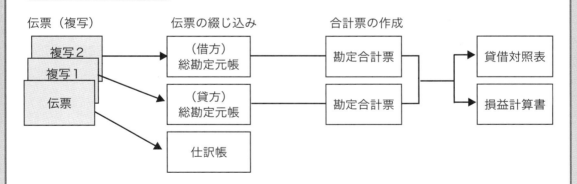

伝票会計の普遍

- 伝票のワンライティングと伝票の綴じ込みによる記帳の代行（転記の省略）と合計票を作成して総括簿とする
- 総勘定元帳にはその合計金額を転記することで重複記入を回避する

帳簿・書類の部

3 電子化の帳簿ファイル

■電子会計は会計データファイルが共通基盤

　従前の財務会計は手作業による帳簿の作成で，継続的な記帳を積み上げる帳簿体系を構成し，その記録の集積によって財務情報を生成する仕組みであった。帳簿の記帳が情報の生成基盤であり，作成の経緯が当初の記録で帳簿上に残された。

　コンピュータの普及に伴って，その組織的で優れた機能が会計処理に活用され，電子会計の導入が盛んになり，現状は企業会計の一般的なスタイルが電子会計になっている。

　伝統的な帳簿会計から電子会計に移行したことで，財務会計の情報供給はよりハイレベルなシステムに発達して多岐，多角化しているが，財務計算の原点ともいえる財務諸表の作成に関しては何ら変わるところがない。要するに，その作成手段が変わったのである。

　ところで，情報作成の手段とプロセスに関しては革命的な変化が浸透している。これは財務会計に関する法制度の環境に，多大の影響を持ち込んでいるのである。その最たる要因は紙の記録から電子記録に変わったことにある。紙の記帳は，原形が残されるのであり，電子記録は電子的な状態の変化で記録するもので直接肉眼では見えない。さらに記録素材の特性はコピー&ペースト，つまり，上書きによる記録の置き換えを得意とするツールである。

　電子会計において，電子記録によったデータ処理で財務会計のデータファイルができ上がると伝統的な帳簿と同じ様式でディスプレイに表示でき，同じくプリントで帳簿を作成することができる。この出力状態で財務情報の提供，あるいはプリント帳簿が確保されるのであるから，電子会計の利用者はその移行に不審感も違和感も持たない。

　では，情報の生成されるプロセスは，問題にならないかといえば，情報の信頼性，安全性を確保する管理体制，正確性を検証する監査体制において，電子記録とシステム化に対応した全く新たな仕組みと対応が必要になっているのである。

　財務諸表，帳簿に関する規程の法律は，紙に記帳を前提にしており，電子記録の利用は想定外のものである。したがって，電子会計を法的に容認すること，あるいは新たに規制するもの等，その実態に即した見直しが必要とされるのである。

　電子会計は従来になかった体制であり，その技術的な発展はさらに続くもので，そのテンポも速い。法制度の適応にタイムラグが生ずるのは避けられない宿命である。

(1) 電子会計における帳簿のかたち

　伝統的な帳簿会計では，個別取引のデータを起点にして，財務諸表の総括的な情報を頂点におく情報体系が構成されている。大まかに言えば，底辺に個別取引のデータがあって，中間層は帳簿で構成され，トップ部分にマクロ情報で構成された財務諸表が位置するピラミッド型で示される（図表－1）。電子会計と特徴的な違いを一口でいえば，完成した財務情報を肉眼で見える素材（紙文書）で積み上げていることである。

Ⅰ章 電子帳簿・書類の利用

図109　会計システムの設計は制限されない

現在までに普遍してきた主な方式

主な経理の方式	プロセスの特徴	帳簿の作成	帳簿規定のある法規
帳簿会計	手作業帳簿の転記と集約	当初の記帳と転記による帳簿，書類	商法，税法，地方税法
伝票会計			
ERP会計	電子データとプログラムによる会計情報の作成	電子データからのプリントによる帳簿	電子帳簿保存法
パソコン会計			

会計システムの導入の仕方，アプローチが違う ➡

自社設計の会計システムによる	自社内に技術スタッフをおいて，自社専用のシステムを設計するか，ソフト専門業者に設計を委託する
汎用型の市販会計システムによる	パソコンによる会計ソフトに代表されるように，既製の会計ソフトを購入して適用する標準的な処理システムが低コストで入手できる
会計事務所等外部に業務委託する	間接業務は他社に委託して，自社の専門分野に全力投球するのに有利な体制にする
クラウド等の会計ソフトを借用する	情報システムのサービスである会計ソフトを賃貸する。サーバーにアクセスして利用する

会計処理を個別システムとして構築 ← **会計システムは画一的でない** → 部分のシステム化で手作業と併用型

全会計処理をコンピュータシステム ← **会計システムは画一的でない** → 全社的なコンピュータとデジタル化

●図表-1

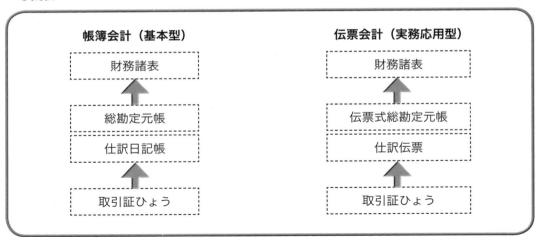

　電子会計は見読できる帳簿をプリントで作成するが，帳簿会計の冊子に相当する電子ファイルの保存は強制をしていない。電子会計では常にデータファイルとそこから必要なデータを読み出す専用のプログラムがセットで稼動させているのである。(図表-2)

　したがって，財務会計のファイルは，個別データのままで構成されたものを基本のファイルとして共用するいわゆるデータベース方式（DB方式）が使われている。帳簿の読み出しはプログラムが検索と集約の条件を指示し，指定された情報を供給する。月計とか残高のような中間集計値のデータ記録をファイル上で所持していない。

　プリント帳簿は基本の会計データのファイルから，全部の帳簿をあらかじめ，プリントで揃えたものである。電子帳簿は要求された時に，その対象となる帳簿をそのつど，作り出すのである。この処理の流れは全く違うものなのである。

●図表-2

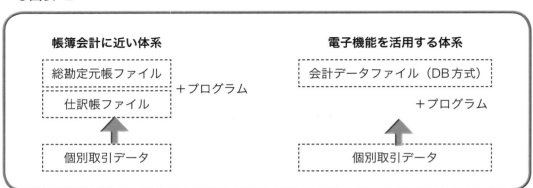

I章 電子帳簿・書類の利用

図110　電子情報は基本情報を共有して活用する

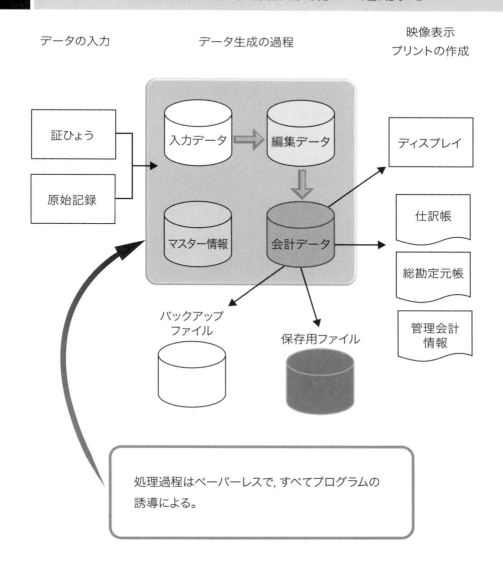

コンピュータの処理範囲，ファイルデザインなどシステムの構成は個別性が強い
パソコン会計は汎用性のある市販のソフトを利用するのが便利で経済的である

帳簿・書類の部

　このような電子会計のデータファイルで構成されるのであるから，帳簿ファイルの内容は会計の個別データの集合体であり，全ての会計情報がここを基盤にして提供される処理の仕組みである。その基盤となるデータファイルが電子帳簿である。つまり，電子会計はこのような電子帳簿を活用した情報システムであり，プリント帳簿は電子帳簿からの2次的記録になる。

　電子帳簿の実態についていえば，同じデータを基盤にしていつでも，同じ状態で同じ情報を生成できる仕組みで，冊子の帳簿ごとのファイルは持たない。

　ソフト技術が発達して組織内の電子データを一元的に活用する総合データベースが一般化する傾向にある。会計ファイルは財務会計に専用の内容ではなくなった。それでは財務情報を供給するファイルとして問題はないが，法定帳簿の保存で，このような共用のデータベースを対象とすることは適当でない。保存する帳簿としてどのような形式，記録媒体を選択するかが課題になる。

　また，データベースのファイルはディスクを使用しているが，長期にわたる保存と管理に適当とはいえない。保存中の利用頻度は極端に減少することや，本体や周辺機器の更新による環境の変化を考慮に入れて決める配慮が要る。

　かつての記録媒体で一般に利用されていた磁気テープはディスクの登場で，旧世代の扱いに地位を後退させたが，近年に新素材の磁気テープが登場して，その耐久性とローコストの効率性が注目されている。ビッグデータ等の膨大な記録量の格納や保持等の需要があり，管理にローコストと長期の耐久性が見直されている。電子帳簿の長期保存の対処法として通用する。

(2)　電子帳簿の実体は「あいまい」

　手作業による帳簿は現物が明示される。電子会計において，電子記録の特性上，電子帳簿もまた，漠然とした範囲であって，知的資産と同様に「これです」と物理的に明示できる対象ではない。

　電子帳簿という対象は，帳簿を構成する会計データファイル，読み出すための専用ソフトと解読で稼動させるコンピュータというセットで利用される。

　各税法は関係する帳簿の保存規程があるが，電子会計における環境に即した適用は読み切れない。

図111 ERPシステムと電子帳簿

ERPとは

企業が持つ資源（人材，資金，設備，資材，情報など）を統合的に管理・配分し，業務の効率化や経営の全体最適を目指す。そのために利用される統合型（業務横断型）データファイルを指す。

期待される効果

企業の各部門・業務が扱う資源を統一的・一元的に管理することで，部門ごとの部分最適化で効率アップ，関連業務の連携を強化する。

業務システムを一つにパッケージする構成

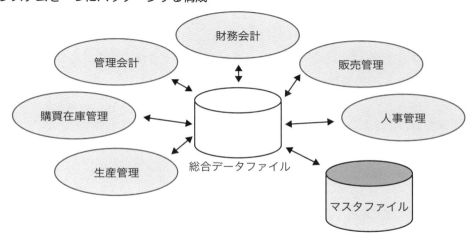

電子会計システムのデザイン

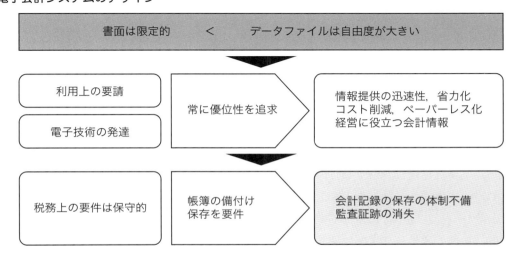

帳簿・書類の部

帳簿書類をCOMで保存

1　COMによる保存

「COM」とは，コンピュータを用いて電子記録を出力することにより作成するマイクロフィルムをいう。コンピュータでは，「電子計算機出力マイクロフィルム」という用語で定義されている。

税務上でCOMによる帳簿書類の保存ができる対象は，次のとおりである。

(1)　保存義務者は，帳簿の全部又は一部について，自己が最初の記録段階から一貫してコンピュータを使用して作成する場合であって，税務署長等の承認を受けたときは，所定の要件の下で，その電子記録の備付け及びCOMの保存をもって，その帳簿の備付け及び保存に代えることができる。

(2)　保存義務者は，書類の全部又は一部について，自己が一貫してコンピュータを使用して作成する場合であって，税務署長等の承認を受けたときは，所定の要件の下で，そのCOMの保存をもってその書類の保存に代えることができる。

(3)　帳簿書類の電子記録による保存等の承認を受けている保存義務者は，さらに税務署長等の承認を受けたときは，所定の要件の下で，そのCOMの保存をもって，その電子記録の保存に代えることができる。

2　撮影型マイクロフィルムによる保存制度との関連

所得税法及び法人税法において保存する書類のうち，保存期間が4年目及び5年目において撮影タイプのマイクロフィルムによる保存に切り替えることができる。

その実行の対象になる書類について規定しており（平成10年6月8日付，平成10年国税庁告示第1号及び第2号），次のような書類が4年目からの撮影タイプマイクロフィルムによる保存の対象になる。

①　保険契約申込書，電話加入契約申込書，クレジットカード発行申込書のように別途定型的な約款が示されている契約申込書
②　口座振替依頼書
③　棚卸資産を購入した者が作成する検収書，商品受取書
④　注文書，見積書及びそれらの写し
⑤　自己が作成した納品書の写し

なお，4年目及び5年目における撮影タイプのマイクロフィルムによる書類の保存に当たっては，書類の種類及び書類に記載されている日付を検索の条件として，特定の書類を検索できる手段を必要とする。

COMとは

COMとは

マイクロフイルムの作成に光学的なカメラ撮影の方式によらず，コンピュータから直接マイクロフィルムに出力して記録を生成するシステムの略称である

電子データをダイレクトにマイクロフイルムへ

潜在需要で拡大するとの見方

物理的に品質劣化する記録媒体はデータの長期保存で信頼性が重要
電子データが増加しサーバー管理のコストが増加する
電子取引の増加で契約証拠文書の管理需要が見込まれる
長期間保存の媒体，電子データからの変換ツールの簡便性が求められる

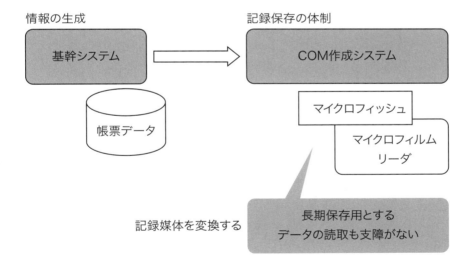

帳簿・書類の部

 # 監査ファイルの標準化を目指す

　現行の電子帳簿保存制度において，その適用を選択する際は事前に税務当局の承認を得ることとされている。電子帳簿の適用要件では，その作成の基盤になる会計システム及び電子帳簿の作成手順，電子帳簿と他の帳簿の連携状況，電子データの処理の流れ方等に関して，税務が規制するものは全くない。要するに電子帳簿から通常のプリント帳簿が作成できればよいとする判断に立つもので，企業の合理的な運用と技術選択に委ねた形だ。

　企業の関係者に財務情報を提供する記録である以上，情報の正確性と公明性が求められるのは当然であり，決算内容について公的な監査，調査機関の要請には円滑な対応が確保されていなければならない。電子帳簿に関して，全く自由裁量で運用される現状のままでよいのかには異論があり，標準化に向けた検討も行われている。例えば，有価証券報告書の電子開示のEDINET，電子申告のe-TaxのデータがXBRL方式を指定しているのも標準化推進の一端になる。

(1)　標準化の制定で考えられる対象

　すでに，多くの企業で会計システムに関する市販のパソコンソフトが普及しており，既存のファイル構成を標準化することが簡単でない状況は明らかである。また，標準化を設定する対象も次のような種々のルートが考えられる。

①　帳簿ファイルの標準フォーマットを定める。
②　帳簿ファイル（自由設計）から監査ファイルを作成する。
③　帳簿ファイル（自由設計）に対応する監査ソフトを備え付ける。

(2)　税務用標準監査ファイル（SAF-T）

　OECD（経済協力開発機構）が2005年5月に公表した帳簿ファイルの仕様で，(1)②のパターンに相当する。法的な強制力はなく，各国が制度化の参考として公表された。税務調査用に帳簿書類のデータを会計情報システムから電子データとして出力する際に，標準フォーマットを作成する「税務用標準監査ファイル」（略称SAF-T）がある。この形式で取引データを出力できる機能の会計ソフトへの組み込みを義務化する構想になる。EUでは一部の国が導入を検討している状況が聞かれている。

(3)　「監査データ標準」

　AICPA（米国公認会計士協会）が2013年8月に，XBRL技術を利用した「監査データ標準」を公表した。

(4)　「Audit Data Service」（ADS）

　ISO（国際標準化機構）が公表した基準であり，中国，韓国，ベルギーなどの導入検討のニュースも伝えられている。

図113 電子帳簿の構成は自由裁量

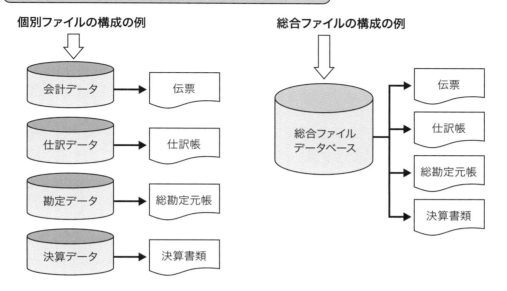

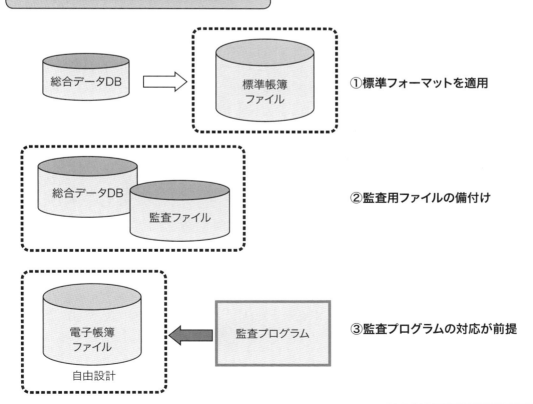

帳簿・書類の部

電子帳簿ファイルの保存

① 電子帳簿ファイルの保存体制

電子帳簿を利用することとした場合に，ファイル形式と管理体制，管理の責任者の指名等，規定すべきものとその明細を作成することのほか，電子記録による保存でなおざりにできない課題が含まれる点に注意する必要がある。

紙文書の帳簿の保存に関しては，さほど大きな問題点はない。税法は帳簿に関して保存の期間を7年と定めており，その実行では，保存中の見読に支障がないように，整然と保管することであり，そのための場所の確保にやや苦労がある程度で過ごせる。

電子帳簿を利用する場合，適用の根拠とする電子帳簿保存法では，保存の要件が規定されているが，保存場所，保存年数に関しては触れていない。したがって，各税法の規定が適用されるもので，保存期間は帳簿が7年，書類が5年になる。

(1) 電子帳簿（電子ファイル）の保存場所

保存場所に関しては，税法は企業の本拠地を原則とするとしており，法人であれば，本店の所在地になる。紙文書の帳簿等に関しては，その規定にしたがうことに問題もないが，電子帳簿になると，複雑な環境が生じている。

プリント帳簿で保存する場合は従来のやり方を継続できるが，電子帳簿による場合は，どのような記録媒体を使用するか，見読するときの出力機器の設置条件も問題になる。

さらに，パソコンの単体でなく，ネットワークの端末機で見読するシステムであれば，電子帳簿の記録媒体が確保されている場所と媒体の保存場所は同じではない。一般に危機対策上で，重要な電子記録の保存は遠隔地等によるべきとの考え方がある。また，専門業者に保存を委託する方式が実務界では発達しており，クラウド方式などがシェアを伸ばしている。したがって，電子帳簿の電子ファイルが海外のサーバーにあることも考えられる。

(2) 長期保存用の電子記録媒体の選択

電子記録の記録媒体は利用の環境に則したものが選択されるのであり，一般的なデータの入力，生成，情報ファイルの保持などが主体になると考えられる。つまり，情報の作成，供給の体制で処理スピード，記録容量，耐久性，ランニングコストの見地で選択されるが，電子帳簿の場合は，見読のスピードよりも，長期間の保存の安全性が重要である。保存期間7年は記録媒体の物理的耐久性に注意が要る。例えば，USBメモリやディスクは5年程度の耐久性と見込まれているので，それ以上の長期使用は適当とはいえない。これらは，データの生成や転記，検索の機能などが優先しており，保存の条件が難しい使用には向かない。

図114 記録メディアの長期保存

記録媒体の保存条件と推定寿命

記録媒体の保存条件

（要約）
情報を記録する媒体は紙。近年は記録メディアが開発されており，記録媒体ごとの保存環境が必要。
その中で保存に適する温度と湿度の条件でまとめてみると，光ディスクの長期保存は10年から30年，マイクロフィルムは100年，永久保存は500年以上を示す。

主な記録媒体の推定寿命

記録媒体は素材や構成によって経年劣化が生じ，性能が低下する。
記録媒体によって推定寿命は大きく異なる。

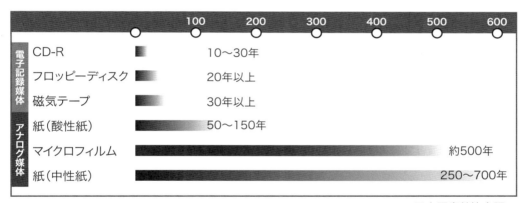

日本図書館協会調べ

2 長期のデータ管理と帳簿の利用方法を加味した選択

　各税法は関係帳簿の保存期間を7年と規定している。その保存期間中に電子機器類や電子記録の保存に関連した技術的な変化が当然予想されるのであるが，そのような環境変化のなかで，安全性や見読の環境を合理的に確保できる方法を選択していくことになる。

　電子帳簿の記録媒体に関して，長期の保存期間にわたる電子記録の物理的耐久性と管理上の安全性，また，帳簿の利用の利便性等を勘案して，次のような組み合わせが考えられる。

(1) 全期間を紙面でプリントして保存する（したがって，電子帳簿の申請はしない。）

(2) 電子帳簿で申請し全期間を電子記録で保存する

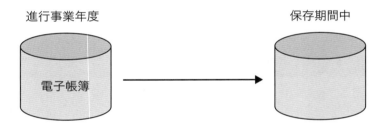

(3) 電子帳簿を申請するが，並行してプリント帳簿を保持し利用する

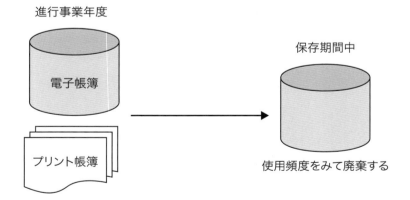

　使用目的で使い分ける。全期間一貫するのは電子記録（電子機器の環境によってはプリント帳簿）とする。それぞれのよい利点を活用するのがメリットとなる。

Ⅰ章 電子帳簿・書類の利用

図115 記憶メディアの寿命等の比較

記憶メディアの比較と信頼性

メディアの名称	容量	信頼性	寿命	欠点	備考
フロッピーディスク (FD)	1.44MB 前後	低い	10年	磁気，埃，汚れ に弱い	容量が少なすぎてバック アップに向いていない
大容量磁気ディスク (ZIP/Jaz)	100MB〜 数GB	—	—	磁気，埃，汚れ に弱い	書き込み速度は速いが廃 れたメディアである
磁気テープ	数10GB〜 数TB	高い	10年	定期メンテナン スが必須	主に業務用の記憶メディ アである
光ディスク (CD/DVD/BD)	640MB〜 128GB	高い	10〜30年	書き込み速度が 遅い	海外製品は寿命が0年の ものがあるので注意
フラッシュメモリ (USBメモリ/SDカード /Flash SSD)	数10MB〜 数GB	低い	5年	書き換え回数に 限度がある	一時的に保存するもので 長期保存には適さない
光磁気ディスク (MO)	100MB〜 2.3GB	高い	50年	専用ドライブが 入手困難	信頼性は高いが廃れたメ ディアである
ハードディスクドライブ (HDD)	数10GB〜 数TB	高い	3〜5年	磁気や振動，衝 撃に弱い	耐用年数が低い
ソリッドステートドライブ (SSD)	数10GB〜 数TB	低い	5年	書き換え回数に 制限，価格が高 い	データが消失する可能性 があり長期保存には適さ ない

※使用頻度などによりメディアの耐用年数（寿命）は変化する。

（出典：プチモンテ petimonte,com）

書類のスキャナ保存

帳簿・書類の部

スキャナ保存の制度

　国税関係書類の保存義務者は，その書類の全部又は一部について，その書類に記載されている事項を財務省令で定める装置により，電子データに記録するときは所轄税務署長等の承認を受けて，その書類の電子記録をもって，書類の保存に代えることができる。

　ただし，対象となる書類では，決算関係書類が外され，承認の要件については，重要書類（契約書及び領収書等をいう。）と一般書類（見積書等）で区分された取扱いがある。

　ペーパーによる書類を電子化で入力する装置は「スキャナ」と呼ばれているが，卓上一体の固定式から携帯型のスマホやデジタルカメラ，ハンドスキャナが含まれる。

　従来から会計記録の書類は，原本を保存とされてきたが，スキャナ保存が取り入れられたのは，紙による原本が量的に膨大になっていく状況で，その保存場所と管理コストの増加に対処と，事業現場の電子化の浸透がある。事業経営の効率化の視点が会計記録の保存方法にまで注目される時代になったのでる。

　スマホ，デジカメ，モバイルパソコンを常時携帯して，データの発生現場で直接データを入力するペーパーレスのスタイルが常態化してきた。情報の作成，収集，通信ができる利便性とスピードに優れ，正確性や安全性で信頼を得ており，現代社会のツールとして認識されてきた背景がある。

　スキャナ保存は，電子記録によってコンパクトに圧縮できる利点がある。電子機器の発達があって，スキャナ保存はやりやすく，普及している。

　ただし，電子記録に替えることは原本のコピーであって，その変換作業の際に，内容の改ざんも可能となると証拠力が劣る。税務はその作業過程で不正を排除するためにシビアな条件を求めており，その要件をクリアするのに費用負担を覚悟しなければならない。

　利用者はこの体制の移行による成果のプラスマイナスのバランスをみて選択を決めることになる。

■　利用度を上げる制度の改正

　行政全般の諸手続に関して，電子化による方法を取り入れて利用者の便益に供すべきだとする政策のもとで，e－文書法が制定（平成16年11月）された。すでに電子化の手続に関して，税務は電子帳簿の制度を実施しており，この当時は対象外であった税務関係書類のうち，外部から収受した書面についてのスキャナ保存をこの際に追加して認める制度改正を行っている。

　スキャナ保存の適用に関しては，保存要件を設定して電子帳簿の適用と同様に，所轄税務署に開始届出書を提出して承認を得る必要がある。この新たな制度は開始からの利用が非常に低調で，有用な仕組みとはなっていなかった。

　政府はその対応策で，平成27年度に適用要件の緩和，翌年の平成28年度には更なる見直しを行っている。これに伴い国税庁は実務面の扱いに影響を持つ法令の解釈通達を改正し

Ⅱ章　書類のスキャナ保存

図116　スキャナ保存の制度（要約）

対象区分

一般書類	見積書，注文書，定形様式の申込書等	
重要書類	契約書，請求書，領収書，納品書等	人・物・金に直接連動する書類

入力方式と入力期間の制限

入力方式		入力期限	操作のポイント
重要書類	速やかに入力（原則）	7日以内	スキャン，タイムスタンプの付与
	業務サイクル後速やかに入力	サイクル後7日以内	業務処理の規定をおく 業務サイクル後速やかにスキャン タイムスタンプの付与
一般書類	適時入力	随時	事務手続を明文化， 入力責任者を定める タイムスタンプの付与
特に速やかに入力		3日以内	受領者がスマホ等で読み取れる 本人の書名，入力内容の確認， タイムスタンプの付与

スキャナ保存の5要件　　　（＊システムの構成で対処する必要がある）

真実性の確保	入力方式を適正に実行	操作要領の作成
見読可能性の確保	機器で見読に支障がない	＊
内部統制要件	重要書類は適正事務処理要件（相互牽制，定期的な検査，改善体制）を満たすシステム関係書類の備付けがある	＊ 小規模企業者には相互けん制に特例
相互関連性の確保	帳票間でデータの関連が明確	＊
検索機能の確保	データの検索が支障なく行える	＊

235

ている。当然，利用者サイドに歓迎されるのであるが，要件の細目で複雑になるマイナス面も否定できない。旧要件で申請の承認を得た対象は変更の適用はなく，新要件の適用を受けるためには再申請を要する。制度の利用度を上げる改正の内容は次のとおりである。

(1) 平成27年度の改正

① スキャナ保存の対象となる契約書，領収書に係る金額基準（3万円未満に適用する）は廃止する。

② 重要書類（契約書・領収書等）については，適正な事務処理の実施を担保する規程の整備と，これに基づき事務処理を実施していること（「適正事務処理要件」という。）を承認の要件とする。

③ 適正事務処理要件は，内部統制を担保するために，相互けん制，定期的なチェック，再発防止策を社内規程等において整備し実施することをいう。

④ スキャナで読み取る際の電子署名は不要とし，タイムスタンプを付与する。

⑤ 入力方式で一般書類は適時入力とされ，制約がない。
　重要書類は「速やかに」行うこととして，入力期限は書類の作成又は受領後1週間以内を原則とし，業務サイクル方式はサイクル期間を経過後1週間以内とする。

⑥ 入力者等の情報等を確認できること。

(2) 平成28年度の改正

① 重要書類（契約書，領収書等）の受領者等がスキャナで読み取りを行う場合
　イ　国税関係書類の受領後，当該受領者が当該書類に署名を行った上で，特に速やか（3日以内）にタイムスタンプを付与する。
　ロ　書類がA4以下の大きさである場合は，大きさに関する情報の保存を要しない。
　ハ　適正事務処理要件のうち，相互けん制要件は，国税関係書類の受領者以外の者が記録事項の確認をすれば足りる。
　　定期検査要件は，定期検査を了するまで国税関係書類の原本保存を本店，支店，事務所，事業所等において行う。
　ニ　小規模企業者（中小企業基本法に定める小規模企業者）は，定期検査要件を税務代理人による検査で，相互けん制要件は不要にできる。

② スキャナ機器は原稿台と一体に限定せず，デジタルカメラやスマートフォン等を含む

図117　タイムスタンプの利用

国税のスキャナ保存はタイムスタンプ付与が要件

- 会計ソフトASP業者
  会計ソフにスキャン機能をセット
  認定タイムスタンプ付与をサポート

- 「認定タイムスタンプ利用登録者」認定制度が発足

一般財団法人日本データ通信協会

総務省の「タイムビジネスに係る指針」に基づき，タイムビジネス信頼・安心認定制度を運用している機関

「時刻認証事業認定事業者」(TSA)認定マーク

「認定タイムスタンプ利用登録者」登録マーク

帳簿・書類の部

2 スキャナ保存の要件

① スキャナ保存の対象になる書類

保存の対象になる書類は，棚卸表，貸借対照表及び損益計算書などの計算，整理又は決算関係書類以外の書類である。そのうち契約書，領収書は「重要書類」で，その他見積書等は「一般書類」として，保存の要件を定めている。

② 使用できるスキャナ機器

法令上で，スキャナについての定義はないが，日本工業規格（いわゆるJIS規格）では「走査によってアナログ信号又はデジタル信号を出力する装置」とある。一般的には，文字や写真などの原稿をデジタル画像にデータ変換する入力装置と解されている。

税務はスキャナ装置の信頼性，出力装置の確保，スキャナ保存のデータ検索，見読性の確保等備え付ける機能等の要件，システムに関する関係書類の整備を細目で規定する。

これらの条件は機器メーカーが規格に合致した製品の供給，あるいは操作説明書としてサービス業者が整備し，ユーザーに供給する職務を分担，あるいは専門性を発揮する分野である。一般ユーザーは機器の入手，設置時に技術的な確認，精通者等の意見聴取で対応するのが現実的な行動になる。

③ スキャナによる保存の要件

電子帳簿あるいは書類の保存における要件と同様に，書類のスキャナ保存に関しても，真実性と安全性の体制を確保するための条件が求められている。

（注）電子書類のデータ保存をする場合と，書類をスキャナ保存する場合の要件は，それぞれ異なる状況とその対応が求められるのである。

(1) 真実性の確保

① 入力期間の制限

（ア）一般書類は適時に入力し特に規制はない（適時入力方式）。

（イ）重要書類は書類に係る記録事項の入力を

その受領等後速やか（1週間以内）に行う（早期入力方式）。

その業務の処理に係る通常の期間（1ケ月以内）を経過した後速やか（1週間以内）に行う（業務処理サイクル方式）。

（ウ）一般書類と重要書類に共通で，書類の受領者等が読み取りを行う場合は，受領等後，受領者等が署名を行った上，特に速やか（3日以内）にタイムスタンプを付与する。

② 一定水準以上の解像度カラー画像による読み取り

解像度が200dpi相当以上であること

図118 スキャナ保存の要件

適正事務処理要件

相互けん制	定期的な検査	改善体制
相互に関連する事務は別の者が行う体制	事務の処理内容を確認する検査を定期的に行う体制	事務処理に不備が認められれば報告, 原因究明, 改善が検討される体制

スキャンによる「読み取り」と「入力」

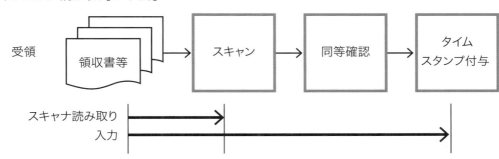

スキャン実務のポイント

書類原本はスキャン後に廃棄	適正事務処理要件の読み取り確認の仕組み, 定期的な検査を行う体制がある 検査の終了後, 書面の破棄は差支えない
申請した受領者以外のスキャン操作	承認申請をした書類を場面に応じて受領者等以外の者が読み取りを行うことは可能である
「速やかに」の入力期間を超えた入力	特別な事由が解消後, 直ちに入力すれば「速やかに」入力で扱われる 処理漏れは以後に入力, 原本保存で廃棄しない

赤色，緑色及び青色の階調が256階調以上（24ビットカラー）であること

③　タイムスタンプの付与

タイムスタンプを，一の入力単位ごとの電子記録の記録事項に付すこと

④　読取情報の保存

スキャナで読み取った際の解像度，階調及び当該書類の大きさに関する情報を保存すること

⑤　バージョン管理

電子記録の記録事項について訂正又は削除を行った場合には，これらの事実及び内容を確認することができる処理システムであること

⑥　入力者等情報の確認

電子記録の記録事項の入力を行う者又はその者を直接監督する者に関する情報を確認できるようにしておくこと

⑦　適正事務処理要件

書類の受領等から入力までの各事務について，次に掲げる事項に関する規程を定めるとともに，これに基づき各事務を処理すること

（ア）　相互に関連する各事務について，それぞれ別の者が行う体制（相互けん制）

（イ）　各事務処理に係る処理の内容を確保するための定期的な検査を行う体制及び手続（定期的な検査）

（ウ）　各事務に係る処理に不備があると認められた場合において，その報告，原因究明及び改善のための方策の検討を行う体制（再発防止）

ただし，一般書類においては不要とされる。

(2) 可視性の確保

①　帳簿との相互関連性の確保

電子記録の記録事項と当該書類に関連する帳簿の記録事項との間において，相互にその関連性が確保することができるようにしておくこと

②　見読可能装置の備付等

カラーディスプレイ及びカラープリンタ並びに操作説明書を備え付けること

電子記録について，整然とした形式や4ポイントの大きさの文字を認識できて速やかに出力できるようにすること

ただし，一般書類は白黒階調（グレースケール）による保存の場合，ディスプレイ及びプリンタはカラー対応である必要はない。

③　処理システムの開発関係書類等の備付け

処理システムの概要を記載した書類，そのシステムの開発に際して作成した書類，操作説明書，コンピュータ処理並びに電子記録の備付け及び保存に関する事務手続を明らかにした書類を備え付けること

図119 入力時の適正事務処理要件

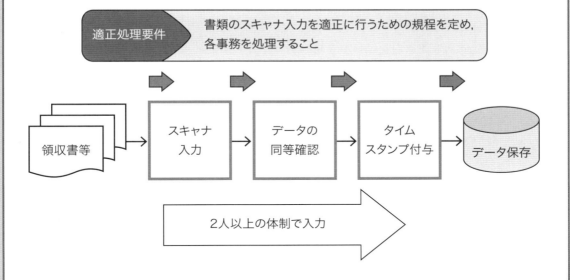

要件・統制がとれた環境構築

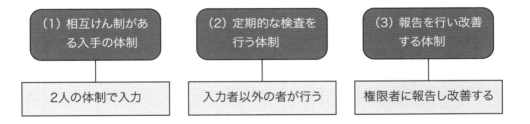

(1) 相互に関連する当該各事務について、それぞれ別の者が行う体制
(2) 当該各事務に係る処理の内容を確認するための定期的な検査を行う体制と手段
(3) 当該各事務に係る処理に不備があると認められた場合において、その報告、原因究明及び改善のための方策の検討を行う体制
　　（定期的な検査は最低年1回実施し、企業規模に応じた回数を検討する

帳簿・書類の部

④　検索機能の確保

電子記録の記録事項について，次の要件による検索ができるようにすること

（ア）　取引年月日その他の日付，取引金額その他主要な記録事項での検索

（イ）　日付又は金額に係る記録事項について範囲を指定しての検索

（ウ）　２以上の任意の記録事項を組み合わせての検索

(3)　小規模企業者は相互けん制の要件を外す特例

小規模企業者には，適正事務処理要件に掲げる定期的な検査について税務代理人に行わせることとしている場合には，相互けん制要件を不要とする特例がある。

つまり，相互けん制要件では書類の受領者と入力あるいは内容確認を別人で担当する，都合２人以上での処理体制になるが，税理士等の専門家が定期検査を担当することで，相互けん制に従事する者が省ける。

④　入力方式と作業要領の留意点

国税関係書類はスキャナ保存する際の入力方式とその作業要領が法令通達で規定されており，わかり難い点もある。

(1)　入力方法は書類が「重要書類」か「一般書類」で区分される

一般書類は随時入力方式が取れるので，随時行える。期間に関係なく古い書類もスキャナ保存に替えられる。

ただ，受領者がスキャナでの読み込みを行い，内容確認も済ませる処理においては，重要書類，一般書類の区別はなく，タイムスタンプ付与で期限を規定した。通達では３日以内としているのが「特に速やかに入力方式」である。

(2)　原則は「速やかに入力」である

書類の作成あるいは受領後，「スキャナでの読み取りを速やかに行うこと」が原則として規定されている。これに関して通達では「スキャナで読み取り後，受領者等以外の者が記載事項とデータが同等である確認をした上でタイムスタンプを付与することが入力」とあり，「速やかに入力」の期限は７日以内としている。

その上で，業務の処理サイクルにのせて，内部規定で業務のサイクルが認められるならば，その業務の通常のサイクルを経過した後，速やかに入力を行うことも認めている。このケースは月次のサイクルであれば，入力期限は37日になる。

(3)　特に速やかに入力はタイムスタンプ付与の期限がある

規制緩和を重視した平成28年度の制度改正で，スマホも利用できる書類の受領者がスキャナ入力と内容確認を行なることも容認した。これに関して，通達では不正防止のために，本人の署名を要し，タイムスタンプ付与までの期限を３日以内とする。これは一

図120 スキャナ保存の入力方法

一般書類は適時入力方式になるが重要書類，小規模企業者の特例は一定の入力手続が要件としてある

重要書類のスキャナ保存

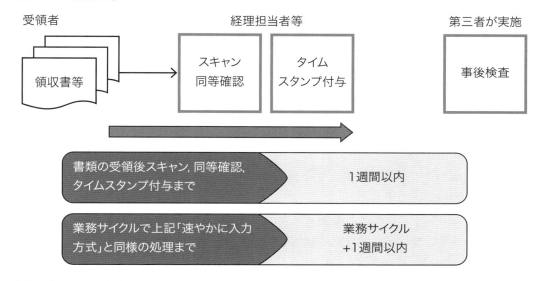

「速やかに入力方式」

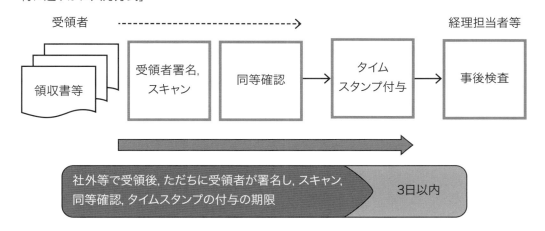

「特に速やかに入力方式」

帳簿・書類の部

般書類にであっても適用される。

　ただ，同じように現場で従業員が直ちにスキャン入力を行っても，受領者以外の者（経理担当者など）が読み込みのデータは書類と同等である確認の相互けん制が組まれていれば，この適用からは外れる。したがって，原則の「速やかに入力方式」の対象になる。

⑤　何が目的でスキャナ保存とするのか

　企業が社外から収受する帳票については，その内容が業務情報，あるいは会計データの起点となっている。それぞれの業務進行のデータとして，従来から社内用の帳票が起票され，あるいは関係先から収受した証ひょうは，その業務処理の証拠書類として保存されている。

　近年の電子化の浸透によって，システム処理のデータが一般化している。この処理の体制において，スキャン入力の機能が利用されるのは，どのような背景と目的をもつのか。

　　①　企業活動に伴って収受した帳票の保存は，その収納場所の確保等に要する費用を削減すること
　　②　社内用のデジタルデータとする入力作業を効率化するため，スキャン機器とOCR入力機能を活用すること

　帳票をスキャンする技術は，書面（紙）の複写機の利用と同様に，身近に利用できる環境があり，精度に関しても特段に問題はない。電子記録によってコンパクトに，デジタル機器でデータとして利用でき，記録媒体も多様化している。

　ただ，デジタル化したファイルは原本そのものではない。さらに，デジタル記録は複写，改ざんが容易な特性があるので，原本の複写内容の真実性を実証する手段が不可欠になる。会計システムにおいて，確定した記録を保存する体制の確保にはコストがかかる。

　上記①の目的達成においては，スキャナ保存のコストが書面保存の賃貸料等に比較して削減の効果が果たせるかどうか。②の目的によるデジタル入力の効率化が主とされるのであれば，副次的に税務上のスキャナ保存の制度を利用できるので，費用効果は期待できる。

⑥　入力方式の選択と処理の体制づくり

　要件で掲げられているスキャナ文書の入力方式（前述③（1）①）については，企業がスキャナ入力を実行する目的，業務処理（記録の受付，承認，実行，記帳）の方法と関連したもので，それぞれに対応した措置ととらえる必要がある。

(1)　保存が目的でスキャナ文書とする場合

　この体制は，従前どおりに収受した書類によって社内の業務処理を進める。従前は業務処理が完了すれば，そのまま証拠書類として保存することになるが，その保存をスキャナ文書に代えるのである。

図121 入力方式と時期の留意点

受領者がスキャナを行う場合の相互けん制

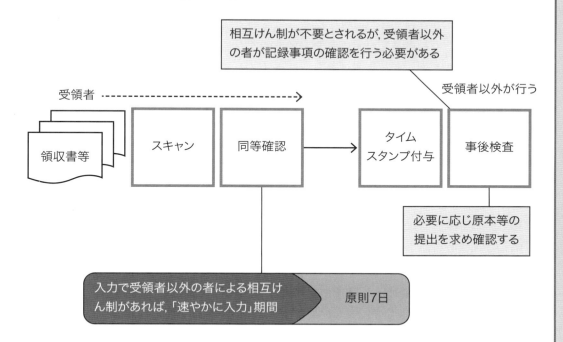

```
書類の収受 → 業務処理 → スキャナ文書化 → 記録の保存
```

　このパターンは，業務処理が定型の処理要領で明らかにされており，関連帳簿は電子帳簿の承認を受けていることが前提になる。スキャナ文書にするのは保存が目的ならば，半期とか年度分でまとめて入力する作業が効率的になる。

　税務は業務処理後，書面に不正介入を抑止するために重要書類は最長1ケ月の期限とする「業務処理後速やかに入力方式」と一般書類は「適時入力方式」を認めている。

　保存だけの目的でスキャナ文書を作成するのは，いかにも消極的ともいえる。電子記録の情報を活用する体制のほうが，やはり有利である。

(2)　業務管理のデータでスキャン入力する場合

　この体制は収受した書類のデータ入力のために直ちに書類をスキャン入力して，社内の業務処理のシステムに接続する。

　例えば，領収書から自動仕訳，分散入力，本社へ転送等ができる。

　作成されたスキャナ文書のデータは，社内で共用する情報として管理され，ネットワークを通じて関係部署が情報の一元化と共有を目指す。

　この体制による情報の伝達はスピードアップし，情報の伝達ミスを軽減できる。取引先と電子取引の電子化がとれなくても自社システムの電子化を発展させることができる。

　ただ，書類の収受の際，スキャナ文書化の作業は頻繁に行うことになり，タイムスタンプを得る操作が多くなる。業務処理でスキャナ文書としたものはそのまま保存用に引継ぐことができる。スキャンデータから会計用のデータを読み出し，自動仕訳（電話番号，取引先名，原票の種類等から仮仕訳を生成する）のプロセスを設計することも可能である。

　税務は，この現場入力の作業に対応して重要書類は作成又は受領後7日以内にスキャナ文書化とタイムスタンプを付与する「速やかに入力方式」と，さらに，取引先等社外で従業員が書類を受領した場合に，受領者がスキャン作業が行える「特に速やかに入力方式」を認めている。

図122　小規模企業者に相互けん制不要の特例

小規模企業者

> 適正事務処理要件の定期的な検査を税務代理人が行う場合, 相互けん制要件は不要 (特例)
> 要件では書類の受領者と入力, 同等確認を別人で担当する, 都合2人以上の体制になる税理士等の専門家が定期検査を担当するので従事者を省く

原則的な事務処理の流れ

小規模企業者に相互けん制不要の特例

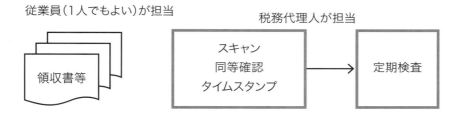

小規模企業者とは

> 中小企業基本法に定めるものであり, 常時使用する従業員の数が20人 (商業又はサービス業に属する事業を主たる事業として営む者については5人) 以下の事業者

帳簿・書類の部

スキャン入力ができる会計ソフト

1　スキャン機能とタイムスタンプ付与ができる会計ソフト

　電子帳簿保存法が改正されて，スキャナ保存に際しての要件が緩和された。低調な利用を解消するために取られた措置である。事業活動に伴って膨大化する書類に悩まされている企業サイドに，ペーパーレスによる業務処理の効率化を図る気運が高まってくる。すでにソフトメーカーが提供する会計ソフトは，税務処理として消費税申告書の作成や電子帳簿の保存を選択できる機能を備えている。

　これら会計ソフトのバージョンアップは，税務が認めるスキャナ保存用のアプリ，さらにタイムスタンプ局と連携して間接的にタイムスタンプ付与ができる機能が付加されて，機能の充実さが競われる傾向にある。

　会計ソフトあるいは先行する業務処理のシステムでは，現場の帳票データを入力するためにスキャンとOCR機能で文字認識をする入力方式が利用されている。スキャンデータは，自動仕訳によって会計データを生成することができる。さらに，スキャナ保存の要件に適応したソフトが普及すれば，スキャナ保存の利用で追加費用も生じない。

　経費処理に関して，特化したソフトが利用される例で，「経費精算システム」がある。

　このソフトの対象は，煩雑で手間のかかる経費精算の業務で，システム利用によって申請者にも会計担当者にも省力化，効率化が目に見える。パソコン用のソフト製品を利用する事例が多くなっている。スマホの撮影でスキャナ保存ができるようになったこともあり，経費精算ソフトにスキャナ保存機能を加えた製品が人気を得ている。

2　経費精算システムのスキャン入力

　「経費精算システム」とは，煩雑で手間のかかる経費精算業務を効率化するシステムで使用されている名称である。事業活動において交通費や交際費等の立替経費の精算は煩雑な作業であり，その処理の負担軽減，作業時間の短縮，人件費の抑制のために，汎用の市販ソフトが利用されている。

「経費精算システムの基本機能」
① 　ルート検索とのデータ連携
　　交通費の精算では，パソコンで検索した交通ルートで経費データを作成する機能などで単純ミスを防ぎ，金額集計を自動的に行える。
② 　会計ソフトとのデータ連携
　　経理での精算処理が終わったデータを会計ソフトと連携させて，仕訳データの生成などを行う機能がある。
③ 　スマホ対応
　　スマホによる経費精算の製品もあり，営業先で担当者が経費精算を進められる。

II章 書類のスキャナ保存

図123　サービス事業の事例

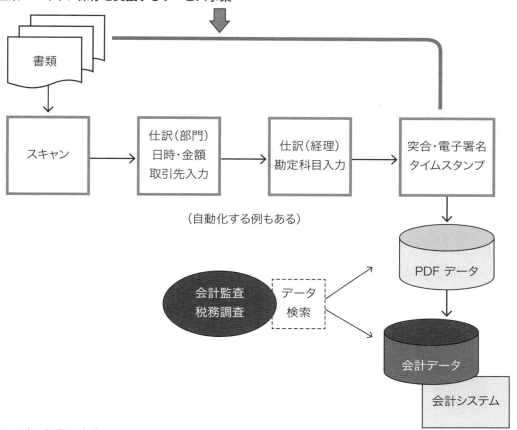

③ スキャナ保存の機能がある会計ソフト（事例）

[事例1] 弥生会計シリーズのスキャン機能（弥生株式会社）

スマホでレシート取込

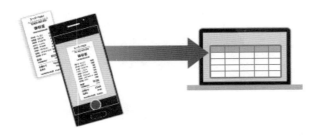

「弥生レシート取込」の機能

弥生会計ソフトの「弥生レシート取込」は，スマホのカメラでレシート類を撮影し，画像データとして弥生会計ソフト製品に取り込むことができるスマホのアプリである。

「弥生レシート取込」で取り込まれたレシートの画像データは，「スマート取引取込」で自動的に仕訳され，確定申告や決算に利用できる。このアプリは平成28年（2016年）改正の電子帳簿保存法のスキャナ保存制度に対応しており，所定の要件を満たすものでレシート（紙）の破棄が可能であり，証ひょう等の原始記録の保存方法の改善に役立つ。

●現場でスマホによる入力

いつでも，どこでも経費の支払の現場で手持ちのスマートフォンでの撮影ができる。

現場でスマホによって取り込める
ガイド線を参考にレシートを撮影する
問題ないか確認し、まとめて送信できる
状態の確認や入力内容の修正ができる

●スキャンデータや取引データを自動取込み

銀行明細，クレジットカード，電子マネーなどの日々の取引データやレシート，領収書などのスキャンデータを自動取込・自動仕訳をする。取り込むたびに学習し，自動仕訳の精度がアップする。電子帳簿保存法のスキャナ保存の要件に対応している。

Ⅱ章 書類のスキャナ保存

図124　スキャン入力を利用する

業務システムに　データをスキャナ入力する方式が導入される

| 業務システムのデータ入力でスキャン入力 | → | 会計システムに連携税務書類のスキャナ保存 |

| 経費精算システムのデータ入力でスキャン入力 | → | 会計システムに連携税務書類のスキャナ保存 |

会計ソフトの　スキャンとタイムスタンプ機能を利用する

企業の経理・会計を簡単に　→　帳簿作成のほか請求書の発行・郵送・消し込みや経費精算まで対応し，リアルタイムな数字の把握もラクにする

確定申告を簡単・ラクに　→　所得税や消費税の確定申告書が会計データを利用して作成できる

スキャンデータを自動取込　→　銀行明細，クレジットカード，ICカードなど，日常の「取引データ」を「会計データ」に自動仕訳し取り込める

タイムスタンプの付与　→　タイムスタンプ局と連携して，タイムスタンプ付与が行える

税務書類のスキャナ保存　→　電子帳簿保存法の要件に適応した税務書類のスキャナ保存ができる

251

［事例2］　ICS原票会計Sシステム（日本ICS株式会社）

● スキャン文書の内容で仕訳データ

　「原票会計S」は，納品書・請求書・領収書などをスキャナで読み込み，OCR機能により会計システムのデータと関連付けるシステムである。自動的に仕訳を行い，タイムスタンプの付与を行った後に仕訳データとして会計システムに引き継がれる。

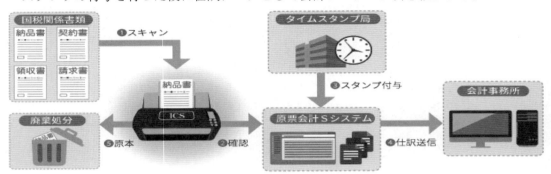

● スマホで原票を撮影しスキャン入力とタイムスタンプの付与

　営業先で受け取ったレシートはスマホで撮影し，文字認識後，「原票会計S」システムがそのイメージ画像の文字情報をもとに仕訳データ化する。

```
レシートを撮影 ＞ 画像解析 ＞ データで仕訳作成
```

［事例3］　クラウド経費精算システム　（freee株式会社）

● 申請は スマホで写真を撮るだけ

　スマホで領収書を撮影し，数項目を入力するだけで申請作業が完了する。フォーマットへの記入はない。たくさんの領収書をまとめてスキャンし申請が効率的に行える。

● 承認や管理が簡単に

　アップロードされた領収書と申請内容を見て承認作業が行える。

● 精算額の反映や振込までが簡単に

　承認された経費は，会計ソフトへ1クリックで登録ができる。経費精算と会計処理を別に行う必要はない。自動作成される振込ファイルで振込がラクに行える。

● 経費レポート作成や分析がラクに

　集計表などレポート機能があり，プロジェクトや部門の単位で集計データが取れる。

● 電子帳簿保存法に対応

　電子帳簿保存法に対応し，領収書・請求書などの書類のスキャナ保存が行える。

Ⅱ章 書類のスキャナ保存

図125　経費システムの利用

経費精算・事務負担の課題

> 手作業の手間・ミス発生のリスク・人件費の増大
> 仮払い手続証憑書類の管理・
> 生産性の低下

経費システムの機能

経費の登録　→　経費業務を簡素化

> 領収書をスマホで撮る
> 日付や金額，科目まで自動で補完
> 経路検索・運賃の取込みワンタッチ
> 時間と場所を選ばず経費申請・承認をスマホで

経費の処理登録　→　経費業務を効率化

> 領収書チェックがオンラインで行える
> 総合振込データを一括送信で手間，ミスを減らす
> 経費の処理が会計システム連携で同時に行える
> 電子帳簿保存法のスキャナ保存の要件に対応する

帳簿・書類の部

スキャナ保存ソフトの認証制度

　国税関係書類のスキャナ保存が適用できる要件は，従来の書面による処理の環境とはまったく様変わりして，新たな電子データに対応した基盤が求められる。すでに，インターネットやe-mailの扱いで電子データを利用する状況は整っているが，その実情はスピードのある情報の作成，伝達の機能の利便を利用したものが多く，受領後に当該電子データの内容を不変，客観的で，長期的な記録保存を重視する例は少ない。つまり，そのための保全策は重視されていない。

　税務の立場で確定的で安全な記録保存を求める要件は，一般の利用者にとっては新たな負担が加わり，また，その内容は専門，技術的な分野にわたる複雑さがある。この点が，従来からこの制度の利用度が向上しない背景でもあった。

　企業は独自で関係システムを構築することも可能であるが，容易とはいえない。その点ではソフトメーカーからタイムスタンプ付与等の関連したアプリを含む各種のソフトやシステムの製品が提供されており，ユーザーサイドはその利用が一般的になっている。

　特に，ソフト提供の関係事業者は，業界で市販されるソフト製品の信頼性を確保するために共同で国税の要件に対応したソフトを認証する制度を設定した。

■　スキャナ保存要件の対応ソフトを認証する制度

　公益社団法人日本文書情報マネジメント協会（「JIIMA」の略称がある）は，国税関係書類のスキャナ保存の要件に対応できるソフトであることを認証する制度を設定し，利用者に導入の利便提供とリスク回避のサポートをする。

(1)　制度の目的

　電子帳簿保存法による国税関係書類のスキャナ保存に対応したソフト製品について，協会はその機能仕様をチェックし，法的要件を満たしていると判断したものを認証する。ソフトを導入する企業は，この認証の有無で国税の要件への適応性を的確に把握できる。

(2)　認証の手続

　ソフトの認証では，ソフトのマニュアル，取扱説明書などで公開されている機能をベースに，公正な第三者機関が必要な機能の全てが備わっていることをチェックし，認証審査委員会が審議を行って認証される。

　認証した製品の一覧はJIIMAのホームページで公開され，そのリストが国税庁に提出される。

　認証した製品に，ロゴの表示が認められる。

Ⅱ章 書類のスキャナ保存

図126 | スキャナ保存ソフト認定製品

スキャナ保存ソフト法的要件認証ソフト一覧（ソフト名あいうえお順）

ソフトの名称	メーカー名
ArcSuite Engineering	富士ゼロックス㈱
Apeos PEMaster Evidence Manager	富士ゼロックス㈱
DocuShare	富士ゼロックス㈱
Dr.経費精算	㈱BearTail
MF クラウド経費	㈱マネーフォワード
OBIC7	㈱オービック
ReportFiling	NECソリューションイノベータ㈱
Ridoc Smart Navigator V2	㈱リコー
TKC証憑ストレージサービス（TDS）	㈱TKC
WWDS証憑アーカイブ スタンダード	㈱ハイパーギア
快速サーチャーGX	㈱インテック
活文 ReportManager	㈱日立ソリューションズ
業務支援パッケージスタンダード	㈱PFU
楽なる保存サービス	㈱RITAソリューションズ

　上記は公益社団法人日本文書情報マネジメント協会の認証を得た製品である。

Ⅲ章

電子取引の電子記録

帳簿・書類の部

 電子帳簿保存法の電子取引の記録

　近年の取引はグローバル化するとともに，取引の形態で電子取引が広がっている。相手先と相互が取引処理を電子化していると，ペーパーレスによる効率的な処理が展開できる。
　電子記録に関して税法は保存の対象として規定していない。そもそも電子記録は安定した記録と認めない見解で一貫してきた。したがって，各税法は関係帳簿書類の備付けと保存を規定しているが，そこに電子記録は含まれていない。電子会計に対する電子帳簿の容認は電子帳簿保存法による特例の扱いである。電子取引における電子記録の保存についても電子帳簿保存法で規定された。

1　電子取引の範囲

　電子帳簿保存法で規定する「電子取引」は，取引情報が電子記録の授受によって行われる取引であり，通信手段を問わず，次のようなすべての取引が該当する。
・EDI取引（企業間の取引を規格化した電子データで通信回線を介して送受信する）
・インターネット等による取引（例えば，ホームページを窓口とした受発注など）
・電子メールで取引情報を送受信して行う取引（添付ファイルでの情報交信も含む）
・インターネット上のサイト（サーバーが設置されて情報を提供する環境）を通じた取引（ウェブ市場の商品，サービスの提供等）

2　税務調査上の必要で電子記録の保存を規定

　電子取引でペーパーレスの処理が浸透する実務に対して，税務調査上で取引を確認する際，実態を確認する手掛かりが保存されないのは問題である。その対策で，ペーパーレスの電子取引については電子記録を保存する義務が規定された。
　電子記録を保存する場所は，税法が書類の保存を規定した場所とされ，保存期間も同様に7年である。
　また，規定は電子記録の保存を原則とするが，そのただし書きで，取引内容を出力した書面で電子記録の保存に代えることができるとした。

3　実務的な保存方法の選択

　電子取引の利用によって情報の送信，電子記録の共用，電子システムの利用で処理の迅速化，効率化が実現できるが，電子取引の記録保存は上記のような税務上の扱いになるので，次の3方法から選択することになる。
　①電子データをそのまま保存する方法
　②電子データをCOMに出力して保存する方法
　③電子データを出力した書面で保存する方法

Ⅲ章 電子取引の電子記録

| 図127 | 電子取引に電子帳簿保存法の規定 |

今後, 電子取引が拡大する要因

電子取引の拡大モード ＞ 電子データの利用が拡大 ＞ 電子取引のデータ保存が拡大

消費税のインボイス方式の制度化 ＞

電子取引の記録を保存する制度

ペーパーレスの電子取引 ＞ **電子取引の電子情報を保存する必要**

保存制度の法的根拠 ＞ 電子帳簿保存法 ＞ 第10条

規定の要点

```
事業者がペーパーレスで電子取引を行った場合には, 当該電子取引の取引情報の電子記録を保存しなければならない
ただし, 取引記録を書面又はマイクロフィルムで出力し保存することもできる
```

| 法第10条の原則
取引の電子記録を保存 | 法第10条のただし書
取引内容を書面に出力して保存 |

（電子記録は廃棄できる）

保存の場所と保存の期間は税務関係書類の扱いと同じ

| タイムスタンプの付与
訂正削除の防止の事務処理規程の整備 | システム関係書類の備付
見読性の確保
検索機能の確保 |

259

帳簿・書類の部

4 書面に出力して保存する方法

電子会計の帳簿に関しては，従来の書面の帳簿と同様にプリント帳簿を作成する方法がある。それと同じ体制とみなされるもので，電子取引を行っても，書面で取引を行う場合に記載される帳票の内容をプリント（一般的に使用される帳票の内容であって，書式での出力にこだわらない。）したものの保存があれば，電子記録の保存に代替できる。

5 電子データで保存する場合の措置と保存要件

(1) 電子取引の電子データは，受信で遅滞なく，タイムスタンプを付与すること，電子記録の記載事項を「正当な理由がない訂正・削除の防止に関する事務処理規程」の備付けをすることのいずれかを行う必要がある。

(2) 保存の方法は，スキャナ保存と同様の要件を満たす必要がある。すなわち，システムの関係書類の備付，見読性の確保，検索機能の備付けが要件になる（詳細は「帳簿・書類の部　II章　書類のスキャナ保存」を参照）。

6 電子取引の記録保存で留意する事項

(1) 電子取引の取引情報は，ディスプレイ上に，整然とした形式で明りょうに表示されるもので，暗号化されたものでなく，平文による。

(2) 取引情報に関しては，確定情報のみを保存することで問題はない。

(3) 電子記録は，取引の内容がわかる情報が出力されること。

(4) 見積りから決済までの取引情報を，取引先，商品単位で一連のものに組み替えるとか，取引情報の重複を排除するなど，合理的な方法で編集（取引情報の内容は変更しない）することは問題ない。

(注) EDI取引の電子記録で保存する取引情報は，一般の見積書，注文書，納品書や支払通知書等の単位で，注文番号，年月日，品名，数量，単価，金額等となる。

7 訂正及び削除を防止する規程とは

「正当な理由がない訂正及び削除の防止に関する事務処理の規程」の設定に関しては，次のような内容を含む規程を指す。

(1) 自らの規程で防止する場合
・データの訂正削除を原則禁止
・業務処理上の都合により，データを訂正又は削除する場合（例えば，取引相手方からの依頼により，入力漏れとなった取引年月日を追記する等）の事務処理手続（訂正削除日，訂正削除理由，訂正削除内容，処理担当者の氏名の記録及び保存）
・データ管理責任者及び処理責任者の明確化

(2) 取引相手との契約で防止する場合
・取引相手とデータ訂正等の防止に関する契約を行う。

図128　電子取引の取引データの保存

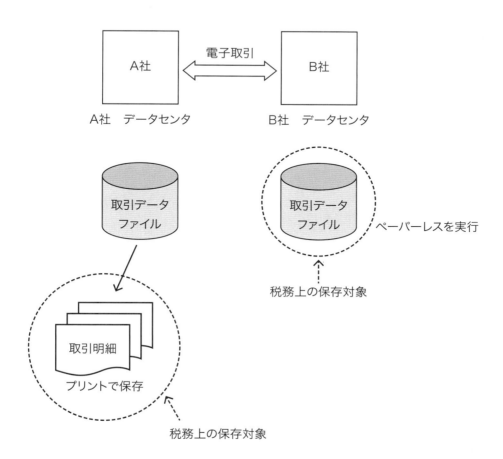

> 電子取引の実行に関する税務上の手続はない

電子取引がペーパーレスで実行される，税務の承認，届出の手続はない
B社が取引データを電子記録で保存することに関して申請手続はない
A社は電子記録の保存の要件を整えるよりも取引明細をプリントにして保存を選択，この選択でも承認，届出の手続はない

帳簿・書類の部

　　　・事前に上記契約を行う。

　　　・電子取引の種類を問わない。

8　電子契約の利便性

　電子契約とは，従来の紙ベースの契約書を電子ファイルに置き換え，合意前の当事者間の調整から調印，保管までをすべて電子的に行う方法である。

　電子データで作成した契約書に，電子署名及びタイムスタンプを付与することで，文書の真正性を保証する。契約書を電子化して利用する形態は電子取引である。

　電子契約のメリットは文書を電子化することで事務の効率化ができる。印刷・製本の後に郵送し，契約相手の押印返送を待つ必要がない。

　更に電子データで契約書を作成することで印紙税の課税対象には含まれない扱いであり，紙面で作成される場合の印紙代は不要になるので，コスト削減になる。さまざまなサービスを提供するASP業者があり，利用の普及が見込まれる。

　契約自体がクラウド上で成立するだけでなく，その後の保管まで，すべてをクラウドで行うことができるので契約書を探す場合も容易で，時間を短縮できる。

9　消費税の複数税率制の施行で電子取引に移行

　消費税の改正が単に適用税率の改正だけでなく，複数税率の導入であり，それに伴い税率区分ごとの積み上げ計算の仕組みが組み込まれる。さらに次なる改正のステップでインボイス方式への移行が確定しており，交付する適格請求書の作成が必要になる。経理に関する処理を行うシステム全部の改修は一連の改正を見据えてダブりや無駄な改修をできるだけ回避する必要がある。

　この一連の改修に際しては税対策のほか，ペーパーレス化，省力化が図られ，電子データの利用のレベルアップに拍車が掛かる。

　一般に書面を電子データの提供に代えるペーパーレス化は電子取引の形態に移行することになる。生活関連の物資を調達で，インターネット上のWeb市場の利用が浸透しているが，個人の場合は電子取引の利用を意識していない。課税事業を行う企業は電子取引で，ペーパーレスに対処して電子データの記録保存が欠かせない。

III章 電子取引の電子記録

図129 電子契約の事例

電子契約とは ― 電子文書で契約を行い, 電子署名を付与した電子ファイルをサーバーで共有する仕組み

↓

受発注業務の効率化, 迅速化
電子文書によることで印紙税の節約
共用サーバーによるデータの利用, 保存の合理性

電子契約を中継するサービス事業

↓

タイムスタンプの付与を支援
電子契約の電子記録の安全管理と保存
電子契約サーバーはクラウドシステムで拡大

電子契約サービス事業(例)

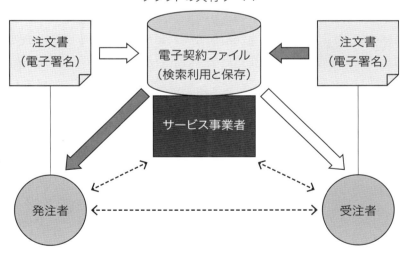

帳簿・書類の部

10 今後に電子取引が拡大する要因

(1) インターネットでWeb市場が一層拡大する

いわゆる電子化時代において，電子文書あるいは電子データファイルの利用が進展し，一般化すると想定される。

特にインターネットを利用したWeb市場は電子取引の利便性が発揮され，潜在需要を引き出すことは間違いない。従来からの書面を作成する取引処理は残されることになろうが，PC利用の処理が一層浸透することに伴い，書面処理よりも電子化した処理の比重は確実に増加していくと想定される。

(2) 新消費税制における適格請求書等の交付を電子化する

平成31年10月1日から複数税率が適用されること，将来はいわゆる「インボイス方式」が導入される制度に移行する。

① 適格請求書を電子データで提供する選択

複数税率に対応した仕入税額控除の方式として導入される適格請求書等保存方式では，課税事業者が交付する「適格請求書」等の保存が仕入税額控除の要件となる。

適格請求書とは「売手が買手に対し正確な適用税率や消費税額等を伝えるための手段」として，一定の事項が記載された請求書や納品書その他これらに類する書類をいう。

課税事業者は適格請求書を交付する義務があり，書面での交付に代えて電子データにより提供すること（電子取引に含まれる）もできる。

② 税法改正に伴う経理システムの改修が必須

複数税率の制度によって帳簿及び請求書等の記載は軽減対象資産の譲渡等である旨及び税率ごとに区分して合計した税込対価を合計した請求書等（区分記載請求祖等）を発行すること，日々の経理において帳簿には軽減対象資産の譲渡等に係るものである旨を記載することが必要となる。

したがって，新制度が開始するまでの間に，従来の会計システムや使用ソフトの改修が必須になり，システムの改修規模も大きくなる。この改修はシステムの世代交代が実行される機会にもなっている。世代交代では電子化のレベルが大幅にアップするもので，電子取引の拡大につながる。

図130　複数税率の消費税制の対応策

適格請求書等の交付で電子化が選択できる

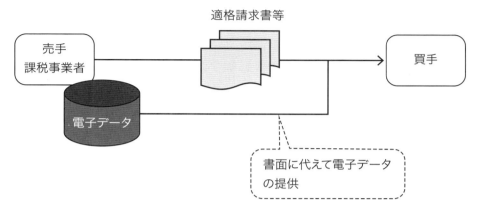

電子化の手続を規定する法令は分散

■　税務申告の基盤となる帳簿書類の作成（原則書面）
　　法人税法等の各税法で
　　帳簿書類の備付けと保存（期間）を規定

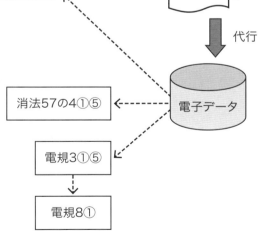

所法148　　法法126①　　消法58

■　電子取引（電子データ）で提供する手続
　　消費税のインボイス方式で電子データ提供は
　　消費税法で規定

電子取引の電子データの保存は
電子帳簿保存法で規定

電子データ保存要件は
電子帳簿保存法の規定を準用

IV章

電子記録に対する税務調査

税務調査の対象範囲・対応策

1 電子帳簿を作成した会計システムも調査対象
(1) 帳簿ファイルと専用ソフトはセットで機能する

　企業が決算後，関係帳簿書類を保存する目的のひとつは，決算内容を調査・監査する機関に対して，明確に情報開示をして適確な経理であることを立証することにある。企業が対処する外部の調査・監査の代表格は税務申告に対する税務調査である。

　伝統的な紙面の帳簿で保存された時代が長く続いて，関係者は調査の対象になる帳簿や帳票を冊子で整備し，保存される状態に慣れていた。帳簿の形状が冊子や，伝票の綴り等，帳簿の体系となっているものは，誰にもわかりやすいものである。

　それに対応する電子帳簿の場合どうか。複雑の一言に尽きる。

　電子データを記録する媒体は，その記録内容を解読するときには画像又は紙面に出力する。電子記録はパソコン等の本体あるいは接続の装置を解読する操作を必要とし，格納ファイルの電子記録から帳簿の形式に出力するプログラムを稼動して読み出すことになる。つまり，帳簿は電子ファイルと帳簿を読み出すプログラムがセットで常に使用される。

　したがって，電子帳簿を調査する実体は，データが入力されて，帳簿上の情報が作成されるプロセスが適正かどうか，その情報処理の基盤になった会計システムの構成，自動化したデータ誘導は適正に設計されているかの仕組みが調査の対象に含まれてくるのである。データ処理のルール構成が適正でないと，そこを通過するすべてのデータに同じ影響が及ぶのである。それは大量の処理ミスが出てしまう凶器に変ぼうする。

(2) 会計システムに先行する業務システムも調査の範囲である

　コンピュータ内のデータ処理はすべてプログラムが誘導する。会計システムで受け入れるデータは会計データとは限らない。現場で入力された原始データから会計データとして確定させ，帳簿の情報に仕上げるプロセスがプログラムで組み込まれる。その技術が発達した。自動処理あるいは自動仕訳の技術を多用する会計システムが一般化している。

　電子化の深度が拡張した会計システムでは，データの起点が上流に位置する現場のシステムのデータを引き継いで，会計データを起票する連携を積極的に組み込んでいる。その代表的なモデルが，いわゆるFPRシステムである。また，データファイルはデータベース方式によって他のシステムと共用できる個別的で，総合化が進んでいる。

　その結果，会計情報のプロセスを確認するときに，調査の範囲，対象は会計システム単独ではなくなっている。

IV章 電子記録に対する税務調査

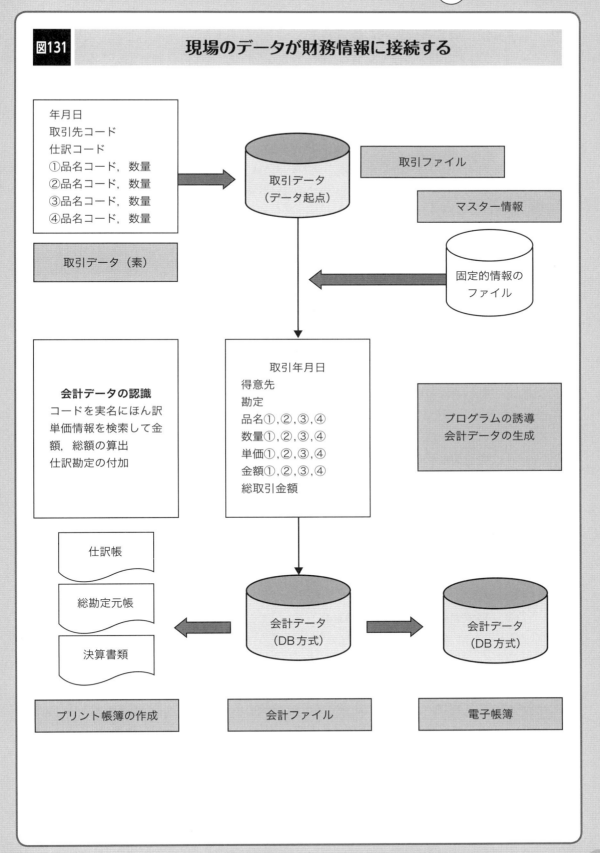

図131 現場のデータが財務情報に接続する

② 電子会計に対する代表的な調査方法

電子会計に対する調査方法で定番はない。対象とするシステムに個別性があるなど，調査対象の状況に即して，各種の調査方法が採用されている実態がある。いわば実践的な応用が重視されているが，なかでも代表的な方法を挙げると次のとおりである。

(1) システムでデータの入力から処理後の出力された目的の情報等を手掛かりにして，その中から矛盾やミスを見付けて，欠陥の発生源と波及を究明していく方法

(2) システムがどのような自動処理を組み込んでいるのか，システム構造書，プログラム設計書等によって処理を誘導している内容を確認していく方法

(3) 電子データに対して監査用の機能を用意した汎用プログラムを使って，重点的に監査を要する対象を抽出して，重点化した監査を展開する方法

③ 調査を行う側の対処

税務は税務調査上で必要とする環境を確保するために，電子帳簿を選択する企業に対して税務調査が支障なく実行できるよう，電子帳簿の承認要件を設定している。電子帳簿の承認申請では，各要件について状況の説明を求めており，その具備を確認した上で承認を行っている。

ただし，承認の申請があった時は，とりあえず承認を行い，実質的な確認は，以後に提出される税務申告書の調査の際に，電子帳簿の適用要件も調査することが多い。

規定の要件は調査が円滑に実行できるための条件そのものである。

（その１，見読可能性の要件に対応）

電子帳簿の調査は電子ファイルの内容を見読するのであり，必要に応じて電子帳簿の見読を行うことになる。その見読が円滑に行える環境が必要である。調査対象とされるのは過去の事業年度の帳簿ファイルであることが多い。その用意が整っていること。

（その２，帳簿間の相互関連の確保の要件に対応）

調査は会計データから記録された帳簿（仕訳帳，総勘定元帳，補助簿等）で関係するデータのトレースが，適切なキーによって明確に行えるものであること。

（その３，検索機能の確保の要件に対応）

コンピュータによる情報利用の体制は電子情報のファイルから指定した条件に該当するデータを検索する機能が備わっており，日常の業務処理で大いに利用されている。

調査においても，調査上の要請で電子帳簿の電子ファイルから指定したデータの抽出機能を利用したいのである。その機能がスムーズに使えること。

（その４，処理説明書類の確保の要件に対応）

各企業が稼働させるシステムは個別的であり，その構成がどのようなものなのかは，外部の調査人に対して，十分な説明がなければ，調査は進められない。情報処理に関する各種のドキュメンテーションで説明されており，関連書類が整備されていること。

図132　周辺システムは税務調査の対象に含まれる

電子帳簿ファイルは関連システムからのデータを取り込んでいる

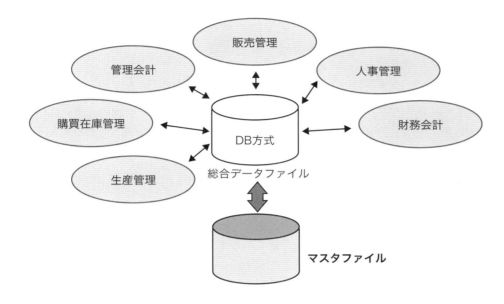

会計データの起点が業務システムのデータにある

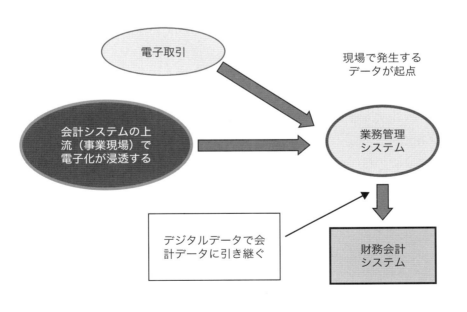

（その５，遡及訂正加除の履歴の確保の要件に対応）

作成した帳簿ファイルの内容は，機関として確定された後に内容の変更が行われていないことを実証できる内部統制の状態が確認できること。

4 調査を受ける側の対応策

どのような会計システムを導入しているのか，その特徴はどの面に組み込まれているかなど，実際の運用の状況，内部統制の仕組み等を調査の前段階で，調査関係者に説明する機会をぜひ設定すべきである。

調査側にとって，電子会計のシステムは特に企業ごとで個性的な構造，運用の形態であるから，まず，調査対象がどのような構成によるのか，その概要と特徴を掌握しておかなければ，調査が円滑に行えない実情がある。その跳ね返りで企業側は余計な負担を追うことにもなりかねない。まず，「わが社の会計システムを理解してもらう」ことが大事である。

電子帳簿の帳簿ファイルの管理あるいは保存の環境は書面の帳簿とはまったく違う。電子帳簿の内容を見読する操作はそれぞれのシステムの独自色があり，また，情報処理の部署はセキュリティ管理が徹底される。法令にもとづく税務調査であっても，単独で帳簿ファイルに触れるのは危険である。

5 双方の協調姿勢が重要になる

調査の円滑な進行に相互の協調体制が欠かせない。これは，電子会計に限ったことではないが，電子会計に対する調査においては，特にその要請は強くなっている。その背景は，企業の機密保持，あるいは電子情報が社外流出の事故や犯罪の発生，サイバー進攻による業務妨害等，情報システムのセキュリティ確保がクローズアップされているのである。

情報処理の部署が調査の対象になっており，質問検査権がある税務調査において，どこまでの線引きになるのか，現場では微妙な状況がある。例えば，コンピュータ室や電子記録の保存庫への出入りは厳重に制限されている。

帳簿の調査であるから，調査側は電子ファイルを見読することを必要不可欠と認識しているが，どこまでの操作が許されるのか。あるいは，部外者は目的の電子記録の所在や操作要領がわからないので，見読に課題もある。それを盾に，実質的な調査回避の手段にもなりかねない。

一般に，税務調査では，調査上の資料として，調査側に帳簿書類の部分コピーの提出を求めているが，電子帳簿を対象としては，たとえ部分であっても，電子記録のコピーを提出することは考えにくい。プリントにして提出する方法をとるべきである。まして，帳簿ファイルを部外に持ち出すなどは問題が多すぎるので，すべきではない。

これらのケースを想定しても，調査側と調査を受ける企業側の双方に協調する姿勢がなければ，調査が円滑に終了することにならないのである。

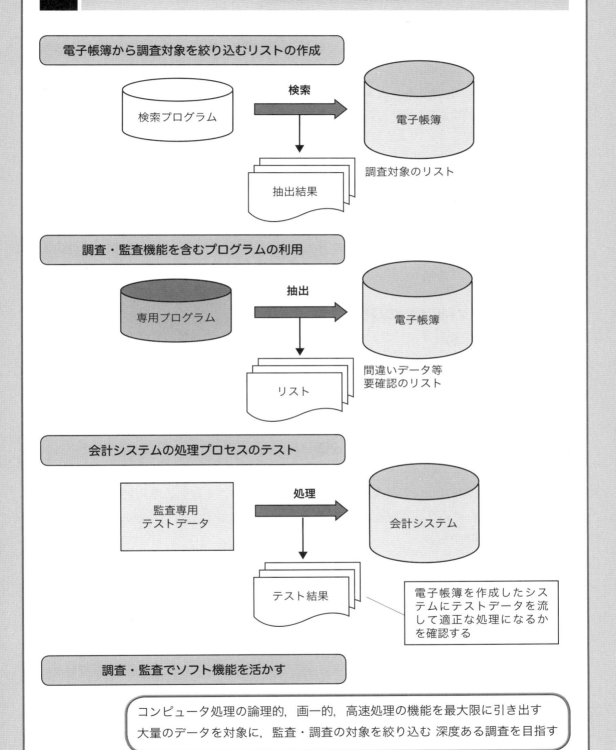

2 電子データを監査する技法「CAAT」

　監査の対象が電子データである場合に，データ記録の内容を直接解読していく技法が考えられている。その方法を進めるにはコンピュータでデータの解読，AI的な機能が組み込まれたプログラムを利用できることが前提にある。

　ここで「AI的な機能が組み込まれたプログラム」には，データに対して，数字の計算の応えによって抽出，分類ができ，その条件の組み合わせができれば，監査対象を絞る作業が効果的に行える。このような監査を支援するツール（汎用性を持ったプログラム）をCAAT（「Computer Assisted Audit Techniques」の略称）と通称している。

1　適用の汎用性，応用性の広さが注目される

　監査を支援するツールで電子会計に対する監査の技法として説明されているが，その機能の具体的な内容をみていくと，外部監査に止まらず，電子会計システムに関係する内部監査に適用が十分可能であり，適用の共通性，汎用性を注目したい。

2　適用の効果は利用目的の絞り方次第

　CAATの利用で監査が代行されるのではなくて，あくまでも監査をサポートする道具である。具体的には，電子ファイルから，要調整の濃い異常のデータを抽出する機能を利用するものである。したがって，何を抽出するかは，利用者が企画するものであり，その決定が，効果の優良を決めるものになる。

3　汎用ソフトは操作要領の修得が必要

　汎用ソフトExcelの利用度が一般化しているが，Excelのユーザーであっても，CAAT機能を使う機会はあまりない。CAATで利用するケースはごく限られるもので，一般的な使い方とは見られていない。監査人は利用を心掛けないとできない。「やれる」ことと「できる」ことに段差がある。

4　電子ファイルを利用することの問題点

・監査対象のデータと利用するPCの態様等，どこで利用するか
・電子ファイルの安全性を確保すること
・CAATで利用するソフトは2つのタイプがある
　　汎用ソフトの利用するもの（表計算Excel，データベースAccess）
　　CAAT専用ソフトを利用するもの（ACL，IDEA）

図134　Excelの機能を利用する

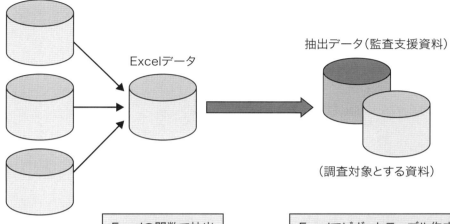

監査対象のデータ → Excelデータ → 抽出データ（監査支援資料）
（調査対象とする資料）

Excelの関数で抽出
　VLOOKUP関数
　RIGHT関数
　LEFT関数
　IF関数
　COUNT関数

Excelでピボットテーブル作成
指定する範囲から抽出

ピボットテーブルの作成手順
　Excelのデータファイルを開く
　タブ「挿入」＞テーブル「デボットテーブル」をクリック
　分析するデータを選択
　ピボットテーブルレポートを配置する場所を選択
　ピボットテーブルのフィールドリストで設定を指示

「CAAT」利用のメリット

抽出条件は計算式で精緻な絞り込みで網羅的に抽出
抽出はセットで再利用，常時の内部統制でも利用できる

V
章

源泉徴収手続の
電子化

帳簿・書類の部

源泉徴収事務に関する社内手続の電子化

1　給与計算等の事務処理の電子化

給与支払事務では源泉徴収税額の計算が含まれるが，これらの処理は多くの企業が手作業によらず，電子システムを利用する体制である。システムの利用によることは，税務署長の承認を要する対象とはなっていない。企業の判断で自由な利用ができる。

税務関係書類をコンピュータで書面に出力したものは，手書きと同様の扱いになるが，電子記録で保存する選択をする場合には，税務署長に承認申請書の提出を要する。

2　給与支払者と受給者とで交わされる税務関係書類

源泉徴収の事務処理では各種の書類が作成されて，関係先に提出あるいは交付する。給与の支払いの際は所得税の源泉徴収が行われるので，作成を必須とする書類があり，書式が税法で規定されているもの，特に作成の規定はなく自由な選択とされているものもある。また，作成した書類の保存に関する規定がある。

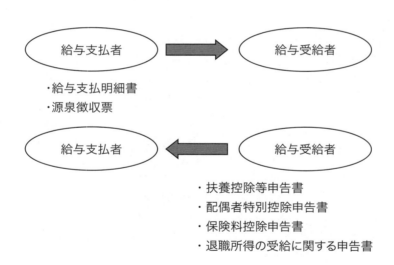

3　電子化の方法が利用できる対象

受給者との税務手続で電子データの送受信ができる対象は次のとおりである。
(1)　給与支払者の事務手続で電磁的方法
　①　給与受給者に交付する給与支払明細書の電子化
　②　給与受給者に交付する源泉徴収票の電子化
　③　源泉徴収に関する申告書の電磁的記録を保存
(2)　給与受給者の事務手続で電磁的方法
　①　給与支払者に提出する扶養控除等申告書の電子化

年末調整の文書手続

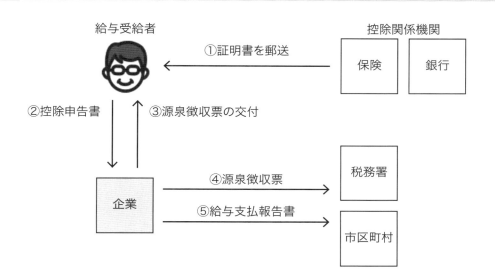

年末調整で提供・交付される書類

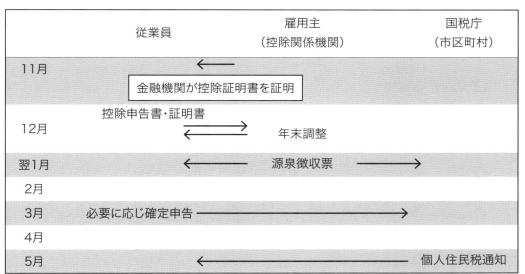

帳簿・書類の部

2 給与等支払明細の電子交付

1 給与等支払明細の電子交付

　給与支払者は，受給者にその支払の際，給与等の金額，源泉徴収税額など必要な事項を記載した支払明細書を交付しなければならない。

　この支払明細書の交付に関して，給与支払者は受給者の承諾を得て，書面による給与等の支払明細書の交付に代えて，電子文書で提供することができる（所法231②③，所令356）。

　ただし，受給者の請求があったときは，書面により支払明細書を交付する必要がある。

2 源泉徴収票等の電子交付

　給与支払者は，受給者への書面による給与所得の源泉徴収票等の交付に代えて，電子文書で提供することができる。

　また，退職手当等又は公的年金等の支払者が受給者に交付する源泉徴収票等を電子交付することができる。

　ただし，各源泉徴収票等について書面による交付の請求があるときは，書面により源泉徴収票等を交付しなければならない。

3 電子交付する要件

(1) 受給者に対し，あらかじめ，その用いる電子文書の種類及び内容を説明してあること

(2) 電子文書について，次の基準を満たしていること
　　①映像面への表示及び書面への出力ができる
　　②受給者に対し，受信者ファイルに記録（電子交付）する旨を通知する
　　　（受給者のパソコン等に直接送信や磁気媒体等で交付する場合を除く）

(3) 受給者から請求があるときは，書面により交付する

4 電子交付の方法

(1) 電子メールを利用する方法

　電子メールで受給者のパソコン又は受給者が契約しているデータセンタ等に源泉徴収票等データを送信し，受信者ファイルに記録する。

(2) 社内LANやインターネット等の利用で閲覧する方法

　給与支払者や契約しているデータセンタ等のファイルに記録された源泉徴収票等データを社内LAN・WANやインターネット等を利用して受給者が閲覧する。

Ⅴ章 源泉徴収手続の電子化

図136 **給与支払明細の電子交付**

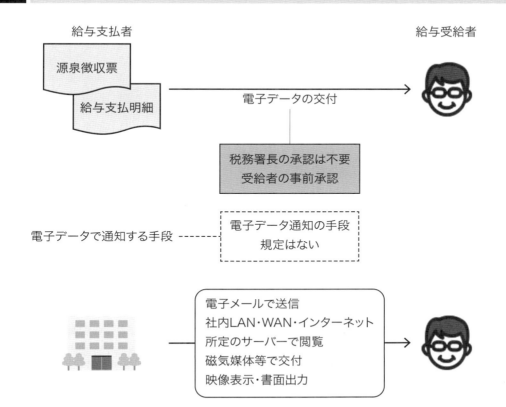

(3) ディスク等の磁気媒体等で交付する方法

源泉徴収票等データを記録したフロッピーディスク，MO，CD-ROM等の磁気媒体等で交付する。この方法では，受給者ごとに作成されたファイルの記載事項を受給者がパソコン等で出力できることが前提になる。

5 電子データに改ざんがない措置

給与等の支払者と受給者との間では，法令上，改変のない措置は求められていない。電子データは改変が容易に行えるので真実性等を担保するため，電子署名の付与がよい。

6 交付する電子データの形式

電子交付する源泉徴収票等データが，国税庁の定めるデータ形式で作成されており，給与支払者の電子署名の付与があれば，受給者がe-Taxで電子申告を行う際，添付書類としてデータの送信ができる。

7 受給者の事前承諾

受給者に電子交付の方法を示し，承諾を得る必要があるが，承認の書式等は法令上定めていない。電子交付を承諾する旨，承諾日，受給者氏名のほか次のような記録が望ましい。

① 電子交付する書類の名称（給与所得の源泉徴収票，給与支払明細書の別等）
② 電子的方法の種類やその具体的な方法
③ 受信者ファイルへの記録方法（XML形式，PDF形式，暗号化して受信者ファイルに記録する旨及びその復号化方法等）
④ 交付予定日（毎年〇月〇日までに交付，給与支給日に交付等）
⑤ 交付開始日
⑥ その他参考となる事項

8 通知及び交付

通知の方法について法令で規定されていない。適宜の方法（例えば，電子メール，書面，口頭，電話等）による。

9 映像面へ表示できる措置

受給者が電子交付を受けたデータをパソコンで可視できることで，文字がコード化されているなど，受給者が内容を判断できるものとする。

10 電子交付の源泉徴収票等は確定申告で送信できる

電子交付する源泉徴収票等が国税庁で定めるデータ形式であり，交付者が電子署名を付与すれば，その受給者の電子申告（所得税）の添付書類として送信ができる。

図137　源泉徴収事務で電子交付に関連する規程

給与の支払明細の電子交付

　給与支払者は支払の際，給与の金額，源泉徴収税額などを記載した「支払明細書」を受給者に交付する（所法231，所規100）
　給与支払者は，受給者の承諾を得て，書面に代えて，給与支払明細の電子データで提供することができる
　ただし，給与受給者の請求があれば書面で交付する
　給与受給者に支払明細書の交付をしない，偽りの記載をすると1年以下の懲役又は50万円以下の罰金に処す（所法242①七）

源泉徴収票の電子交付

　給与等支払者は，給与等受給者の承諾を得て，書面による交付に代え，電子データで提供することができる　ただし，給与等受給者の請求があるときは，書面を交付する（所法226④⑤）
　給与受給者が確定申告を行う場合，源泉徴収票を添付する必要があり，電子データで交付供を受けた人も，従来どおり書面を添付する必要がある
　ただし，e-Taxで確定申告の添付書類として，国税庁が定めるデータ形式で作成され，交付者の電子署名があれば，オンライン送信ができる
　また，e-Taxで確定申告書に源泉徴収票の添付に代えて，記載内容を入力して送信できる
（注）給与等支払者は，あらかじめ，給与等受給者に，電磁的方法の種類，内容を示し，承諾を得る必要がある（所令352の4①）

帳簿・書類の部

源泉徴収に関する申告書を電子データで提供する特例

1 給与支払者に申告書を電子データで提供

源泉徴収に関する申告書に記載すべき事項を電子データで提供する特例制度がある（所法198②）。

この特例制度は，給与の受給者が給与の支払者を経由して提出する扶養控除等申告書等について，書面に記載する申告書に代えて，その記載事項を電子データによって提供する方法である。

(1) 適用の対象となる申告書

特例の適用対象となるのは次の申告書である。
① 給与所得者の扶養控除等申告書
② 従たる給与についての扶養控除等申告書
③ 給与所得者の配偶者特別控除申告書
④ 給与所得者の保険料控除申告書
⑤ 退職所得の受給に関する申告書

(2) 適用できる要件

この特例を適用するには，給与支払者が電子データの提供を受けるために必要な措置を講じる等の一定の要件を満たしていることについて，所轄税務署長の承認を受けるための申請書を提出する。

「一定の要件を満たしていること」とは電子データによるのであるから，受給者と支払者がパソコン等の利用（映像表示，書面への出力）や電子データの送受信の設備があること，さらに，書面の押印に代わる本人確認の手段が，送信する電子データについて確認できるなど，電子化に即した適正な措置が求められる。

(3) 提供する電子データの本人確認

提供する電子データの本人確認は，次のいずれかの選択になる。
① 給与支払者が発行した個々の受給者の識別ができるID及びパスワード
② 給与受給者の電子署名及びその電子署名に係る電子証明書の利用

2 特例を適用する承認申請書の提出

給与支払者が特例を適用するために税務署長の承認を受ける手続は「源泉徴収に関する申告書に記載すべき事項の電磁的方法による提供の承認申請書」を提出する。

提出時期は特に定められていない。

図138 **控除申告書の電子化**

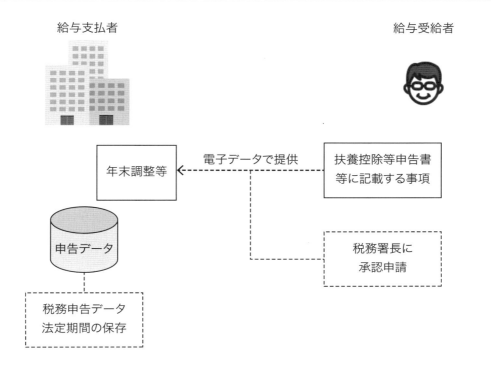

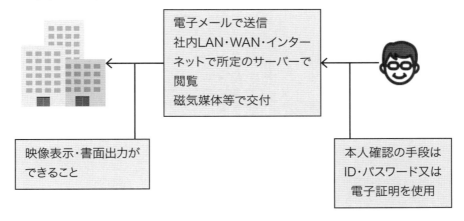

4 年末調整手続での電子データ化（2020年10月以降）

■ 年末調整手続の電子化の仕組み

　政府は年末調整事務の電子化推進の政策を決め，平成30年度税制改革のなかで関連した法令の整備を行うこととしている。

　年末調整事務のなかでは，給与の受給者が各人の源泉所得税の年額確定において控除対象となる証拠書類を関係機関から受理し，整理して源泉徴収義務者（給与支払者）に申告書を提出することになる。具体的には生命保険料控除，地震保険料控除，住宅ローン控除が対象とされる。

　控除証明書は銀行，保険会社等から受給者に郵送され，受給者が控除申告書を作成し，給与支払者はそれに基づいて年末調整の処理を行う。この情報処理の過程をすべて電子データで一貫させる仕組みを制度化する。年末調整の手続が電子的方法によって入力作業の省力化し，ペーパーレスによって関係機関の事務処理は効率化する。

　2020年10月1日以降の提出分から実施される見込みである。

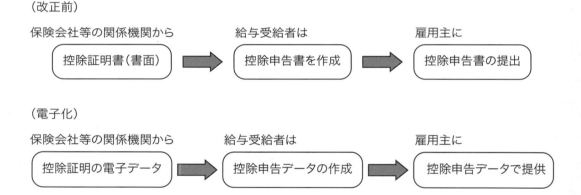

V章 源泉徴収手続の電子化

図139 国税・地方税の手続の一元化，データの連携

国税・地方税のデータ連携

> 企業に，それぞれ行政機関が同じような手続を求めるのは納税者に重複の負担
> 情報処理の技術で行政機関相互のデータ連携は難しくない
> 政府は納税者の利便性の向上を関係機関に指示している
> 国税・地方税の法人設立関係手続複数の地方団体への法人設立届出の一元化実施
> 法人税・地方税の共通入力事務地方団体間の地方法人二税の共通入力の重複排除

電子データ利用のメリット

> 給与の計算を主体に電子システムの利用に移行でのメリットは大きい
> データ，計算量が多く，同じ処理の繰り返し，定期的な稼働は機械化に向く
> 計算ミスの減少，ペーパーレス，作業時間の縮小
> 書類に押印（確認等）の手段はなく電子署名等が必要

帳簿・書類の部

給与支払報告書(個人住民税)の提出

　給与支払者は，前年中に支払いの確定した給与について，給与支払報告書（総括表と個人別明細書）を作成し，従業員住所の市町村長に提出する義務がある。（地方税法第317条の6）

① 給与支払の事務処理

　年末最後の給与支払いに関して，通常，年末調整で年間の給与支給の締めくくり処理が行１われる。各従業員等に対する年税額の確定とともに，各人の支給総額と年税額が個票で作成される。よく知られている「源泉徴収票」であるが，従来から手作業による作成を前提にしてきた。用紙は共通した様式で4枚の複写方式が取られており，税務署で入手することができる。複写で作成された各紙は次の用途に使用される。

　（注）現在は給与支払システム，あるいは法定調書作成システムが利用されており，プリントで作成され，個票に切断して用途別に使用されている。

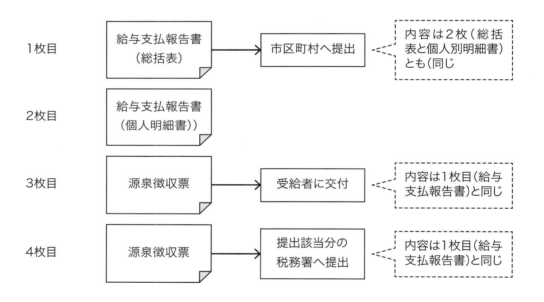

② 給与支払報告書の作成と提出先

　給与支払報告書は，1枚目及び2枚目は市区町村に提出する「給与支払報告書（個人別明細書）」，3枚目が従業員に交付用の「源泉徴収票」，4枚目が税務署に提出用とされる。
　給与の支払金額が500万円を超える従業員及び支払い金額が150万円を超える法人のものは，税務署へ源泉徴収票を提出するので，4枚組となっている。

図140 eLTAXの電子申告サービス

給与支払報告書の電子的提出のイメージ

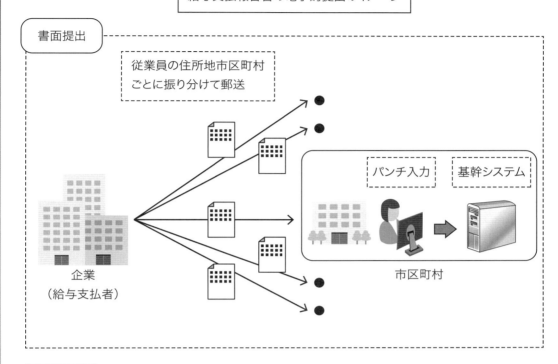

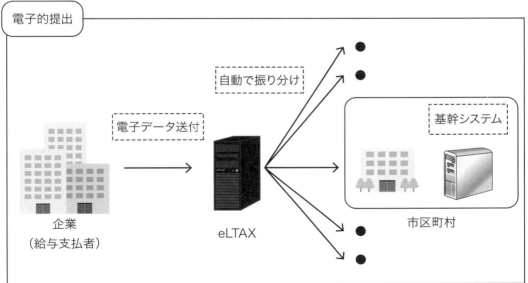

○企業 ─ 市区町村ごとの振り分け，紙出力及び郵送が不要

○市区町村 ─ パンチ入力が不要（費用削減，正確性向上）

帳簿・書類の部

③ 地方自治体に提出の方法

給与支払報告書（総括表及び個人別明細書）は次のいずれかの方法で提出する。

基準年（前々年）の源泉徴収票の大口提出（1,000枚以上）の給与支払者はeLTAX（電子申告）の利用又は光ディスク等の搬送によって提出が義務化されている。

(1) **持参，郵送など書面で提出**

(2) **eLTAXによる電子データで提出**

個人住民税の特別徴収関連の手続としてeLTAXで受付

(3) **光ディスク等の電子データで提出**

大口提出事業者，給与支払報告書の報告人数が50人以上の場合は，光ディスク等の記録媒体の提出ができる。

④ eLTAXで給与支払報告書等を提出する場合

(1) **給与支払報告書等を取り込む準備**

給与支払報告義務者は利用届出を行い，給与支払報告書等の提出準備をしておく。

① **利用者IDを取得していない場合**

利用届出（新規）を行い，eLTAXの利用準備をする。

② **利用者IDを取得している場合**

申告税目として「個人都道府県民税・市区町村民税（特徴)」を追加する。

(2) **特別徴収義務者の情報を登録する**

(3) **給与支払報告書データの作成**

eLTAXで給与支払報告書等を提出する場合は，次の３方法がある。

① **PCdesk（eLTAXソフト）で１人分ずつ手入力**

PCdeskを使用して１人分ずつ通常の申告データ作成と同様に，給与支払報告書等を作成する。

② **CSV形式のデータをPCdeskへインポート**

市販の税務・会計ソフトで作成のCSV形式のデータをPCdeskへインポートする。

③ **XML形式のデータをPCdeskへインポート**

市販の税務・会計ソフトで作成した給与支払報告書等のデータをXML形式でPCdeskへインポート。この場合，「申告データをインポートする」機能を使用する。

| 図141 | 給与受給者の電子データの流れ |

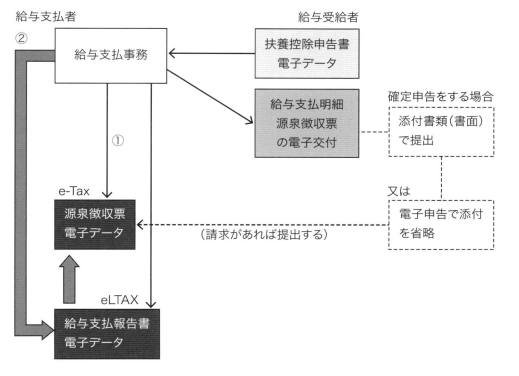

①はそれぞれの提出ルートによる
②③は一元化してeLTAXに提出するルートによる

◆著者紹介◆

豊森　照信（とよもり　てるのぶ）

現在，税理士。
国税庁調査課係長，東京国税局情報処理管理官，特別国税調査官，税務大学校東京研修所長，麹町税務署長等を歴任し，平成３年７月退官。

〈主な著書〉
「電子申告・電子帳簿の経理システム」（中央経済社），
「電子会計・帳簿の考え方と実践」「税務に活かすコンピュータ会計帳簿の考え方・整え方」（税務研究会出版局），
「電子会計の座標軸─IT技術革新と制度の確執─」（財経詳報社）

図解 電子申告・電子帳簿
─税務手続の完全デジタル化への対応─

平成 31 年 1 月 25 日　第 1 刷発行

著　者　　豊　森　照　信

発　行　　株式会社 **ぎょうせい**

〒136-8575　東京都江東区新木場 1 - 18 - 11
電話　編集　03-6892-6508
営業　03-6892-6666
フリーコール　0120-953-431

〈検印省略〉

URL：https://gyosei.jp

印刷　ぎょうせいデジタル㈱　　　　　©2019 Printed in Japan
※乱丁・落丁本はお取り替えいたします。

ISBN978-4-324-10586-3
(5108491-00-000)
〔略号：図解電子税務（デジタル化）〕